ESAT
이랜드그룹

직무적성검사

PREFACE

우우리나라 기업들은 1960년대 이후 현재까지 비약적인 발전을 이루었다. 이렇게 급속한 성장을 이룰 수 있었던 배경에는 우리나라 국민들의 근면성 및 도전정신이 있었다. 그러나 빠르게 변화하는 세계 경제의 환경에 적응하기 위해서는 근면성과 도전정신 이외에 또 다른 성장 요인이 필요하다.

한국기업들이 지속가능한 성장을 하기 위해서는 혁신적인 제품 및 서비스 개발, 선도 기술을 위한 R&D, 새로운 비즈니스 모델 개발, 효율적인 기업의 합병·인수, 신사업 진출 및 새로운 시장 개발 등 다양한 대안을 구축해 볼 수 있다. 하지만, 이러한 대안들 역시 훌륭한 인적자원을 바탕으로 할 때에 가능하다. 최근으로 올수록 기업체들은 자신의 기업에 적합한 인재를 선발하기 위해 기존의 학벌 위주의 채용을 탈피하고 기업 고유의 인·적성검사 제도를 도입하고 있는 추세이다.

이랜드그룹에서도 업무에 필요한 역량 및 책임감과 적응력 등을 구비한 인재를 선발하기 위하여 이랜드 직무적성검사를 치르고 있다. 본서는 이랜드그룹 채용대비를 위한 필독서로 이랜드그룹 직무적성검사의 출제경향을 철저히 분석하여 응시자들이 보다 쉽게 시험유형을 파악하고 효율적으로 대비할 수 있도록 구성하였다.

신념을 가지고 도전하는 사람은 반드시 그 꿈을 이룰 수 있습니다. 처음에 품은 신념과 열정이 취업 성공의 그 날까지 빛바래지 않도록 서원각이 수험생 여러분을 응원합니다.

STRUCTURE

직무적성검사

적중률 높은 영역별 출제예상문제를 상세하고 꼼꼼한 해설과 함께 수록하여 학습 효율을 확실하게 높였습니다.

상황판단능력

직장 생활 중에 발생할 수 있는 상황을 제시하고 판단 능력을 측정합니다.

인성검사 및 면접

인성검사의 이해와 실전 인성 검사로 다양한 유형의 인성검사를 대비할 수 있습니다. 또한 성공취업을 위한 면접의 기본과 면접기출을 수록하여 취업의 마무리까지 깔끔하게 책임집니다.

CONTENTS

PART

I

이랜드그룹 소개

01 기업소개 및 채용안내

1 이랜드그룹(The E-LAND Group)

(1) 이랜드소개

① 성장(빠른 성장의 기회) … 이랜드는 빠르게 성장하고 있다. 지난 30년간 성장을 거듭하여 2011년에는 10조 매출을 기록하였다. 이는 법인화한 1986년을 기준으로 1,000배 성장한 수치이다. 특히 해외에서의 빠른 성장을 증명하듯, 2010년 중국법인에서만 매출 1조를 넘어섰다. 이러한 성과는 직원들에게도 빠른 성장의 기회를 제공한다. 다양하고 수준 높은 교육과 더불어 3×5 CDP제도를 통해 청년 글로벌 CEO를 배출해내고 있다.

② 보상(업계최고의 보상제도) … 이랜드는 2011년 창립 30주년을 맞이하여 업계 최고의 급여제도를 발표하였다. 기본급, 업적급, 성과급으로 구성된 성과연봉제도는 이랜드의 우수한 인재들에게 또 하나의 프라이드가 되고 있다.

③ 문화(품격있는 기업문화) … 이랜드는 창업 초기부터 송페스티발, 전가족수련회, 전직원 체육대회, 김밥 송년회 등 다양한 문화활동을 지속해 왔다. 문화 활동을 통해 우리가 하는 일의 의미를 되돌아보고, 사성에 감사를 표현하는 시간을 깊고 있다.

④ 윤리(높은 기준의 윤리경영) … 정직은 이랜드 경영이념의 첫 번째이다. 이랜드는 높은 윤리경영 기준을 가지고 직원들이 양심을 지키며 일을 할 수 있도록 한다.

⑤ 기회(다양한 기회의 제공) … 이랜드는 패션, 유통, 호텔레저, 외식, IT, 건설 등 다양한 비즈니스뿐 아니라 복지재단과 같은 사회사업을 운영하고 있다. 직원들은 사내공모 제도를 통해 직무의 기회를 가질 수 있다.

(2) 사업분야

① Fashion(국내패션 매출규모 1위) … 국내 최초 글로벌 SPA 브랜드인 스파오를 비롯 150개 브랜드를 보유하고 있으며, 국내뿐만 아니라 중국, 대만, 홍콩 등 글로벌 SPA 시장 진출에 성공하여 해외에서도 많은 사랑을 받고 있다.

② Food(외식브랜드 인지도 1위) … 자연별곡, 애슐리, 수사 등 한식, 양식, 일식, 디저트를 비롯 외식 전 분야에 걸쳐 16개 브랜드를 운영하고 있다. 외식 산업의 거품을 없애고 모두가 마음껏 즐길 수 있는 외식 대중화의 선도적 역할을 수행하고 있다.

③ Retail(국내 아울렛 매출규모 1위) … 국내 최초 도심형 아울렛으로 유통산업에 진출하여, 국내 최다 유통망을 보유하고 있다. 슈펜, 킴스클럽 등 이랜드그룹에서만 만날 수 있는 유니크한 라이프 콘텐츠로 더 큰 가치를 제공하고 있다.

④ Hotel & Leisure(국내 객실보유 1위) … 국내 최초 럭셔리 테마호텔 '켄싱턴'을 비롯해 국내 최다 객실수를 보유하고 있다. 사이판 켄싱턴을 비롯해 제주, 설악, 남원, 평창 등 국내 대표 휴양지라면 어디서든 만나볼 수 있다.

(3) 글로벌 사업분야

① 영국(ENGLAND) … 이랜드는 130년 전통의 스코틀랜드 캐시미어 브랜드 피터 스콧(Peter Scott)과 오리지널 더플코트의 명성을 자랑하는 글로버롤(Gloverall)를 인수하였다. 트래디셔널 디자인과 고급 소재를 통해 전 세계 소비자들에게 어필하는 브랜드로 성장세를 이어가고 있다.

② 이탈리아(ITALY) … 이랜드는 이탈리아의 글로벌 패션기업 벨페(Belfe)와 라리오그룹(Lario Group)을 인수하였다. 100년 전통의 이탈리아 스포츠 패션 브랜드 벨페와 113년 전통의 구두기업 라리오와 함께 기존 유통망과 이태리 헤리티지가 창출할 시너지를 기대하고 있다.

③ 중국(CHINA) … 이랜드 그룹은 세계의 트렌드를 분석한 후, 중국 내 현지화 전략에 열정을 쏟고 있다. 이를 통해 중국민에게 가장 어필하는 제품을 소비자들에게 공급하며 중국법인 현지인력 채용과 교육 등 인재양성에 집중하여 중국 내 성공을 이루어 가고 있다. 철저한 현지화 전략을 통해 최근 10년간 연평균 60% 성장하였고, 3,752개의 샵을 오픈하며 성장세를 꾸준히 이어가고 있다.

④ 미국(USA) … 1999년부터 시작한 이랜드키즈의 시장 경험을 바탕으로 2007년 코네티컷 스탠퍼드 타운센터에 후아유의 첫 매장을 오픈하였다. 이후 뉴저지 가든 스테이트 플라자, 뉴욕 맨하탄, 소호점 오픈 등 현지인을 사로잡는 제품으로 미국 시장을 공략해 가고 있다.

⑤ 인도(INDIA) … 이랜드는 향후 인도 시장 진출에 중요한 교두보를 마련하기 위해 인도패션 3위 업체 무드라를 인수합병 하였다. 무드라는 방직 및 의료의 제조, 가공, 디자인 개발 및 샘플링에 이르는 생산시스템을 갖춘 상장기업이며 비완디, 방갈로르, 다만, 타라푸르, 나비 뭄바이에 소재한 5개 공장에서 연간 540만 벌의 의류를 30개국에 수출하고 있다.

⑥ **스리랑카(SRILANKA)** ··· 이랜드는 급변하는 패션시장에 효과적으로 대응하기 위해 스리랑카로 진출하였고, 이것은 미국과 유럽의 패션 시장을 공략하는데 성공적인 전략이었다. 우수한 공장 시설과 현지 인력 확충, 개선된 비즈니스 환경을 조성하여 성장의 기반을 다질 수 있었다. 현재까지 높은 매출 성장률을 보이고 있어 이랜드 그룹 주요 생산공장으로서의 역할을 차분히 수행해 가고 있다.

⑦ **베트남(VIETNAM)** ··· 이랜드 베트남 지사는 한국 본사의 세계 비전을 성취하려는 사업 목표의 한 단계로 1994년 베트남에 생산법인의 형태로 첫 행보를 시작하였으며, 현재는 호치민 시내 2곳에 각 1,000명 규모의 생산 공장을 운영중이다. 특히 2009년에는 이랜드 싱가폴을 통해 국영기업 탕콤을 인수하여 보다 적극적인 베트남 시장 개척을 시작하였다. 탕콤은 원사부터 의류까지 일괄 생산이 가능한 수직 계열화된 업체로 4,300여명의 직원을 보유하고 있다. 현재 베트남 호치민 증시에 상장되어 있으며, 2020년 내 '베트남 TOP10 진입' 및 '가장 존경받는 기업(Most Admired Company)'이 되는 것을 목표로 전진하고 있다.

(4) 경영이념

① **나눔(Sharing)** ··· "벌기 위해서가 아니라 쓰기 위해서 일합니다." 기업은 소속되어 있는 직원의 생계와 기업에 투자한 사람들을 보호하기 위해 이익을 내야 한다. 성실과 검소를 통해 얻은 이익들은 극빈자를 위한 무료병원 설립, 탁아소 건립, 가정 같은 양로원과 고아원 등 사회문제를 해결하기 위해 나누고자 한다.

② **바름(Rightness)** ··· "돌아가더라도 바른 길을 가는 것이 지름길입니다." 기업은 반드시 이익을 내야 하고 그 이익을 내는 과정에서 정직해야 한다. 과정의 정직을 통해, 주변의 많은 사람과 기관에 도전을 주고, 노력한 대가만을 이익으로 거두며 떳떳한 성공을 통해 부자답게 살지 않는 부자, 존경받는 부자가 되고자 한다.

③ **자람(Growth)** ··· "직장은 인생의 학교입니다." 직장은 인생의 모든 짐을 나누어 질 수 있는 사람의 공동체로 수고한 대로 거두는 법칙을 배우고, 인간관계를 통해 사랑과 용납을 배울 수 있어야 한다. 또 하나의 가정인 직장을 통해 완성된 인격을 갖춘 사회 지도자를 배출해 내고자 한다.

④ **섬김(Serving)** ··· "만족한 고객이 최선의 광고입니다." 시장 가격이 아닌 소득 수준에 맞는 가격 정책과, 고객을 왕으로 섬기는 바른 서비스로 고객의 유익을 먼저 생각한다. 합당한 가격정책으로, 국민 소득수준을 두 배로 높여 드리고자 한다.

채용안내

(1) 인재상

이랜드는 미래를 만들어가는 가능성에 높은 가치를 두고 있으며 나눔, 바름, 자람, 섬김의 기본 경영이념 속에서 성숙한 인격과 탁월한 능력으로 고객을 섬길 전문가, 열정과 책임감을 갖춘 글로벌 인재를 찾는다.

① 성숙한 인격(주도적 사고·정직·감사정신을 가진 올바른 인재)

ㄱ 주도적 사고로 긍정적 변화를 이끄는 인재

ㄴ 올바른 가치관을 가지고 정직한 비즈니스를 추구하는 인제

ㄷ 항상 동료와 고객 그리고 사회에 감사하는 인재

② 탁월한 능력(고객가치 창조·배우려는 자세·글로벌 비전의 역량을 가진 탁월한 인재)

ㄱ 고객의 입장에서 생각하고 행동하는 인재

ㄴ 모든 것에서 배우고 끊임없이 성장하려는 인재

ㄷ 미래를 예측하고 준비하는 글로벌 마인드를 가진 인재

(2) 채용 프로세스

① 신입채용

ㄱ **서류전형** : 온라인을 통해 입사지원서(기본 인적사항, 학력사항, 경험 등을 기술)를 작성/제출한다. 이랜드그룹의 기본 원칙과 채용계획에 적합한 지원자를 선별한 후 서류전형 과정을 거쳐 합격자를 선발한다.

ㄴ **직무적성검사** : 서류전형 합격자를 대상으로 인재유형검사, 언어영역, 수리영역의 직무적성검사를 실시한다. 지원한 직무에 대하여 성공적인 업무수행능력과 직무적합여부를 판별하기 위한 검사이다.

ㄷ **1차 면접(실무진 면접)** : 실제 업무를 수행하기 위한 능력을 평가하는 1차 면접이 진행된다. 면접 진행방식은 다대다(多對多) 방식이며, 인성 평가가 병행된다. (소요시간 : 1시간 ~ 1시간 30분 소요)

ㄹ **2차 면접(현장 면접)** : 1차 면접 합격자를 대상으로 사업부별 현장면접을 통해 지원자들의 사회성과 조직적응력, 협동심 등을 평가하는 절차입니다. 또한 지원자-회사 간 소통을 통해 이랜드와 직무에 대해 더욱 알아가는 시간이다.

ⓜ **3차 면접(경영자 면접)** : 2차 면접 합격자를 대상으로 이루어지는 심층 면접으로, 지식을 기반으로 성과내는 이랜드인을 선별하기 위한 마지막 절차이다. 면접진행방식은 1차 면접과 동일하다. (소요시간 : 1시간 ~ 1시간 30분 소요)

② 경력채용

　　ⓐ **서류전형** : 온라인을 통해 입사지원서(기본 인적사항, 학력사항, 경험 등)를 작성/제출한다. 기본 원칙과 채용계획에 적합한 지원자를 선별, 해당 직무의 업무 능력을 중점적으로 검토하여, 합격자를 선발한다.

　　ⓑ **직무적성검사** : 서류전형 합격자를 대상으로 인재유형검사, 언어영역, 수리영역의 직무적성검사를 실시하게 된다. 지원한 직무에 대하여 성공적인 업무수행능력과 직무적합여부를 판별하기 위한 검사이다. (신입사원 채용과 내용 동일)

　　ⓒ **1차 면접** : 지원 직무의 실제 업무능력을 검증하기 위한 1차 면접이 진행된다. 1차 면접은 지원한 부서의 부서장급 면접관과 다대다(多對多) 방식으로 진행되며, 인성평가가 병행된다. (소요시간 : 1시간 ~ 1시간 30분)

　　ⓓ **2차 면접** : 1차 면접 합격자를 대상으로 이루어지는 심층면접으로, 지식을 기반으로 성과내는 이랜드인을 선별하기 위한 마지막 절차이다. 면접 진행방식은 1차 면접과 동일하다. (소요시간 : 1시간 ~ 1시간 30분)

③ 인턴채용

　　ⓐ **서류전형** : 온라인을 통해 입사지원서(기본 인적사항, 학력사항, 경험 등을 기술)를 작성/제출한다. 이랜드그룹의 기본 원칙과 채용계획에 적합한 지원자를 선별한 후 서류전형 과정을 거쳐 합격자를 선발한다.

　　ⓑ **직무적성검사** : 서류전형 합격자를 대상으로 인재유형검사, 언어영역, 수리영역의 직무적성검사를 실시한다. 지원한 직무에 대하여 성공적인 업무수행능력과 직무적합여부를 판별하기 위한 검사이다.

　　ⓒ **1차 면접(실무진 면접)** : 실제 업무를 수행하기 위한 능력을 평가하는 1차 면접이 진행된다. 면접 진행방식은 다대다(多對多) 방식이며, 인성 평가가 병행된다. (소요시간 : 1시간 ~ 1시간 30분 소요)

　　ⓓ **2차 면접** : 일정 기간 각 사업부에 실제 배치되어 현장의 문제를 직접 해결하고 핵심 아이디어를 도출하는 활동을 한다. 개인 과제 및 팀별 프로젝트를 통해 각 사업부에 적합한 비지니스 소양과 문제 해결능력을 평가한다.

　　ⓔ **3차 면접(경영자 면접)** : 인턴기간 합격자를 대상으로 이루어지는 심층 면접으로, 지식을 기반으로 성과내는 이랜드인을 선별하기 위한 마지막 절차이다. 면접진행방식은 1차 면접과 동일하다. (소요시간 : 1시간 ~ 1시간 30분 소요)

02 관련기사

3년 움츠린 애슐리·자연별곡, HMR·배달로 성장 재시동

이랜드그룹 내 외식사업법인 이랜드이츠, HMR 사업 시작
배달과 연계된 공유주방도 내부 검토 중
3년간 침체 딛고 외식 전문기업으로 재도약 천명

2016년 이후 침체기에 빠졌던 이랜드 외식사업이 재도약의 기회를 엿보고 있다. 지난 7월 이랜드그룹 내 외식사업 법인으로 분할한 이랜드이츠는 가정간편식(HMR) 사업 테스트에 들어갔다. 내부적으로 배달과 연계된 공유주방 사업 진출도 검토 중이다.

이랜드이츠는 부채를 줄이기 위한 1000억원 규모 외부투자에도 성공했다. 이를 통해 신규 매장 출점에도 적극 나선다는 계획이다.

■ 이랜드, HMR·배달로 돌파구

28일 이랜드에 따르면 지난 21일 이랜드이츠는 '애슐리 쉐프박스'라는 한정판 HMR 제품을 선보였다. 27일까지 한정 판매한 이 제품은 '별미세트', '한상세트', '야식세트'로 구성했다. 각 제품의 가격은 정가 4만원대(4인분 기준)로, 한정판매 기간에는 2만~3만원으로 판매돼 호응을 얻었다.

이랜드이츠 측은 HMR 사업을 염두에 두고 선보인 제품이라고 전했다. 이랜드 관계자는 "부실 매장 정리 등 내실화를 추진해왔다"면서 "신규 사업에 대한 시장 가능성을 타진하는 것"이라고 설명했다.

– 2019. 8. 29

면접질문 • 현재 체감하는 외식 트렌드에 대해 말해 보시오.

이랜드월드 스파오, '데일리지 팬츠' 전년比 200%↑

스파오 베이직 아이템 판매 성장세

이랜드월드(대표 최운식)는 SPA 브랜드 스파오가 선보인 '데일리지 팬츠'가 고객들의 좋은 반응을 이끌며 매출 상승세를 보이고 있다고 27일 밝혔다.

'데일리지 팬츠'는 상의는 많지만 제대로 된 바지가 없어 늘 고민인 사람들을 위해 탄생됐다. 출시 이후 스파오 데님과 슬랙스 판매율은 지난 3주간 작년 대비 200% 증가했다.

특히 '9부 슬림 슬랙스'는 출시 직후 일부 컬러가 조기 완판, 현재 리오더에 들어갔다. 이 스타일은 10부 기장으로 확장해 추가 출시를 계획 중이다.

해당 상품은 직장인은 물론 학생들까지 반응이 좋은 아이템으로 티셔츠나 셔츠 어느 것과 매치해도 잘 어울려 활용도가 높다. 또한 한국인 체형을 반영해 큰 수선 없이 입을 수 있다는 점도 장점으로 꼽힌다.

'데일리지 10부 롤업 슬림진'과 '테이퍼드 진' 역시 주차별로 1200장씩 팔리면서 판매 성장세를 이끌고 있다. 고객 조사를 통해 착용감과 디자인을 모두 개선해 출시했고, 실구매 고객들을 대상으로 입소문을 타고 판매량이 급증한 것이다.

스파오 관계자는 "베이직한 아이템일수록 정말 제대로 만든 제품을 사기 어려운 고객들의 고충을 해결하기 위한 진심이 통한 것 같다"며 "데일리지 라인을 시작으로 앞으로도 가성비와 가심비를 겸비한 상품을 계속해서 내놓겠다"라고 말했다.

한편, 데일리지 팬츠 라인은 모든 제품의 품질은 높임과 동시에 합리적인 가격대로 책정됐다. 전국 스파오 매장과 이랜드몰 온라인 매장에서 만날 수 있다.

– 2019. 8. 29

면접질문 • 이랜드의 상품을 구입한 적이 있다면 그 후기를 자유롭게 이야기하시오.

이랜드리테일, 아동의류·용품 보상판매 실시

이랜드리테일 '이 맘을 나눠요' 행사를 진행

　이랜드리테일이 전국 5개 매장에서 오는 10일부터 23일까지 아동용품 및 의류 보상판매 '이 맘을 나눠요' 행사를 진행한다고 9일 밝혔다.

　이랜드리테일 관계자는 "고객이 사용하지 않는 아동용품과 아동의류를 기증하면 이랜드리테일 유통점에서 사용 가능한 쇼핑 지원금을 증정하고, 이랜드재단에서는 이랜드 물품을 기부하는 사회공헌 행사"라고 설명했다.

　또한 "고객과 이랜드재단이 기증한 아동 의류, 신발, 가방, 장난감 등의 물건은 굿윌스토어를 통해 재활용되고 판매된다"고 전했다.

　이어 "3개 이상의 용품을 기증하면 3000원 할인권, 5개 이상을 기증하면 5000원 할인권을 각각 준다"면서 "10개 이상을 기증한 고객에게는 발달장애인 아티스트가 직접 제작한 노트를 100명에게 추가 증정한다"고 언급했다.

　이랜드리테일 관계자는 "고객들이 직접 나눔에 동참하면서 장애우들의 자립을 돕고 쇼핑 지원금도 받아 아동용품을 구매할 수 있는 좋은 기회라고 생각해 계획했다"고 말했다.

-2019. 7. 9

면접질문 ● 이랜드의 사회공헌 사업에 대해 아는 대로 말하시오.

PART II

인재유형검사(인성검사)

01 인성검사의 개요

1 인성(성격)검사의 개념과 목적

인성(성격)이란 개인을 특징짓는 평범하고 일상적인 사회적 이미지, 즉 지속적이고 일관된 공적 성격(Public – personality)이며, 환경에 대응함으로써 선천적·후천적 요소의 상호작용으로 결정화된 심리적·사회적 특성 및 경향을 의미한다.

인성검사는 직무적성검사를 실시하는 대부분의 기업체에서 병행하여 실시하고 있으며, 인성검사만 독자적으로 실시하는 기업도 있다.

기업체에서는 인성검사를 통하여 각 개인이 어떠한 성격 특성이 발달되어 있고, 어떤 특성이 얼마나 부족한지, 그것이 해당 직무의 특성 및 조직문화와 얼마나 맞는지를 알아보고 이에 적합한 인재를 선발하고자 한다. 또한 개인에게 적합한 직무 배분과 부족한 부분을 교육을 통해 보완하도록 할 수 있다.

인성검사의 측정요소는 검사방법에 따라 차이가 있다. 또한 각 기업체들이 사용하고 있는 인성검사는 기존에 개발된 인성검사방법에 각 기업체의 인재상을 적용하여 자신들에게 적합하게 재개발하여 사용하는 경우가 많다. 그러므로 기업체에서 요구하는 인재상을 파악하여 그에 따른 대비책을 준비하는 것이 바람직하다. 본서에서 제시된 인성검사는 크게 '특성'과 '유형'의 측면에서 측정하게 된다.

2 성격의 특성

(1) 정서적 측면

정서적 측면은 평소 마음의 당연시하는 자세나 정신상태가 얼마나 안정하고 있는지 또는 불안정한지를 측정한다.

정서의 상태는 직무수행이나 대인관계와 관련하여 태도나 행동으로 드러난다. 그러므로 정서적 측면을 측정하는 것에 의해, 장래 조직 내의 인간관계에 어느 정도 잘 적응할 수 있을까(또는 적응하지 못할까)를 예측하는 것이 가능하다.

그렇기 때문에, 정서적 측면의 결과는 채용 시에 상당히 중시된다. 아무리 능력이 좋아도 장기적으로 조직 내의 인간관계에 잘 적응할 수 없다고 판단되는 인재는 기본적으로는 채용되지 않는다.

일반적으로 인성(성격)검사는 채용과는 관계없다고 생각하나 정서적으로 조직에 적응하지 못하는 인재는 채용단계에서 가려내지는 것을 유의하여야 한다.

① 민감성(신경도) ··· 꼼꼼함, 섬세함, 성실함 등의 요소를 통해 일반적으로 신경질적인지 또는 자신의 존재를 위협받는다는 불안을 갖기 쉬운지를 측정한다.

질문	그렇다	약간 그렇다	그저 그렇다	별로 그렇지 않다	그렇지 않다
• 배려적이라고 생각한다. • 어지러진 방에 있으면 불안하다. • 실패 후에는 불안하다. • 세세한 것까지 신경쓴다. • 이유 없이 불안할 때가 있다.					

▶측정결과

㉠ '그렇다'가 많은 경우(상처받기 쉬운 유형) : 사소한 일에 신경 쓰고 다른 사람의 사소한 한마디 말에 상처를 받기 쉽다.

• 면접관의 심리 : '동료들과 잘 지낼 수 있을까?', '실패할 때마다 위축되지 않을까?'

• 면접대책 : 다소 신경질적이라도 능력을 발휘할 수 있다는 평가를 얻도록 한다. 주변과 충분한 의사소통이 가능하고, 결정한 것을 실행할 수 있다는 것을 보여주어야 한다.

㉡ '그렇지 않다'가 많은 경우(정신적으로 안정적인 유형) : 사소한 일에 신경 쓰지 않고 금방 해결하며, 주위 사람의 말에 과민하게 반응하지 않는다.

• 면접관의 심리 : '계약할 때 필요한 유형이고, 사고 발생에도 유연하게 대처할 수 있다.'

• 면접대책 : 일반적으로 '민감성'의 측정치가 낮으면 플러스 평가를 받으므로 더욱 자신감 있는 모습을 보여준다.

② **자책성**(과민도) … 자신을 비난하거나 책망하는 정도를 측정한다.

질문	그렇다	약간 그렇다	그저 그렇다	별로 그렇지 않다	그렇지 않다
• 후회하는 일이 많다. • 자신이 하찮은 존재라 생각된다. • 문제가 발생하면 자기의 탓이라고 생각한다. • 무슨 일이든지 끙끙대며 진행하는 경향이 있다. • 온순한 편이다.					

▶측정결과

㉠ '그렇다'가 많은 경우(자책하는 유형) : 비관적이고 후회하는 유형이다.

• 면접관의 심리 : '끙끙대며 괴로워하고, 일을 진행하지 못할 것 같다.'

• 면접대책 : 기분이 저조해도 항상 의욕을 가지고 생활하는 것과 책임감이 강하다는 것을 보여준다.

㉡ '그렇지 않다'가 많은 경우(낙천적인 유형) : 기분이 항상 밝은 편이다.

• 면접관의 심리 : '안정된 대인관계를 맺을 수 있고, 외부의 압력에도 흔들리지 않는다.'

• 면접대책 : 일반적으로 '자책성'의 측정치가 낮아야 좋은 평가를 받는다.

③ **기분성**(불안도) … 기분의 굴곡이나 감정적인 면의 미숙함이 어느 정도인지를 측정하는 것이다.

질문	그렇다	약간 그렇다	그저 그렇다	별로 그렇지 않다	그렇지 않다
• 다른 사람의 의견에 자신의 결정이 흔들리는 경우가 많다. • 기분이 쉽게 변한다. • 종종 후회한다. • 다른 사람보다 의지가 약한 편이라고 생각한다. • 금방 싫증을 내는 성격이라는 말을 자주 듣는다.					

▶측정결과

㉠ '그렇다'가 많은 경우(감정의 기복이 많은 유형) : 의지력보다 기분에 따라 행동하기 쉽다.
• 면접관의 심리 : '감정적인 것에 약하며, 상황에 따라 생산성이 떨어지지 않을까?'
• 면접대책 : 주변 사람들과 항상 협조한다는 것을 강조하고 한결같은 상태로 일할 수 있다는 평가를 받도록 한다.
㉡ '그렇지 않다'가 많은 경우(감정의 기복이 적은 유형) : 감정의 기복이 없고, 안정적이다.
• 면접관의 심리 : '안정적으로 업무에 임할 수 있다.'
• 면접대책 : 기분성의 측정치가 낮으면 플러스 평가를 받으므로 자신감을 가지고 면접에 임한다.

④ 독자성(개인도) … 주변에 대한 견해나 관심, 자신의 견해나 생각에 어느 정도의 속박감을 가지고 있는지를 측정한다.

질문	그렇다	약간 그렇다	그저 그렇다	별로 그렇지 않다	그렇지 않다
• 창의적 사고방식을 가지고 있다.					
• 융통성이 있는 편이다.					
• 혼자 있는 편이 많은 사람과 있는 것보다 편하다.					
• 개성적이라는 말을 듣는다.					
• 교제는 번거로운 것이라고 생각하는 경우가 많다.					

▶측정결과

㉠ '그렇다'가 많은 경우 : 자기의 관점을 중요하게 생각하는 유형으로, 주위의 상황보다 자신의 느낌과 생각을 중시한다.
• 면접관의 심리 : '제멋대로 행동하지 않을까?'
• 면접대책 : 주위 사람과 협조하여 일을 진행할 수 있다는 것과 상식에 얽매이지 않는다는 인상을 심어준다.
㉡ '그렇지 않다'가 많은 경우 : 상식적으로 행동하고 주변 사람의 시선에 신경을 쓴다.
• 면접관의 심리 : '다른 직원들과 협조하여 업무를 진행할 수 있겠다.'
• 면접대책 : 협조성이 요구되는 기업체에서는 플러스 평가를 받을 수 있다.

⑤ **자신감**(자존심도) … 자기 자신에 대해 얼마나 긍정적으로 평가하는지를 측정한다.

질문	그렇다	약간 그렇다	그저 그렇다	별로 그렇지 않다	그렇지 않다
• 다른 사람보다 능력이 뛰어나다고 생각한다. • 다소 반대의견이 있어도 나만의 생각으로 행동할 수 있다. • 나는 다른 사람보다 기가 센 편이다. • 동료가 나를 모욕해도 무시할 수 있다. • 대개의 일을 목적한 대로 헤쳐나갈 수 있다고 생각한다.					

▶측정결과

㉠ '그렇다'가 많은 경우 : 자기 능력이나 외모 등에 자신감이 있고, 비판당하는 것을 좋아하지 않는다.
  • 면접관의 심리 : '자만하여 지시에 잘 따를 수 있을까?'
  • 면접대책 : 다른 사람의 조언을 잘 받아들이고, 겸허하게 반성하는 면이 있다는 것을 보여주고, 동료들과 잘 지내며 리더의 자질이 있다는 것을 강조한다.
㉡ '그렇지 않다'가 많은 경우 : 자신감이 없고 다른 사람의 비판에 약하다.
  • 면접관의 심리 : '패기가 부족하지 않을까?', '쉽게 좌절하지 않을까?'
  • 면접대책 : 극도의 자신감 부족으로 평가되지는 않는다. 그러나 마음이 약한 면은 있지만 의욕적으로 일을 하겠다는 마음가짐을 보여준다.

⑥ **고양성**(분위기에 들뜨는 정도) … 자유분방함, 명랑함과 같이 감정(기분)의 높고 낮음의 정도를 측정한다.

질문	그렇다	약간 그렇다	그저 그렇다	별로 그렇지 않다	그렇지 않다
• 침착하지 못한 편이다. • 다른 사람보다 쉽게 우쭐해진다. • 모든 사람이 아는 유명인사가 되고 싶다. • 모임이나 집단에서 분위기를 이끄는 편이다. • 취미 등이 오랫동안 지속되지 않는 편이다.					

▶측정결과

㉠ '그렇다'가 많은 경우 : 자극이나 변화가 있는 일상을 원하고 기분을 들뜨게 하는 사람과 친밀하게 지내는 경향이 강하다.
- 면접관의 심리 : '일을 진행하는 데 변덕스럽지 않을까?'
- 면접대책 : 밝은 태도는 플러스 평가를 받을 수 있지만, 착실한 업무능력이 요구되는 직종에서는 마이너스 평가가 될 수 있다. 따라서 자기조절이 가능하다는 것을 보여준다.

㉡ '그렇지 않다'가 많은 경우 : 감정이 항상 일정하고, 속을 드러내 보이지 않는다.
- 면접관의 심리 : '안정적인 업무 태도를 기대할 수 있겠다.'
- 면접대책 : '고양성'의 낮음은 대체로 플러스 평가를 받을 수 있다. 그러나 '무엇을 생각하고 있는지 모르겠다' 등의 평을 듣지 않도록 주의한다.

⑦ 허위성(진위성) … 필요 이상으로 자기를 좋게 보이려 하거나 기업체가 원하는 '이상형'에 맞춘 대답을 하고 있는지, 없는지를 측정한다.

질문	그렇다	약간 그렇다	그저 그렇다	별로 그렇지 않다	그렇지 않다
• 약속을 깨뜨린 적이 한 번도 없다. • 다른 사람을 부럽다고 생각해 본 적이 없다. • 꾸지람을 들은 적이 없다. • 사람을 미워한 적이 없다. • 화를 낸 적이 한 번도 없다.					

▶측정결과

㉠ '그렇다'가 많은 경우 : 실제의 자기와는 다른, 말하자면 원칙으로 해답할 가능성이 있다.
- 면접관의 심리 : '거짓을 말하고 있다.'
- 면접대책 : 조금이라도 좋게 보이려고 하는 '거짓말쟁이'로 평가될 수 있다. '거짓을 말하고 있다.' 는 마음 따위가 전혀 없다 해도 결과적으로는 정직하게 답하지 않는다는 것이 되어 버린다. '허위성'의 측정 질문은 구분되지 않고 다른 질문 중에 섞여 있다. 그러므로 모든 질문에 솔직하게 답하여야 한다. 또한 자기 자신과 너무 동떨어진 이미지로 답하면 좋은 결과를 얻지 못한다. 그리고 면접에서 '허위성'을 기본으로 한 질문을 받게 되므로 당황하거나 또다른 모순된 답변을 하게 된다. 겉치레를 하거나 무리한 욕심을 부리지 말고 '이런 사회인이 되고 싶다.'는 현재의 자신보다, 조금 성장한 자신을 표현하는 정도가 적당하다.

㉡ '그렇지 않다'가 많은 경우 : 냉정하고 정직하며, 외부의 압력과 스트레스에 강한 유형이다. '대쪽 같음'의 이미지가 굳어지지 않도록 주의한다.

(2) 행동적인 측면

행동적 측면은 인격 중에 특히 행동으로 드러나기 쉬운 측면을 측정한다. 사람의 행동 특징 자체에는 선도 악도 없으나, 일반적으로는 일의 내용에 의해 원하는 행동이 있다. 때문에 행동적 측면은 주로 직종과 깊은 관계가 있는데 자신의 행동 특성을 살려 적합한 직종을 선택한다면 플러스가 될 수 있다.

행동 특성에서 보여 지는 특징은 면접장면에서도 드러나기 쉬운데 본서의 모의 TEST의 결과를 참고하여 자신의 태도, 행동이 면접관의 시선에 어떻게 비치는지를 점검하도록 한다.

① **사회적 내향성** … 대인관계에서 나타나는 행동경향으로 '낯가림'을 측정한다.

질문	선택
A : 파티에서는 사람을 소개받는 편이다. B : 파티에서는 사람을 소개하는 편이다.	
A : 처음 보는 사람과는 어색하게 시간을 보내는 편이다. B : 처음 보는 사람과는 즐거운 시간을 보내는 편이다.	
A : 친구가 적은 편이다. B : 친구가 많은 편이다.	
A : 자신의 의견을 말하는 경우가 적다. B : 자신의 의견을 말하는 경우가 많다.	
A : 사교적인 모임에 참석하는 것을 좋아하지 않는다. B : 사교적인 모임에 항상 참석한다.	

▶측정결과

㉠ 'A'가 많은 경우 : 내성적이고 사람들과 접하는 것에 소극적이다. 자신의 의견을 말하지 않고 조심스러운 편이다.
- 면접관의 심리 : '소극적인데 동료와 잘 지낼 수 있을까?'
- 면접대책 : 대인관계를 맺는 것을 싫어하지 않고 의욕적으로 일을 할 수 있다는 것을 보여준다.

㉡ 'B'가 많은 경우 : 사교적이고 자기의 생각을 명확하게 전달할 수 있다.
- 면접관의 심리 : '사교적이고 활동적인 것은 좋지만, 자기주장이 너무 강하지 않을까?'
- 면접대책 : 협조성을 보여주고, 자기주장이 너무 강하다는 인상을 주지 않도록 주의한다.

② 내성성(침착도) … 자신의 행동과 일에 대해 침착하게 생각하는 정도를 측정한다.

질문	선택
A : 시간이 걸려도 침착하게 생각하는 경우가 많다. B : 짧은 시간에 결정을 하는 경우가 많다.	
A : 실패의 원인을 찾고 반성하는 편이다. B : 실패를 해도 그다지(별로) 개의치 않는다.	
A : 결론이 도출되어도 몇 번 정도 생각을 바꾼다. B : 결론이 도출되면 신속하게 행동으로 옮긴다.	
A : 여러 가지 생각하는 것이 능숙하다. B : 여러 가지 일을 재빨리 능숙하게 처리하는 데 익숙하다.	
A : 여러 가지 측면에서 사물을 검토한다. B : 행동한 후 생각을 한다.	

▶측정결과

㉠ 'A'가 많은 경우 : 행동하기 보다는 생각하는 것을 좋아하고 신중하게 계획을 세워 실행한다.
• 면접관의 심리 : '행동으로 실천하지 못하고, 대응이 늦은 경향이 있지 않을까?'
• 면접대책 : 발로 뛰는 것을 좋아하고, 일을 더디게 한다는 인상을 주지 않도록 한다.

㉡ 'B'가 많은 경우 : 차분하게 생각하는 것보다 우선 행동하는 유형이다.
• 면접관의 심리 : '생각하는 것을 싫어하고 경솔한 행동을 하지 않을까?'
• 면접대책 : 계획을 세우고 행동할 수 있는 것을 보여주고 '사려깊다'라는 인상을 남기도록 한다.

③ 신체활동성 … 몸을 움직이는 것을 좋아하는가를 측정한다.

질문	선택
A : 민첩하게 활동하는 편이다. B : 준비행동이 없는 편이다.	
A : 일을 척척 해치우는 편이다. B : 일을 더디게 처리하는 편이다.	
A : 활발하다는 말을 듣는다. B : 얌전하다는 말을 듣는다.	
A : 몸을 움직이는 것을 좋아한다. B : 가만히 있는 것을 좋아한다.	
A : 스포츠를 하는 것을 즐긴다. B : 스포츠를 보는 것을 좋아한다.	

▶측정결과
㉠ 'A'가 많은 경우 : 활동적이고, 몸을 움직이게 하는 것이 컨디션이 좋다.
• 면접관의 심리 : '활동적으로 활동력이 좋아 보인다.'
• 면접대책 : 활동하고 얻은 성과 등과 주어진 상황의 대응능력을 보여준다.
㉡ 'B'가 많은 경우 : 침착한 인상으로, 차분하게 있는 타입이다.
• 면접관의 심리 : '좀처럼 행동하려 하지 않아 보이고, 일을 빠르게 처리할 수 있을까?'

④ 지속성(노력성) … 무슨 일이든 포기하지 않고 끈기 있게 하려는 정도를 측정한다.

질문	선택
A : 일단 시작한 일은 시간이 걸려도 끝까지 마무리한다. B : 일을 하다 어려움에 부딪히면 단념한다.	
A : 끈질긴 편이다. B : 바로 단념하는 편이다.	
A : 인내가 강하다는 말을 듣는다. B : 금방 싫증을 낸다는 말을 듣는다.	
A : 집념이 깊은 편이다. B : 담백한 편이다.	
A : 한 가지 일에 구애되는 것이 좋다고 생각한다. B : 간단하게 체념하는 것이 좋다고 생각한다.	

▶측정결과

㉠ 'A'가 많은 경우 : 시작한 것은 어려움이 있어도 포기하지 않고 인내심이 높다.
• 면접관의 심리 : '한 가지의 일에 너무 구애되고, 업무의 진행이 원활할까?'
• 면접대책 : 인내력이 있는 것은 플러스 평가를 받을 수 있지만 집착이 강해 보이기도 한다.
㉡ 'B'가 많은 경우 : 뒤끝이 없고 조그만 실패로 일을 포기하기 쉽다.
• 면접관의 심리 : '질리는 경향이 있고, 일을 정확히 끝낼 수 있을까?'
• 면접대책 : 지속적인 노력으로 성공했던 사례를 준비하도록 한다.

⑤ 신중성(주의성) … 자신이 처한 주변상황을 즉시 파악하고 자신의 행동이 어떤 영향을 미치는지를 측정한다.

질문	선택
A : 여러 가지로 생각하면서 완벽하게 준비하는 편이다. B : 행동할 때부터 임기응변적인 대응을 하는 편이다.	
A : 신중해서 타이밍을 놓치는 편이다. B : 준비 부족으로 실패하는 편이다.	
A : 자신은 어떤 일에도 신중히 대응하는 편이다. B : 순간적인 충동으로 활동하는 편이다.	
A : 시험을 볼 때 끝날 때까지 재검토하는 편이다. B : 시험을 볼 때 한 번에 모든 것을 마치는 편이다.	
A : 일에 대해 계획표를 만들어 실행한다. B : 일에 대한 계획표 없이 진행한다.	

▶측정결과

㉠ 'A'가 많은 경우 : 주변 상황에 민감하고, 예측하여 계획 있게 일을 진행한다.
• 면접관의 심리 : '너무 신중해서 적절한 판단을 할 수 있을까?', '앞으로의 상황에 불안을 느끼지 않을까?'
• 면접대책 : 예측을 하고 실행을 하는 것은 플러스 평가가 되지만, 너무 신중하면 일의 진행이 정체될 가능성을 보이므로 추진력이 있다는 강한 의욕을 보여준다.
㉡ 'B'가 많은 경우 : 주변 상황을 살펴보지 않고 착실한 계획 없이 일을 진행시킨다.
• 면접관의 심리 : '사려 깊지 않고, 실패하는 일이 많지 않을까?', '판단이 빠르고 유연한 사고를 할 수 있을까?'
• 면접대책 : 사전준비를 중요하게 생각하고 있다는 것 등을 보여주고, 경솔한 인상을 주지 않도록 한다. 또한 판단력이 빠르거나 유연한 사고 덕분에 일 처리를 잘 할 수 있다는 것을 강조한다.

(3) 의욕적인 측면

의욕적인 측면은 의욕의 정도, 활동력의 유무 등을 측정한다. 여기서의 의욕이란 우리들이 보통 말하고 사용하는 '하려는 의지'와는 조금 뉘앙스가 다르다. '하려는 의지'란 그 때의 환경이나 기분에 따라 변화하는 것이지만, 여기에서는 조금 더 변화하기 어려운 특징, 말하자면 정신적 에너지의 양으로 측정하는 것이다.

의욕적 측면은 행동적 측면과는 다르고, 전반적으로 어느 정도 점수가 높은 쪽을 선호한다. 모의검사의 의욕적 측면의 결과가 낮다면, 평소 일에 몰두할 때 조금 의욕 있는 자세를 가지고 서서히 개선하도록 노력해야 한다.

① 달성의욕 … 목적의식을 가지고 높은 이상을 가지고 있는지를 측정한다.

질문	선택
A : 경쟁심이 강한 편이다. B : 경쟁심이 약한 편이다.	
A : 어떤 한 분야에서 제1인자가 되고 싶다고 생각한다. B : 어느 분야에서든 성실하게 임무를 진행하고 싶다고 생각한다.	
A : 규모가 큰일을 해보고 싶다. B : 맡은 일에 충실히 임하고 싶다.	
A : 아무리 노력해도 실패한 것은 아무런 도움이 되지 않는다. B : 가령 실패했을 지라도 나름대로의 노력이 있었으므로 괜찮다.	
A : 높은 목표를 설정하여 수행하는 것이 의욕적이다. B : 실현 가능한 정도의 목표를 설정하는 것이 의욕적이다.	

▶측정결과
㉠ 'A'가 많은 경우 : 큰 목표와 높은 이상을 가지고 승부욕이 강한 편이다.
• 면접관의 심리 : '열심히 일을 해줄 것 같은 유형이다.'
• 면접대책 : 달성의욕이 높다는 것은 어떤 직종이라도 플러스 평가가 된다.
㉡ 'B'가 많은 경우 : 현재의 생활을 소중하게 여기고 비약적인 발전을 위하여 기를 쓰지 않는다.
• 면접관의 심리 : '외부의 압력에 약하고, 기획입안 등을 하기 어려울 것이다.'
• 면접대책 : 일을 통하여 하고 싶은 것들을 구체적으로 어필한다.

② **활동의욕** … 자신에게 잠재된 에너지의 크기로, 정신적인 측면의 활동력이라 할 수 있다.

질문	선택
A : 하고 싶은 일을 실행으로 옮기는 편이다. B : 하고 싶은 일을 좀처럼 실행할 수 없는 편이다.	
A : 어려운 문제를 해결해 가는 것이 좋다. B : 어려운 문제를 해결하는 것을 잘하지 못한다.	
A : 일반적으로 결단이 빠른 편이다. B : 일반적으로 결단이 느린 편이다.	
A : 곤란한 상황에도 도전하는 편이다. B : 사물의 본질을 깊게 관찰하는 편이다.	
A : 시원시원하다는 말을 잘 듣는다. B : 꼼꼼하다는 말을 잘 듣는다.	

▶측정결과
㉠ 'A'가 많은 경우 : 꾸물거리는 것을 싫어하고 재빠르게 결단해서 행동하는 타입이다.
• 면접관의 심리 : '일을 처리하는 솜씨가 좋고, 일을 척척 진행할 수 있을 것 같다.'
• 면접대책 : 활동의욕이 높은 것은 플러스 평가가 된다. 사교성이나 활동성이 강하다는 인상을 준다.
㉡ 'B'가 많은 경우 : 안전하고 확실한 방법을 모색하고 차분하게 시간을 아껴서 일에 임하는 타입이다.
• 면접관의 심리 : '재빨리 행동을 못하고, 일의 처리속도가 느린 것이 아닐까?'
• 면접대책 : 활동성이 있는 것을 좋아하고 움직임이 더디다는 인상을 주지 않도록 한다.

3 성격의 유형

(1) 인성검사유형의 4가지 척도

정서적인 측면, 행동적인 측면, 의욕적인 측면의 요소들은 성격 특성이라는 관점에서 제시된 것들로 각 개인의 장·단점을 파악하는 데 유용하다. 그러나 전체적인 개인의 인성을 이해하는 데는 한계가 있다.

성격의 유형은 개인의 '성격적인 특색'을 가리키는 것으로, 사회인으로서 적합한지, 아닌지를 말하는 관점과는 관계가 없다. 따라서 채용의 합격 여부에는 사용되지 않는 경우가 많으며, 입사 후의 적정 부서 배치의 자료가 되는 편이라 생각하면 된다. 그러나 채용과 관계가 없다고 해서 아무런 준비도 필요없는 것은 아니다. 자신을 아는 것은 면접 대책의 밑거름이 되므로 모의검사 결과를 충분히 활용하도록 하여야 한다.

본서에서는 4개의 척도를 사용하여 기본적으로 16개의 패턴으로 성격의 유형을 분류하고 있다. 각 개인의 성격이 어떤 유형인지 재빨리 파악하기 위해 사용되며, '적성'에 맞는지, 맞지 않는지의 관점에 활용된다.

- 흥미·관심의 방향 : 내향형 ←————→ 외향형
- 사물에 대한 견해 : 직관형 ←————→ 감각형
- 판단하는 방법 : 감정형 ←————→ 사고형
- 환경에 대한 접근방법 : 지각형 ←————→ 판단형

(2) 성격유형

① 흥미·관심의 방향(내향⇆외향) … 흥미·관심의 방향이 자신의 내면에 있는지, 주위환경 등 외면에 향하는 지를 가리키는 척도이다.

질문	선택
A : 내성적인 성격인 편이다. B : 개방적인 성격인 편이다.	
A : 항상 신중하게 생각을 하는 편이다. B : 바로 행동에 착수하는 편이다.	
A : 수수하고 조심스러운 편이다. B : 자기 표현력이 강한 편이다.	
A : 다른 사람과 함께 있으면 침착하지 않다. B : 혼자서 있으면 침착하지 않다.	

▶측정결과
㉠ 'A'가 많은 경우(내향) : 관심의 방향이 자기 내면에 있으며, 조용하고 낯을 가리는 유형이다. 행동력은 부족하나 집중력이 뛰어나고 신중하고 꼼꼼하다.
㉡ 'B'가 많은 경우(외향) : 관심의 방향이 외부환경에 있으며, 사교적이고 활동적인 유형이다. 꼼꼼함이 부족하여 대충하는 경향이 있으나 행동력이 있다.

② 일(사물)을 보는 방법(직감⇆감각) … 일(사물)을 보는 법이 직감적으로 형식에 얽매이는지, 감각적으로 상식적인지를 가리키는 척도이다.

질문	선택
A : 현실주의적인 편이다. B : 상상력이 풍부한 편이다.	
A : 정형적인 방법으로 일을 처리하는 것을 좋아한다. B : 만들어진 방법에 변화가 있는 것을 좋아한다.	
A : 경험에서 가장 적합한 방법으로 선택한다. B : 지금까지 없었던 새로운 방법을 개척하는 것을 좋아한다.	
A : 성실하다는 말을 듣는다. B : 호기심이 강하다는 말을 듣는다.	

▶측정결과
㉠ 'A'가 많은 경우(감각) : 현실적이고 경험주의적이며 보수적인 유형이다.
㉡ 'B'가 많은 경우(직관) : 새로운 주제를 좋아하며, 독자적인 시각을 가진 유형이다.

③ 판단하는 방법(감정⇆사고) … 일을 감정적으로 판단하는지, 논리적으로 판단하는지를 가리키는 척도이다.

질문	선택
A : 인간관계를 중시하는 편이다. B : 일의 내용을 중시하는 편이다.	
A : 결론을 자기의 신념과 감정에서 이끌어내는 편이다. B : 결론을 논리적 사고에 의거하여 내리는 편이다.	
A : 다른 사람보다 동정적이고 눈물이 많은 편이다. B : 다른 사람보다 이성적이고 냉정하게 대응하는 편이다.	
A : 다른 사람보다 동정적이고 눈물이 많은 편이다. B : 다른 사람보다 이성적이고 냉정하게 대응하는 편이다.	

▶측정결과
㉠ 'A'가 많은 경우(감정) : 일을 판단할 때 마음감정을 중요하게 여기는 유형이다. 감정이 풍부하고 친절하나 엄격함이 부족하고 우유부단하며, 합리성이 부족하다.
㉡ 'B'가 많은 경우(사고) : 일을 판단할 때 논리성을 중요하게 여기는 유형이다. 이성적이고 합리적이나 타인에 대한 배려가 부족하다.

④ 환경에 대한 접근방법 … 주변상황에 어떻게 접근하는지, 그 판단기준을 어디에 두는지를 측정한다.

질문	선택
A : 사전에 계획을 세우지 않고 행동한다. B : 반드시 계획을 세우고 그것에 의거해서 행동하나.	
A : 자유롭게 행동하는 것을 좋아한다. B : 조직적으로 행동하는 것을 좋아한다.	
A : 조직성이나 관습에 속박당하지 않는다. B : 조직성이나 관습을 중요하게 여긴다.	
A : 계획 없이 낭비가 심한 편이다. B : 예산을 세워 물건을 구입하는 편이다.	

▶측정결과
㉠ 'A'가 많은 경우(지각) : 일의 변화에 융통성을 가지고 유연하게 대응하는 유형이다. 낙관적이며 질서보다는 자유를 좋아하나 임기응변식의 대응으로 무계획적인 인상을 줄 수 있다.
㉡ 'B'가 많은 경우(판단) : 일의 진행시 계획을 세워서 실행하는 유형이다. 순차적으로 진행하는 일을 좋아하고 끈기가 있으나 변화에 대해 적절하게 대응하지 못하는 경향이 있다.

(3) 성격유형의 판정

성격유형은 합격 여부의 판정보다는 배치를 위한 자료로써 이용된다. 즉, 기업은 입사시험 단계에서 입사 후에도 사용할 수 있는 정보를 입수하고 있다는 것이다. 성격검사에서는 어느 척도가 얼마나 고득점이었는지에 주시하고 각각의 측면에서 반드시 하나씩 고르고 편성한다. 편성은 모두 16가지가 되나 각각의 측면을 더 세분하면 200가지 이상의 유형이 나온다.

여기에서는 16가지 편성을 제시한다. 성격검사에 어떤 정보가 게재되어 있는지를 이해하면서 자기의 성격유형을 파악하기 위한 실마리로 활용하도록 한다.

① 내향 – 직관 – 감정 – 지각(TYPE A)
관심이 내면에 향하고 조용하고 소극적이다. 사물에 대한 견해는 새로운 것에 대해 호기심이 강하고, 독창적이다. 감정은 좋아하는 것과 싫어하는 것의 판단이 확실하고, 감정이 풍부하고 따뜻한 느낌이 있는 반면, 합리성이 부족한 경향이 있다. 환경에 접근하는 방법은 순응적이고 상황의 변화에 대해 유연하게 대응하는 것을 잘한다.

② 내향 - 직관 - 감정 - 사고(TYPE B)

관심이 내면으로 향하고 조용하고 쑥쓰러움을 잘 타는 편이다. 사물을 보는 관점은 독창적이며, 자기나름대로 궁리하며 생각하는 일이 많다. 좋고 싫음으로 판단하는 경향이 강하고 타인에게는 친절한 반면, 우유부단하기 쉬운 편이다. 환경 변화에 대해 유연하게 대응하는 것을 잘한다.

③ 내향 - 직관 - 사고 - 지각(TYPE C)

관심이 내면으로 향하고 얌전하고 교제범위가 좁다. 사물을 보는 관점은 독창적이며, 현실에서 먼 추상적인 것을 생각하기를 좋아한다. 논리적으로 생각하고 판단하는 경향이 강하고 이성적이지만, 남의 감정에 대해서는 무반응인 경향이 있다. 환경의 변화에 순응적이고 융통성 있게 임기응변으로 대응할 수가 있다.

④ 내향 - 직관 - 사고 - 판단(TYPE D)

관심이 내면으로 향하고 주의깊고 신중하게 행동을 한다. 사물을 보는 관점은 독창적이며 논리를 좋아해서 이치를 따지는 경향이 있다. 논리적으로 생각하고 판단하는 경향이 강하고, 객관적이지만 상대방의 마음에 대한 배려가 부족한 경향이 있다. 환경에 대해서는 순응하는 것보다 대응하며, 한 번 정한 것은 끈질기게 행동하려 한다.

⑤ 내향 - 감각 - 감정 - 지각(TYPE E)

관심이 내면으로 향하고 조용하며 소극적이다. 사물을 보는 관점은 상식적이고 그대로의 것을 좋아하는 경향이 있다. 좋음과 싫음으로 판단하는 경향이 강하고 타인에 대해서 동정심이 많은 반면, 엄격한 면이 부족한 경향이 있다. 환경에 대해서는 순응적이고, 예측할 수 없다해도 태연하게 행동하는 경향이 있다.

⑥ 내향 - 감각 - 감정 - 판단(TYPE F)

관심이 내면으로 향하고 얌전하며 쑥쓰러움을 많이 탄다. 사물을 보는 관점은 상식적이고 논리적으로 생각하는 것보다도 경험을 중요시하는 경향이 있다. 좋고 싫음으로 판단하는 경향이 강하고 사람이 좋은 반면, 개인적 취향이나 소원에 영향을 받는 일이 많은 경향이 있다. 환경에 대해서는 영향을 받지 않고, 자기 페이스 대로 꾸준히 성취하는 일을 잘한다.

⑦ 내향 - 감각 - 사고 - 지각(TYPE G)

관심이 내면으로 향하고 얌전하고 교제범위가 좁다. 사물을 보는 관점은 상식적인 동시에 실천적이며, 틀에 박힌 형식을 좋아한다. 논리적으로 판단하는 경향이 강하고 침착하지만 사람에 대해서는 엄격하여 차가운 인상을 주는 일이 많다. 환경에 대해서 순응적이고, 계획적으로 행동하지 않으며 자유로운 행동을 좋아하는 경향이 있다.

⑧ 내향 – 감각 – 사고 – 판단(TYPE H)

관심이 내면으로 향하고 주의 깊고 신중하게 행동을 한다. 사물을 보는 관점이 상식적이고 새롭고 경험하지 못한 일에 대응을 잘 하지 못한다. 논리적으로 생각하고 판단하는 경향이 강하고, 공평하지만 상대방의 감정에 대해 배려가 부족할 때가 있다. 환경에 대해서는 작용하는 편이고, 실서 있게 행동하는 것을 좋아한다.

⑨ 외향 – 직관 – 감정 – 지각(TYPE I)

관심이 외향으로 향하고 밝고 활동적이며 교제범위가 넓다. 사물을 보는 관점은 독창적이고 호기심이 강하며 새로운 것을 생각하는 것을 좋아한다. 좋음 싫음으로 판단하는 경향이 강하다. 사람은 좋은 반면 개인적 취향이나 소원에 영향을 받는 일이 많은 편이다.

⑩ 외향 – 직관 – 감정 – 판단(TYPE J)

관심이 외향으로 향하고 개방적이며 누구와도 쉽게 친해질 수 있다. 사물을 보는 관점은 독창적이고 자기 나름대로 궁리하고 생각하는 면이 많다. 좋음과 싫음으로 판단하는 경향이 강하고, 타인에 대해 동정적이기 쉽고 엄격함이 부족한 경향이 있다. 환경에 대해서는 작용하는 편이고 질서 있는 행동을 하는 것을 좋아한다.

⑪ 외향 – 직관 – 사고 – 지각(TYPE K)

관심이 외향으로 향하고 태도가 분명하며 활동적이다. 사물을 보는 관점은 독창적이고 현실과 거리가 있는 추상적인 것을 생각하는 것을 좋아한다. 논리적으로 생각하고 판단하는 경향이 강하고, 공평하지만 상대에 대한 배려가 부족할 때가 있다.

⑫ 외향 – 직관 – 사고 – 판단(TYPE L)

관심이 외향으로 향하고 밝고 명랑한 성격이며 사교적인 것을 좋아한다. 사물을 보는 관점은 독창적이고 논리적인 것을 좋아하기 때문에 이치를 따지는 경향이 있다. 논리적으로 생각하고 판단하는 경향이 강하고 침착성이 뛰어나지만 사람에 대해서 엄격하고 차가운 인상을 주는 경우가 많다. 환경에 대해 작용하는 편이고 계획을 세우고 착실하게 실행하는 것을 좋아한다.

⑬ 외향 – 감각 – 감정 – 지각(TYPE M)

관심이 외향으로 향하고 밝고 활동적이고 교제범위가 넓다. 사물을 보는 관점은 상식적이고 종래대로 있는 것을 좋아한다. 보수적인 경향이 있고 좋아함과 싫어함으로 판단하는 경향이 강하며 타인에게는 친절한 반면, 우유부단한 경우가 많다. 환경에 대해 순응적이고, 융통성이 있고 임기응변으로 대응할 가능성이 높다.

⑭ 외향 − 감각 − 감정 − 판단(TYPE N)

관심이 외향으로 향하고 개방적이며 누구와도 쉽게 대면할 수 있다. 사물을 보는 관점은 상식적이고 논리적으로 생각하기보다는 경험을 중시하는 편이다. 좋아함과 싫어함으로 판단하는 경향이 강하고 감정이 풍부하며 따뜻한 느낌이 있는 반면에 합리성이 부족한 경우가 많다. 환경에 대해서 작용하는 편이고, 한 번 결정한 것은 끈질기게 실행하려고 한다.

⑮ 외향 − 감각 − 사고 − 지각(TYPE O)

관심이 외향으로 향하고 시원한 태도이며 활동적이다. 사물을 보는 관점이 상식적이며 동시에 실천적이고 명백한 형식을 좋아하는 경향이 있다. 논리적으로 생각하고 판단하는 경향이 강하고, 객관적이지만 상대 마음에 대해 배려가 부족한 경향이 있다.

⑯ 외향 − 감각 − 사고 − 판단(TYPE P)

관심이 외향으로 향하고 밝고 명랑하며 사교적인 것을 좋아한다. 사물을 보는 관점은 상식적이고 경험하지 못한 새로운 것에 대응을 잘 하지 못한다. 논리적으로 생각하고 판단하는 경향이 강하고 이성적이지만 사람의 감정에 무심한 경향이 있다. 환경에 대해서는 작용하는 편이고, 자기 페이스대로 꾸준히 성취하는 것을 잘한다.

4 인성검사의 대책

(1) 미리 알아두어야 할 점

① 출제 문항 수… 인성검사의 출제 문항 수는 특별히 정해진 것이 아니며 각 기업체의 기준에 따라 달라질 수 있다. 보통 100문항 이상에서 500문항까지 출제된다고 예상하면 된다.

② 출제형식

  ㉠ '예' 아니면 '아니오'의 형식

다음 문항을 읽고 자신에게 해당되는지 안 되는지를 판단하여 해당될 경우 '예'를, 해당되지 않을 경우 '아니오'를 고르시오.

질문	예	아니오
1. 자신의 생각이나 의견은 좀처럼 변하지 않는다.	○	
2. 구입한 후 끝까지 읽지 않은 책이 많다.		○

다음 문항에 대해서 평소에 자신이 생각하고 있는 것이나 행동하고 있는 것에 ○표를 하시오.

질문	그렇다	약간 그렇다	그저 그렇다	별로 그렇지 않다	그렇지 않다
1. 시간에 쫓기는 것이 싫다.		○			
2. 여행가기 전에 계획을 세운다.			○		

  ㉡ A와 B의 선택형식

A와 B에 주어진 문장을 읽고 자신에게 해당되는 것을 고르시오.

질문	선택
A : 걱정거리가 있어서 잠을 못 잘 때가 있다.	(○)
B : 걱정거리가 있어도 잠을 잘 잔다.	( )

(2) 임하는 자세

① **솔직하게 있는 그대로 표현한다** … 인성검사는 평범한 일상생활 내용들을 다룬 짧은 문장과 어떤 대상이나 일에 대한 선로를 선택하는 문장으로 구성되었으므로 평소에 자신이 생각한 바를 너무 골똘히 생각하지 말고 문제를 보는 순간 떠오른 것을 표현한다.

② **모든 문제를 신속하게 대답한다** … 인성검사는 시간 제한이 없는 것이 원칙이지만 기업체들은 일정한 시간 제한을 두고 있다. 인성검사는 개인의 성격과 자질을 알아보기 위한 검사이기 때문에 정답이 없다. 다만, 기업체에서 바람직하게 생각하거나 기대되는 결과가 있을 뿐이다. 따라서 시간에 쫓겨서 대충 대답을 하는 것은 바람직하지 못하다.

02 실전 인성검사 1(인재유형검사)

┃1~462┃ 다음 제시된 문항을 읽고 당신에게 해당하는 정도를 ① 그렇다, ② 약간 그렇다, ③ 그저 그렇다, ④ 별로 그렇지 않다, ⑤ 그렇지 않다 중 선택하시오.

1. 조금이라도 나쁜 소식은 절망의 시작이라고 생각해버린다. ·················· ① ② ③ ④ ⑤

2. 언제나 실패가 걱정이 되어 어쩔 줄 모른다. ·················· ① ② ③ ④ ⑤

3. 다수결의 의견에 따르는 편이다. ·················· ① ② ③ ④ ⑤

4. 혼자서 커피숍에 들어가는 것은 전혀 두려운 일이 아니다. ·················· ① ② ③ ④ ⑤

5. 승부근성이 강하다. ·················· ① ② ③ ④ ⑤

6. 자주 흥분해서 침착하지 못하다. ·················· ① ② ③ ④ ⑤

7. 지금까지 살면서 타인에게 폐를 끼친 적이 없다. ·················· ① ② ③ ④ ⑤

8. 소곤소곤 이야기하는 것을 보면 자기에 대해 험담하고 있는 것으로 생각된다. · ① ② ③ ④ ⑤

9. 무엇이든지 자기가 나쁘다고 생각하는 편이다. ·················· ① ② ③ ④ ⑤

10. 자신을 변덕스러운 사람이라고 생각한다. ·················· ① ② ③ ④ ⑤

11. 고독을 즐기는 편이다. ·················· ① ② ③ ④ ⑤

12. 자존심이 강하다고 생각한다. ·················· ① ② ③ ④ ⑤

13. 금방 흥분하는 성격이다. ·················· ① ② ③ ④ ⑤

14. 거짓말을 한 적이 없다. ·················· ① ② ③ ④ ⑤

15. 신경질적인 편이다. ·················· ① ② ③ ④ ⑤

16. 끙끙대며 고민하는 타입이다. ·················· ① ② ③ ④ ⑤

17. 감정적인 사람이라고 생각한다. ·················· ① ② ③ ④ ⑤

18. 자신만의 신념을 가지고 있다. ·················· ① ② ③ ④ ⑤

19. 다른 사람을 바보 같다고 생각한 적이 있다. ·················· ① ② ③ ④ ⑤

20. 금방 말해버리는 편이다. ·················· ① ② ③ ④ ⑤

21. 싫어하는 사람이 없다. ·················· ① ② ③ ④ ⑤

22. 대재앙이 오지 않을까 항상 걱정을 한다. ·················· ① ② ③ ④ ⑤

23. 쓸데없는 고생을 사서 하는 일이 많다. ·················· ① ② ③ ④ ⑤

24. 자주 생각이 바뀌는 편이다. ·················· ① ② ③ ④ ⑤

25. 문제점을 해결하기 위해 여러 사람과 상의한다. ·················· ① ② ③ ④ ⑤

26. 내 방식대로 일을 한다. ───────────────────────── ① ② ③ ④ ⑤

27. 영화를 보고 운 적이 많다. ──────────────────────── ① ② ③ ④ ⑤

28. 어떤 것에 대해서도 화낸 적이 없다. ──────────────── ① ② ③ ④ ⑤

29. 사소한 충고에도 걱정을 한다. ──────────────────── ① ② ③ ④ ⑤

30. 자신은 도움이 안되는 사람이라고 생각한다. ──────── ① ② ③ ④ ⑤

31. 금방 싫증을 내는 편이다. ──────────────────────── ① ② ③ ④ ⑤

32. 개성적인 사람이라고 생각한다. ─────────────────── ① ② ③ ④ ⑤

33. 자기 주장이 강한 편이다. ──────────────────────── ① ② ③ ④ ⑤

34. 산만하다는 말을 들은 적이 있다. ──────────────── ① ② ③ ④ ⑤

35. 학교를 쉬고 싶다고 생각한 적이 한 번도 없다. ─── ① ② ③ ④ ⑤

36. 사람들과 관계맺는 것을 보면 잘하지 못한다. ────── ① ② ③ ④ ⑤

37. 사려깊은 편이다. ────────────────────────────── ① ② ③ ④ ⑤

38. 몸을 움직이는 것을 좋아한다. ──────────────────── ① ② ③ ④ ⑤

39. 끈기가 있는 편이다. ──────────────────────────── ① ② ③ ④ ⑤

40. 신중한 편이라고 생각한다. ─────────────────────── ① ② ③ ④ ⑤

41. 인생의 목표는 큰 것이 좋다. ───────────────────── ① ② ③ ④ ⑤

42. 어떤 일이라도 바로 시작하는 타입이다. ──────────── ① ② ③ ④ ⑤

43. 낯가림을 하는 편이다. ────────────────────────── ① ② ③ ④ ⑤

44. 생각하고 나서 행동하는 편이다. ─────────────────── ① ② ③ ④ ⑤

45. 쉬는 날은 밖으로 나가는 경우가 많다. ────────────── ① ② ③ ④ ⑤

46. 시작한 일은 반드시 완성시킨다. ─────────────────── ① ② ③ ④ ⑤

47. 면밀한 계획을 세운 여행을 좋아한다. ────────────── ① ② ③ ④ ⑤

48. 야망이 있는 편이라고 생각한다. ─────────────────── ① ② ③ ④ ⑤

49. 활동력이 있는 편이다. ────────────────────────── ① ② ③ ④ ⑤

50. 많은 사람들과 왁자지껄하게 식사하는 것을 좋아하지 않는다. ─ ① ② ③ ④ ⑤

51. 돈을 허비한 적이 없다. ────────────────────────── ① ② ③ ④ ⑤

52. 운동회를 아주 좋아하고 기대했다. ─────────────── ① ② ③ ④ ⑤

53. 하나의 취미에 열중하는 타입이다. ─────────────── ① ② ③ ④ ⑤

54. 모임에서 회장에 어울린다고 생각한다. ────────────── ① ② ③ ④ ⑤

55. 입신출세의 성공이야기를 좋아한다. ──────────────── ① ② ③ ④ ⑤

56. 어떠한 일도 의욕을 가지고 임하는 편이다. ································ ① ② ③ ④ ⑤

57. 학급에서는 존재가 희미했다. ································ ① ② ③ ④ ⑤

58. 항상 무언가를 생각하고 있다. ································ ① ② ③ ④ ⑤

59. 스포츠는 보는 것보다 하는 게 좋다. ································ ① ② ③ ④ ⑤

60. '참 잘했네요'라는 말을 듣는다. ································ ① ② ③ ④ ⑤

61. 흐린 날은 반드시 우산을 가지고 간다. ································ ① ② ③ ④ ⑤

62. 주연상을 받을 수 있는 배우를 좋아한다. ································ ① ② ③ ④ ⑤

63. 공격하는 타입이라고 생각한다. ································ ① ② ③ ④ ⑤

64. 리드를 받는 편이다. ································ ① ② ③ ④ ⑤

65. 너무 신중해서 기회를 놓친 적이 있다. ································ ① ② ③ ④ ⑤

66. 시원시원하게 움직이는 타입이다. ································ ① ② ③ ④ ⑤

67. 야근을 해서라도 업무를 끝낸다. ································ ① ② ③ ④ ⑤

68. 누군가를 방문할 때는 반드시 사전에 확인한다. ································ ① ② ③ ④ ⑤

69. 노력해도 결과가 따르지 않으면 의미가 없다. ································ ① ② ③ ④ ⑤

70. 무조건 행동해야 한다. ································ ① ② ③ ④ ⑤

71. 유행에 둔감하다고 생각한다. ································ ① ② ③ ④ ⑤

72. 정해진 대로 움직이는 것은 시시하다. ································ ① ② ③ ④ ⑤

73. 꿈을 계속 가지고 있고 싶다. ································ ① ② ③ ④ ⑤

74. 질서보다 자유를 중요시하는 편이다. ································ ① ② ③ ④ ⑤

75. 혼자서 취미에 몰두하는 것을 좋아한다. ································ ① ② ③ ④ ⑤

76. 직관적으로 판단하는 편이다. ································ ① ② ③ ④ ⑤

77. 영화나 드라마를 보면 등장인물의 감정에 이입된다. ································ ① ② ③ ④ ⑤

78. 시대의 흐름에 역행해서라도 자신을 관철하고 싶다. ································ ① ② ③ ④ ⑤

79. 다른 사람의 소문에 관심이 없다. ································ ① ② ③ ④ ⑤

80. 창조적인 편이다. ································ ① ② ③ ④ ⑤

81. 비교적 눈물이 많은 편이다. ································ ① ② ③ ④ ⑤

82. 융통성이 있다고 생각한다. ································ ① ② ③ ④ ⑤

83. 친구의 휴대전화 번호를 잘 모른다. ································ ① ② ③ ④ ⑤

84. 스스로 고안하는 것을 좋아한다. ································ ① ② ③ ④ ⑤

85. 정이 두터운 사람으로 남고 싶다. ································ ① ② ③ ④ ⑤

86. 조직의 일원으로 별로 안 어울린다. ································· ① ② ③ ④ ⑤

87. 세상의 일에 별로 관심이 없다. ································· ① ② ③ ④ ⑤

88. 변화를 추구하는 편이다. ································· ① ② ③ ④ ⑤

89. 업무는 인간관계로 선택한다. ································· ① ② ③ ④ ⑤

90. 환경이 변하는 것에 구애되지 않는다. ································· ① ② ③ ④ ⑤

91. 불안감이 강한 편이다. ································· ① ② ③ ④ ⑤

92. 인생은 살 가치가 없다고 생각한다. ································· ① ② ③ ④ ⑤

93. 의지가 약한 편이다. ································· ① ② ③ ④ ⑤

94. 다른 사람이 하는 일에 별로 관심이 없다. ································· ① ② ③ ④ ⑤

95. 사람을 설득시키는 것은 어렵지 않다. ································· ① ② ③ ④ ⑤

96. 심심한 것을 못 참는다. ································· ① ② ③ ④ ⑤

97. 다른 사람을 욕한 적이 한 번도 없다. ································· ① ② ③ ④ ⑤

98. 다른 사람에게 어떻게 보일지 신경을 쓴다. ································· ① ② ③ ④ ⑤

99. 금방 낙심하는 편이다. ································· ① ② ③ ④ ⑤

100. 다른 사람에게 의존하는 경향이 있다. ································· ① ② ③ ④ ⑤

101. 그다지 융통성이 있는 편이 아니다. ································· ① ② ③ ④ ⑤

102. 다른 사람이 내 의견에 간섭하는 것이 싫다. ································· ① ② ③ ④ ⑤

103. 낙천적인 편이다. ································· ① ② ③ ④ ⑤

104. 숙제를 잊어버린 적이 한 번도 없다. ································· ① ② ③ ④ ⑤

105. 밤길에는 발소리가 들리기만 해도 불안하다. ································· ① ② ③ ④ ⑤

106. 상냥하다는 말을 들은 적이 있다. ································· ① ② ③ ④ ⑤

107. 자신은 유치한 사람이다. ································· ① ② ③ ④ ⑤

108. 잡담을 하는 것보다 책을 읽는 게 낫다. ································· ① ② ③ ④ ⑤

109. 나는 영업에 적합한 타입이라고 생각한다. ································· ① ② ③ ④ ⑤

110. 술자리에서 술을 마시지 않아도 흥을 돋울 수 있다. ································· ① ② ③ ④ ⑤

111. 한 번도 병원에 간 적이 없다. ································· ① ② ③ ④ ⑤

112. 나쁜 일은 걱정이 되어서 어쩔 줄을 모른다. ································· ① ② ③ ④ ⑤

113. 금세 무기력해지는 편이다. ································· ① ② ③ ④ ⑤

114. 비교적 고분고분한 편이라고 생각한다. ································· ① ② ③ ④ ⑤

115. 독자적으로 행동하는 편이다. ································· ① ② ③ ④ ⑤

116. 적극적으로 행동하는 편이다. ································· ① ② ③ ④ ⑤

117. 금방 감격하는 편이다. ································· ① ② ③ ④ ⑤

118. 어떤 것에 대해서는 불만을 가진 적이 없다. ················ ① ② ③ ④ ⑤

119. 밤에 못 잘 때가 많다. ································· ① ② ③ ④ ⑤

120. 자주 후회하는 편이다. ································· ① ② ③ ④ ⑤

121. 뜨거워지기 쉽고 식기 쉽다. ·························· ① ② ③ ④ ⑤

122. 자신만의 세계를 가지고 있다. ························· ① ② ③ ④ ⑤

123. 많은 사람 앞에서도 긴장하는 일은 없다. ················· ① ② ③ ④ ⑤

124. 말하는 것을 아주 좋아한다. ·························· ① ② ③ ④ ⑤

125. 인생을 포기하는 마음을 가진 적이 한 번도 없다. ············ ① ② ③ ④ ⑤

126. 어두운 성격이다. ································· ① ② ③ ④ ⑤

127. 금방 반성한다. ·································· ① ② ③ ④ ⑤

128. 활동범위가 넓은 편이다. ···························· ① ② ③ ④ ⑤

129. 자신을 끈기 있는 사람이라고 생각한다. ·················· ① ② ③ ④ ⑤

130. 좋다고 생각하더라도 좀 더 검토하고 나서 실행한다. ·········· ① ② ③ ④ ⑤

131. 위대한 인물이 되고 싶다. ···························· ① ② ③ ④ ⑤

132. 한 번에 많은 일을 떠맡아도 힘들지 않다. ················· ① ② ③ ④ ⑤

133. 사람과 만날 약속은 부담스럽다. ······················ ① ② ③ ④ ⑤

134. 질문을 받으면 충분히 생각하고 나서 대답하는 편이다. ········· ① ② ③ ④ ⑤

135. 머리를 쓰는 것보다 땀을 흘리는 일이 좋다. ··············· ① ② ③ ④ ⑤

136. 결정한 것에는 철저히 구속받는다. ····················· ① ② ③ ④ ⑤

137. 외출 시 문을 잠갔는지 몇 번을 확인한다. ················· ① ② ③ ④ ⑤

138. 이왕 할 거라면 일등이 되고 싶다. ····················· ① ② ③ ④ ⑤

139. 과감하게 도전하는 타입이다. ························· ① ② ③ ④ ⑤

140. 자신은 사교적이 아니라고 생각한다. ···················· ① ② ③ ④ ⑤

141. 무심코 도리에 대해서 말하고 싶어진다. ·················· ① ② ③ ④ ⑤

142. '항상 건강하네요'라는 말을 듣는다. ···················· ① ② ③ ④ ⑤

143. 단념하면 끝이라고 생각한다. ························· ① ② ③ ④ ⑤

144. 예상하지 못한 일은 하고 싶지 않다. ···················· ① ② ③ ④ ⑤

145. 파란만장하더라도 성공하는 인생을 걷고 싶다. ·············· ① ② ③ ④ ⑤

146. 활기찬 편이라고 생각한다. ································· ① ② ③ ④ ⑤

147. 소극적인 편이라고 생각한다. ······························· ① ② ③ ④ ⑤

148. 무심코 평론가가 되어 버린다. ···························· ① ② ③ ④ ⑤

149. 자신은 성급하다고 생각한다. ···························· ① ② ③ ④ ⑤

150. 꾸준히 노력하는 타입이라고 생각한다. ··············· ① ② ③ ④ ⑤

151. 내일의 계획이라도 메모한다. ···························· ① ② ③ ④ ⑤

152. 리더십이 있는 사람이 되고 싶다. ······················ ① ② ③ ④ ⑤

153. 열정적인 사람이라고 생각한다. ························· ① ② ③ ④ ⑤

154. 다른 사람 앞에서 이야기를 잘 하지 못한다. ········ ① ② ③ ④ ⑤

155. 통찰력이 있는 편이다. ·································· ① ② ③ ④ ⑤

156. 엉덩이가 가벼운 편이다. ································ ① ② ③ ④ ⑤

157. 여러 가지로 구애됨이 있다. ···························· ① ② ③ ④ ⑤

158. 돌다리도 두들겨 보고 건너는 쪽이 좋다. ·············· ① ② ③ ④ ⑤

159. 자신에게는 권력욕이 있다. ···························· ① ② ③ ④ ⑤

160. 업무를 할당받으면 기쁘다. ····························· ① ② ③ ④ ⑤

161. 사색적인 사람이라고 생각한다. ························· ① ② ③ ④ ⑤

162. 비교적 개혁적이다. ····································· ① ② ③ ④ ⑤

163. 좋고 싫음으로 정할 때가 많다. ························· ① ② ③ ④ ⑤

164. 전통에 구애되는 것은 버리는 것이 적절하다. ········· ① ② ③ ④ ⑤

165. 교제 범위가 좁은 편이다. ····························· ① ② ③ ④ ⑤

166. 발상의 전환을 할 수 있는 타입이라고 생각한다. ····· ① ② ③ ④ ⑤

167. 너무 주관적이어서 실패한다. ··························· ① ② ③ ④ ⑤

168. 현실적이고 실용적인 면을 추구한다. ·················· ① ② ③ ④ ⑤

169. 내가 어떤 배우의 팬인지 아무도 모른다. ············· ① ② ③ ④ ⑤

170. 현실보다 가능성이다. ·································· ① ② ③ ④ ⑤

171. 마음이 담겨 있으면 선물은 아무 것이나 좋다. ········ ① ② ③ ④ ⑤

172. 여행은 마음대로 하는 것이 좋다. ······················ ① ② ③ ④ ⑤

173. 추상적인 일에 관심이 있는 편이다. ··················· ① ② ③ ④ ⑤

174. 일은 대담히 하는 편이다. ····························· ① ② ③ ④ ⑤

175. 괴로워하는 사람을 보면 우선 동정한다. ··············· ① ② ③ ④ ⑤

176. 가치기준은 자신의 안에 있다고 생각한다. ⋯⋯⋯⋯⋯⋯⋯⋯⋯⋯⋯ ① ② ③ ④ ⑤

177. 조용하고 조심스러운 편이다. ⋯⋯⋯⋯⋯⋯⋯⋯⋯⋯⋯⋯⋯⋯⋯⋯⋯ ① ② ③ ④ ⑤

178. 상상력이 풍부한 편이라고 생각한다. ⋯⋯⋯⋯⋯⋯⋯⋯⋯⋯⋯⋯⋯ ① ② ③ ④ ⑤

179. 의리, 인정이 두터운 상사를 만나고 싶다. ⋯⋯⋯⋯⋯⋯⋯⋯⋯ ① ② ③ ④ ⑤

180. 인생의 앞날을 알 수 없어 재미있다. ⋯⋯⋯⋯⋯⋯⋯⋯⋯⋯⋯⋯ ① ② ③ ④ ⑤

181. 밝은 성격이다. ⋯⋯⋯⋯⋯⋯⋯⋯⋯⋯⋯⋯⋯⋯⋯⋯⋯⋯⋯⋯⋯⋯⋯⋯ ① ② ③ ④ ⑤

182. 별로 반성하지 않는다. ⋯⋯⋯⋯⋯⋯⋯⋯⋯⋯⋯⋯⋯⋯⋯⋯⋯⋯⋯ ① ② ③ ④ ⑤

183. 활동범위가 좁은 편이다. ⋯⋯⋯⋯⋯⋯⋯⋯⋯⋯⋯⋯⋯⋯⋯⋯⋯⋯ ① ② ③ ④ ⑤

184. 자신을 시원시원한 사람이라고 생각한다. ⋯⋯⋯⋯⋯⋯⋯⋯⋯ ① ② ③ ④ ⑤

185. 좋다고 생각하면 바로 행동한다. ⋯⋯⋯⋯⋯⋯⋯⋯⋯⋯⋯⋯⋯⋯ ① ② ③ ④ ⑤

186. 좋은 사람이 되고 싶다. ⋯⋯⋯⋯⋯⋯⋯⋯⋯⋯⋯⋯⋯⋯⋯⋯⋯⋯ ① ② ③ ④ ⑤

187. 한 번에 많은 일을 떠맡는 것은 골칫거리라고 생각한다. ⋯ ① ② ③ ④ ⑤

188. 사람과 만날 약속은 즐겁다. ⋯⋯⋯⋯⋯⋯⋯⋯⋯⋯⋯⋯⋯⋯⋯⋯ ① ② ③ ④ ⑤

189. 질문을 받으면 그때의 느낌으로 대답하는 편이다. ⋯⋯⋯⋯ ① ② ③ ④ ⑤

190. 땀을 흘리는 것보다 머리를 쓰는 일이 좋다. ⋯⋯⋯⋯⋯⋯⋯ ① ② ③ ④ ⑤

191. 결정한 것이라도 그다지 구속받지 않는다. ⋯⋯⋯⋯⋯⋯⋯⋯ ① ② ③ ④ ⑤

192. 외출 시 문을 잠갔는지 별로 확인하지 않는다. ⋯⋯⋯⋯⋯ ① ② ③ ④ ⑤

193. 지위에 어울리면 된다. ⋯⋯⋯⋯⋯⋯⋯⋯⋯⋯⋯⋯⋯⋯⋯⋯⋯⋯ ① ② ③ ④ ⑤

194. 안전책을 고르는 타입이다. ⋯⋯⋯⋯⋯⋯⋯⋯⋯⋯⋯⋯⋯⋯⋯⋯ ① ② ③ ④ ⑤

195. 자신은 사교적이라고 생각한다. ⋯⋯⋯⋯⋯⋯⋯⋯⋯⋯⋯⋯⋯⋯ ① ② ③ ④ ⑤

196. 도리는 상관없다. ⋯⋯⋯⋯⋯⋯⋯⋯⋯⋯⋯⋯⋯⋯⋯⋯⋯⋯⋯⋯⋯ ① ② ③ ④ ⑤

197. '침착하네요'라는 말을 듣는다. ⋯⋯⋯⋯⋯⋯⋯⋯⋯⋯⋯⋯⋯⋯ ① ② ③ ④ ⑤

198. 단념이 중요하다고 생각한다. ⋯⋯⋯⋯⋯⋯⋯⋯⋯⋯⋯⋯⋯⋯⋯ ① ② ③ ④ ⑤

199. 예상하지 못한 일도 해보고 싶다. ⋯⋯⋯⋯⋯⋯⋯⋯⋯⋯⋯⋯ ① ② ③ ④ ⑤

200. 평범하고 평온하게 행복한 인생을 살고 싶다. ⋯⋯⋯⋯⋯⋯ ① ② ③ ④ ⑤

201. 몹시 귀찮아하는 편이라고 생각한다. ⋯⋯⋯⋯⋯⋯⋯⋯⋯⋯⋯ ① ② ③ ④ ⑤

202. 특별히 소극적이라고 생각하지 않는다. ⋯⋯⋯⋯⋯⋯⋯⋯⋯⋯ ① ② ③ ④ ⑤

203. 이것저것 평하는 것이 싫다. ⋯⋯⋯⋯⋯⋯⋯⋯⋯⋯⋯⋯⋯⋯⋯⋯ ① ② ③ ④ ⑤

204. 자신은 성급하지 않다고 생각한다. ⋯⋯⋯⋯⋯⋯⋯⋯⋯⋯⋯⋯ ① ② ③ ④ ⑤

205. 꾸준히 노력하는 것을 잘 하지 못한다. ⋯⋯⋯⋯⋯⋯⋯⋯⋯⋯ ① ② ③ ④ ⑤

206. 내일의 계획은 머릿속에 기억한다. ···································· ① ② ③ ④ ⑤

207. 협동성이 있는 사람이 되고 싶다. ···································· ① ② ③ ④ ⑤

208. 열정적인 사람이라고 생각하지 않는다. ······························ ① ② ③ ④ ⑤

209. 다른 사람 앞에서 이야기를 잘한다. ·································· ① ② ③ ④ ⑤

210. 행동력이 있는 편이다. ··· ① ② ③ ④ ⑤

211. 엉덩이가 무거운 편이다. ··· ① ② ③ ④ ⑤

212. 특별히 구애받는 것이 없다. ·· ① ② ③ ④ ⑤

213. 돌다리는 두들겨 보지 않고 건너도 된다. ··························· ① ② ③ ④ ⑤

214. 자신에게는 권력욕이 없다. ··· ① ② ③ ④ ⑤

215. 업무를 할당받으면 부담스럽다. ····································· ① ② ③ ④ ⑤

216. 활동적인 사람이라고 생각한다. ····································· ① ② ③ ④ ⑤

217. 비교적 보수적이다. ··· ① ② ③ ④ ⑤

218. 손해인지 이익인지로 정할 때가 많다. ······························ ① ② ③ ④ ⑤

219. 전통을 견실히 지키는 것이 적절하다. ······························ ① ② ③ ④ ⑤

220. 교제 범위가 넓은 편이다. ·· ① ② ③ ④ ⑤

221. 상식적인 판단을 할 수 있는 타입이라고 생각한다. ··················· ① ② ③ ④ ⑤

222. 너무 객관적이어서 실패한다. ······································· ① ② ③ ④ ⑤

223. 보수적인 면을 추구한다. ··· ① ② ③ ④ ⑤

224. 내가 누구의 팬인지 주변의 사람들이 안다. ························· ① ② ③ ④ ⑤

225. 가능성보다 현실이다. ··· ① ② ③ ④ ⑤

226. 그 사람이 필요한 것을 선물하고 싶다. ······························ ① ② ③ ④ ⑤

227. 여행은 계획적으로 하는 것이 좋다. ································· ① ② ③ ④ ⑤

228. 구체적인 일에 관심이 있는 편이다. ································· ① ② ③ ④ ⑤

229. 일은 착실히 하는 편이다. ·· ① ② ③ ④ ⑤

230. 괴로워하는 사람을 보면 우선 이유를 생각한다. ······················ ① ② ③ ④ ⑤

231. 가치기준은 자신의 밖에 있다고 생각한다. ························· ① ② ③ ④ ⑤

232. 밝고 개방적인 편이다. ··· ① ② ③ ④ ⑤

233. 현실 인식을 잘하는 편이라고 생각한다. ····························· ① ② ③ ④ ⑤

234. 공평하고 공적인 상사를 만나고 싶다. ······························ ① ② ③ ④ ⑤

235. 시시해도 계획적인 인생이 좋다. ···································· ① ② ③ ④ ⑤

236. 적극적으로 사람들과 관계를 맺는 편이다. ································ ① ② ③ ④ ⑤

237. 활동적인 편이다. ································ ① ② ③ ④ ⑤

238. 몸을 움직이는 것을 좋아하지 않는다. ································ ① ② ③ ④ ⑤

239. 쉽게 질리는 편이다. ································ ① ② ③ ④ ⑤

240. 경솔한 편이라고 생각한다. ································ ① ② ③ ④ ⑤

241. 인생의 목표는 손이 닿을 정도면 된다. ································ ① ② ③ ④ ⑤

242. 무슨 일도 좀처럼 시작하지 못한다. ································ ① ② ③ ④ ⑤

243. 초면인 사람과도 바로 친해질 수 있다. ································ ① ② ③ ④ ⑤

244. 행동하고 나서 생각하는 편이다. ································ ① ② ③ ④ ⑤

245. 쉬는 날은 밖에 있는 경우가 많다. ································ ① ② ③ ④ ⑤

246. 완성되기 전에 포기하는 경우가 많다. ································ ① ② ③ ④ ⑤

247. 계획 없는 여행을 좋아한다. ································ ① ② ③ ④ ⑤

248. 욕심이 없는 편이라고 생각한다. ································ ① ② ③ ④ ⑤

249. 활동력이 별로 없다. ································ ① ② ③ ④ ⑤

250. 많은 사람들과 와자지껄하게 식사하는 것은 피곤하다. ································ ① ② ③ ④ ⑤

251. 자주 우울하거나 슬프며 기운이 빠진다. ································ ① ② ③ ④ ⑤

252. 미래에 대해 비관적이거나 자신감이 없다. ································ ① ② ③ ④ ⑤

253. 현실적으로 내 미래에는 희망이 별로 없다고 생각한다. ································ ① ② ③ ④ ⑤

254. 한 사람의 인간으로서 실망스러운 사람이라고 생각한다. ································ ① ② ③ ④ ⑤

255. 스스로에 대해 자부심이 들지 않는다. ································ ① ② ③ ④ ⑤

256. 대부분의 시간이 만족스럽지 못하거나 지루하다. ································ ① ② ③ ④ ⑤

257. 지금까지 인생을 살아온 방식이 마음에 들지 않는다. ································ ① ② ③ ④ ⑤

258. 기분이 나쁘거나 자신이 쓸모없게 느껴지는 경우가 많다. ································ ① ② ③ ④ ⑤

259. 일이 현실적으로 잘못되면 스스로 자책하는 편이다. ································ ① ② ③ ④ ⑤

260. 자해나 자살을 생각해본 일이 있다. ································ ① ② ③ ④ ⑤

261. 차라리 죽었으면 좋겠다고 고민한 적이 있다. ································ ① ② ③ ④ ⑤

262. 많이 운다. ································ ① ② ③ ④ ⑤

263. 예전에 비해 더 쉽사리 짜증이 나거나 초조해진다. ································ ① ② ③ ④ ⑤

264. 작은 일로 상한 감정이 다른 사람들에 대해 환멸로 발전하는 경우가 종종

　　　있다. ································ ① ② ③ ④ ⑤

265. 예전에 비해 혼자서 결정을 내리기가 더 힘들어졌다. ···································· ① ② ③ ④ ⑤

266. 더 이상 외모에 관심을 쏟지 않는다. ··· ① ② ③ ④ ⑤

267. 좋지 않은 기분이 일에도 영향을 미친다. ··· ① ② ③ ④ ⑤

268. 평소보다 아침에 1시간 이상 더 빨리 눈이 떠지지만 다시 잠들기는 힘들다. · ① ② ③ ④ ⑤

269. 아무 이유 없이 피곤하다. ·· ① ② ③ ④ ⑤

270. 밥맛이 없다. ··· ① ② ③ ④ ⑤

271. 종종 폭식을 하는 습관이 있다. ·· ① ② ③ ④ ⑤

272. 아침에 나쁘던 기분이 저녁이 되면 다소 좋아진다. ····························· ① ② ③ ④ ⑤

273. 종전에는 쉽게 하던 집안일이나 직장일이 요즘은 힘들게 느껴진다. ·· ① ② ③ ④ ⑤

274. 가까운 친척 중에 우울증 증세를 보였던 사람이 있다. ······················ ① ② ③ ④ ⑤

275. 발생되지 않을 일을 미리 걱정한다. ·· ① ② ③ ④ ⑤

276. 사람들의 대화에 집중을 잘 못하는 편이다. ··· ① ② ③ ④ ⑤

277. 공공장소보다 폐쇄된 공간을 좋아한다. ··· ① ② ③ ④ ⑤

278. 작은 소음에도 잘 놀라며, 심장이 잘 두근거린다. ······························· ① ② ③ ④ ⑤

279. 공복감을 자주 느끼며 공허해지는 경우가 많다. ···································· ① ② ③ ④ ⑤

280. 실수에 대한 반복이 잦고, 일을 해결하는데 있어 시간이 오래 걸린다. ······· ① ② ③ ④ ⑤

281. 가끔 어딘가 갇힌 것처럼 마음이 답답하고 복잡한 감정을 느낀다. ············· ① ② ③ ④ ⑤

282. 잠을 자도 무기력해하고, 아침에 주로 피곤하다. ·································· ① ② ③ ④ ⑤

283. 문장을 몇 번씩 읽어보는 버릇, 이해가 될 때까지 해결하려는 성향이 강하다. ① ② ③ ④ ⑤

284. 혼자라는 생각이 들며 상황마다 불길한 느낌을 받는다. ····························· ① ② ③ ④ ⑤

285. 갑자기 불같이 화를 내며, 감정의 폭이 들쑥날쑥한다. ···························· ① ② ③ ④ ⑤

286. 스스로에 대해 오래 살 수 있을 것인가, 건강한가에 대한 질문을 한다. ······ ① ② ③ ④ ⑤

287. 술을 마시면 전날 있었던 일을 기억하기 힘들다. ·································· ① ② ③ ④ ⑤

288. 쉴 틈 없이 바쁜 하루가 좋다. ··· ① ② ③ ④ ⑤

289. 운동을 일주일에 5회이상 꾸준히 하고 있다. ··· ① ② ③ ④ ⑤

290. 불쌍한 사람을 보면 주머니에 갖고 있는 돈을 다 줄 수 있다. ············ ① ② ③ ④ ⑤

291. 어린이나 동물을 돌보는 것을 좋아한다. ··· ① ② ③ ④ ⑤

292. 악기를 연주하거나 음악 감상하는 것이 취미이다. ······························· ① ② ③ ④ ⑤

293. 별다른 취미가 없다. ··· ① ② ③ ④ ⑤

294. 스마트폰을 하루 2시간이상 이용한다. ··· ① ② ③ ④ ⑤

295. 스마트폰에 설치된 어플이 30개이상이다. ···················· ① ② ③ ④ ⑤

296. 화장실에 갈 때도 스마트폰을 가져간다. ···················· ① ② ③ ④ ⑤

297. 밥을 먹다가도 스마트폰 알림소리가 나면 뛰어가서 확인한다. ··········· ① ② ③ ④ ⑤

298. 맛있는 음식이 있으면 멀리라도 찾아가서 사먹는다. ··············· ① ② ③ ④ ⑤

299. 운동을 하는 것보다 가만히 책을 읽거나 쉬는 것을 좋아한다. ········· ① ② ③ ④ ⑤

300. 언제 죽을지도 모른다는 불안감에 두렵다. ···················· ① ② ③ ④ ⑤

301. 갑자기 재난이나 재해가 발생하는 것은 아닌지 걱정을 한다. ········· ① ② ③ ④ ⑤

302. 쇼핑을 일주일에 1회 이상 한다. ························· ① ② ③ ④ ⑤

303. 갖고 싶은 물건이 있으면 아르바이트를 해서라도 반드시 산다. ········ ① ② ③ ④ ⑤

304. 최근에 육체적으로나 정신적으로 힘들다고 느낀적이 많다. ·········· ① ② ③ ④ ⑤

305. 수면 중 자주 깬다. ································· ① ② ③ ④ ⑤

306. 충분히 수면을 취해도 피곤하다. ························· ① ② ③ ④ ⑤

307. 혼자 있을 때 편안함보다는 불안감을 느낀다. ················· ① ② ③ ④ ⑤

308. 하는 일에 만족을 느끼지 못한다. ························ ① ② ③ ④ ⑤

309. 술이나 담배, 커피가 늘어난다. ························· ① ② ③ ④ ⑤

310. 약속을 자주 어긴다. ································· ① ② ③ ④ ⑤

311. 최근들어 건망증이 심해진 것 같다. ······················ ① ② ③ ④ ⑤

312. 아침 기상 후 몸이 무겁다. ···························· ① ② ③ ④ ⑤

313. 부정적인 생각과 부정적인 말을 자주 한다. ·················· ① ② ③ ④ ⑤

314. 행동이 거칠어지고 난폭한 언어도 가리지 않고 한다. ············· ① ② ③ ④ ⑤

315. 같은 식사량임에도 불구하고 최근 갑작스러운 체중 증가 또는 감소 증상을

　　　보인다. ······································ ① ② ③ ④ ⑤

316. 아무 일 없이 눈물이 자주난다. ························· ① ② ③ ④ ⑤

317. 어떤일을 집중해서 오래하지못한다. ······················ ① ② ③ ④ ⑤

318. 앉아서도 손발을 가만두지 못하고 봄을 뒤튼다. ················ ① ② ③ ④ ⑤

319. 외부자극에 의해 쉽게 주의가 산만해진다. ··················· ① ② ③ ④ ⑤

320. 게임이나 그룹상황에서 차례를 기다리지 못한다. ··············· ① ② ③ ④ ⑤

321. 질문이 끝나기도 전에 대답이 불쑥 튀어나오는 경우가 잦다. ········· ① ② ③ ④ ⑤

322. 다른사람의 지시에 따라 일을 끝마치기가 힘들다. ··············· ① ② ③ ④ ⑤

323. 해야 할 일이나 활동에 계속 집중하는데 어려움이 있다. ············ ① ② ③ ④ ⑤

324. 한가지 활동을 끝마치기 전에 다른 활동으로 자주 옮긴다. ···································· ① ② ③ ④ ⑤

325. 특별히 좋아하는 놀이나 활동이 없다. ···································· ① ② ③ ④ ⑤

326. 자해를 하거나 다른 사람을 괴롭히며 좋아한다. ···································· ① ② ③ ④ ⑤

327. 자주 다른 사람을 방해 또는 참견한다. ···································· ① ② ③ ④ ⑤

328. 다른 사람이 나에게 뭐라고 하는지 듣지 않는 것 같다. ···································· ① ② ③ ④ ⑤

329. 필요한 물건들을 자주 잃어버린다. ···································· ① ② ③ ④ ⑤

330. 변비가 있고 어지러워한다. ···································· ① ② ③ ④ ⑤

331. 필요한 경우에도 계속 앉아 있기 힘들다. ···································· ① ② ③ ④ ⑤

332. 조용히 놀기 힘들다. ···································· ① ② ③ ④ ⑤

333. 갑자기 말을 하지 않고 있을 때가 있다. ···································· ① ② ③ ④ ⑤

334. 신경이 날카롭고 곤두서있거나 긴장되어있다. ···································· ① ② ③ ④ ⑤

335. 어떤 생각을 떨쳐버리지 못하고 강박 증세를 보인다. ···································· ① ② ③ ④ ⑤

336. 어른들과 항상 붙어있으려 하고 의존적이다. 교우관계가 좋지 않다. ·········· ① ② ③ ④ ⑤

337. 집으로 돌아오면 운동복 차림이다. ···································· ① ② ③ ④ ⑤

338. 휴일은 무조건 편한 옷을 입고 있다. ···································· ① ② ③ ④ ⑤

339. '귀찮아, 대충, 뭐, 어때'가 입버릇이다. ···································· ① ② ③ ④ ⑤

340. 술 취한 다음날, 정체 모를 물건이 방에 있다. ···································· ① ② ③ ④ ⑤

341. 잊은 물건이 있으면 신발을 신은 채 까치발로 방에 가지러 간다. ············· ① ② ③ ④ ⑤

342. 이메일 또는 문자메시지 답변은 짧고 늦게 보내는 편이다. ···················· ① ② ③ ④ ⑤

343. 텔레비전을 향해 혼자 열을 낸 적이 있다. ···································· ① ② ③ ④ ⑤

344. 집에 있는 냉장고에 변변한 먹을거리가 없다. ···································· ① ② ③ ④ ⑤

345. 냄비에 직접 대고 라면을 먹는다. ···································· ① ② ③ ④ ⑤

346. 방에 널어놓은 세탁물은 개기 전에 입어 버린다. ···································· ① ② ③ ④ ⑤

347. 최근 두근두근 했던 일은 계단을 뛰어 올라갔던 것 정도이다. ················· ① ② ③ ④ ⑤

348. 1개월 이상 일이나 가족 이외의 사람과 10분 이상 말하지 않았다. ·········· ① ② ③ ④ ⑤

349. 솔직히 이걸 전부 체크하는 게 귀찮다. ···································· ① ② ③ ④ ⑤

350. 질문에 체크하면서도 그다지 신경 쓰지 않는 나 자신을 깨달았다. ··········· ① ② ③ ④ ⑤

351. 격투기가 왜 재미있는지 모르겠다. ···································· ① ② ③ ④ ⑤

352. 회식에서 건배할 때 술이 아닌 음료수도 괜찮다. ···································· ① ② ③ ④ ⑤

353. 고백을 받으면 일단 누군가에게 상담한다. ···································· ① ② ③ ④ ⑤

354. 소녀 취향의 만화가 싫지는 않다. ································· ① ② ③ ④ ⑤

355. 이성 친구들과 잘 어울리지만, 연애로 발전하는 경우가 거의 없다. ············· ① ② ③ ④ ⑤

356. 편의점 신제품에 항상 관심을 가진다. ························· ① ② ③ ④ ⑤

357. 일할 때 과자 등의 간식을 옆에 둔다. ························· ① ② ③ ④ ⑤

358. 외출보다 집에 있는 것을 더 좋아한다. ························ ① ② ③ ④ ⑤

359. 이성을 위해 돈을 쓰는 것보다 다양한 취미생활을 즐기며 산다. ············ ① ② ③ ④ ⑤

360. 기부를 할 때는 비공식적으로 무기명으로 하는 것을 선호한다. ············· ① ② ③ ④ ⑤

361. 손재주가 좋아서 손으로 무언가를 만드는 것을 즐긴다. ················· ① ② ③ ④ ⑤

362. 출퇴근 시간이 정확하고 일정한 직업을 선호한다. ··················· ① ② ③ ④ ⑤

363. 결과에 상관없이 정해진 기간 안에 일을 마치면 성취감을 느낀다. ··········· ① ② ③ ④ ⑤

364. 나는 남을 설득하여 무언가를 하게 하는 것에 관심이 없다. ··············· ① ② ③ ④ ⑤

365. 다른 사람에게 동기를 부여해주는 것은 좋은 일이라 생각하여 늘 시도하고 있다.
    ·· ① ② ③ ④ ⑤

366. 휴일이 주어진다면 한적한 곳으로 놀러가서 혼자만의 시간을 만끽하고 싶다. ① ② ③ ④ ⑤

367. 가전제품을 새로 사면 설명서를 꼼꼼하게 읽는다. ··················· ① ② ③ ④ ⑤

368. 장애인이나 자폐아를 돕는 봉사활동을 6개월 이상 한 경험이 있다. ·········· ① ② ③ ④ ⑤

369. 모임에서 나는 나서기 보다는 다른 사람들의 말과 행동을 관찰하는 것을
    좋아한다. ··· ① ② ③ ④ ⑤

370. 솔직히 말하면 나에게 리더자리는 버겁고 현실적이지 못하다. ··········· ① ② ③ ④ ⑤

371. 일과가 끝난 후 나는 다수의 사람들과 모임을 갖는 것을 좋아한다. ········· ① ② ③ ④ ⑤

372. 퇴근 후 학원을 다니며 혼자 있는 시간을 보내고 싶다. ················ ① ② ③ ④ ⑤

373. 타임머신을 타고 2030년으로 갈 수 있다면 가장 먼저 하고 싶은 것은 돈을
    벌 수 있는 투자처의 확인이다. ·································· ① ② ③ ④ ⑤

374. 연애소설 보다는 추리소설이 더 흥미있다. ······················· ① ② ③ ④ ⑤

375. 책을 읽을 때 특히 한 장르에 집중하여 읽는 편이다. ················ ① ② ③ ④ ⑤

376. 여러 종류의 지식을 두루두루 얕게 아는 것이 다른 것을 아무것도 모르는
    것보다 낫다고 생각한다. ······································ ① ② ③ ④ ⑤

377. 내 방청소를 어머니가 대신 해줬을 때 나의 기분은 몹시 불쾌하다. ········· ① ② ③ ④ ⑤

378. 내 방의 물건을 가족이 마음대로 써도 괜찮다. ···················· ① ② ③ ④ ⑤

379. 현실적이고 구체적인 상상을 하는 것보다는 두서없는 공상을 하는 것을

좋아한다. ··· ① ② ③ ④ ⑤

380. 만일 1년 전의 시간으로 돌아간다면 세계일주를 할 것이다. ····················· ① ② ③ ④ ⑤

381. 만일 1년 전의 시간으로 돌아간다면 공부나 취업준비를 할 것이다. ············· ① ② ③ ④ ⑤

382. 나는 제조와 사물의 조작에 무궁무진한 흥미를 갖고 있다. ······················ ① ② ③ ④ ⑤

383. 나는 밤시간에 가장 마음이 편안하다. ·· ① ② ③ ④ ⑤

384. 나는 아침시간이 가장 마음이 편하고 좋다. ·· ① ② ③ ④ ⑤

385. 밤늦은 시간에 활기가 생긴다. ·· ① ② ③ ④ ⑤

386. 아침 시간에는 머리가 멍하고 기운이 없다. ·· ① ② ③ ④ ⑤

387. 잠자리에 들기 전에 오늘 하루도 괜찮았다고 생각하며 잠이 든다. ·············· ① ② ③ ④ ⑤

388. 잠자리에 들기 전에 하루 중 아쉬웠던 부분 후회하는 부분이 떠오른다. ······· ① ② ③ ④ ⑤

389. 일을 할 때 다른 사람이 간섭하는 것이 몹시 언짢다. ······························· ① ② ③ ④ ⑤

390. 주체적으로 혼자 일을 기획하는 것이 스트레스가 없어서 좋다. ·················· ① ② ③ ④ ⑤

391. 모르는 사람과 만나서 웃고 떠드는 것이 솔직히 부담스럽다. ····················· ① ② ③ ④ ⑤

392. 오늘의 운세나 역술인의 말에 신경을 쓰는 편이다. ·································· ① ② ③ ④ ⑤

393. 신문을 펴면 가장 먼저 날씨를 확인한다. ·· ① ② ③ ④ ⑤

394. 한 겨울에는 밖에 있는 것보다 실내에 있는 것이 낫다. ···························· ① ② ③ ④ ⑤

395. 건강에 무리를 주면서 까지 무언가를 열심히 한 적이 있다. ······················ ① ② ③ ④ ⑤

396. 한 직장을 평생 다니는 것은 현실적으로 불가능하다. ······························· ① ② ③ ④ ⑤

397. 가전제품이 고장나면 무조건 서비스 센터에 가져간다. ······························ ① ② ③ ④ ⑤

398. 가전제품이 고장나면 혹시 고쳐볼 수 있지 않을까 하는 생각에 뜯어본다. ····· ① ② ③ ④ ⑤

399. 휴가는 반드시 며칠 동안 멀리 나가야한다. ·· ① ② ③ ④ ⑤

400. 휴가 기간엔 집에서 조용히 쉬는 것이 편하다. ·· ① ② ③ ④ ⑤

401. 음식점에서 다같이 한그릇에 먹는 찌개류는 꺼리게 된다. ·························· ① ② ③ ④ ⑤

402. 아무리 싫어하는 음식이어도 회식에서 먹어야한다면 먹는다. ····················· ① ② ③ ④ ⑤

403. 술을 잘 마시지는 못하지만 마시는 것을 좋아한다. ·································· ① ② ③ ④ ⑤

404. 가끔 기억이 나지 않을 정도로 술을 마신 적이 있다. ······························· ① ② ③ ④ ⑤

405. 술자리에서 실수를 하는 사람이 있으면 따끔하게 충고한다. ····················· ① ② ③ ④ ⑤

406. 술자리에서 누군가가 실수를 하면 모른척해준다. ····································· ① ② ③ ④ ⑤

407. 항상 약속시간에 임박하여 다급하게 간다. ·· ① ② ③ ④ ⑤

408. 일을 미뤄뒀다가 한번에 하는게 더 효율적이다. ······································· ① ② ③ ④ ⑤

409. 일은 천천히 조금씩 하는 것이 마음이 편하다. ··· ① ② ③ ④ ⑤

410. 운동을 일주일에 1시간이상 5일이상 한다. ··· ① ② ③ ④ ⑤

411. 야외활동을 하는 것이 적성에 맞다 생각한다. ··· ① ② ③ ④ ⑤

412. 예술활동에 관심이 많다. ·· ① ② ③ ④ ⑤

413. 운동경기는 관람하는 것보다 직접 하는 것이 더 좋다. ························· ① ② ③ ④ ⑤

414. 운동경기는 관람하는 것이 더 재밌다. ··· ① ② ③ ④ ⑤

415. 몸이 힘들면 의지가 약해진다. ··· ① ② ③ ④ ⑤

416. 최근 들어 많이 불안하고 몸이 아프다. ··· ① ② ③ ④ ⑤

417. 낯선 공간에 가면 겁부터 난다. ··· ① ② ③ ④ ⑤

418. 몸이 아무리 피곤하고 아파도 노약자석에는 앉을 수 없다. ················· ① ② ③ ④ ⑤

419. 선착순이나 한정판이라는 말에 약하다 ··· ① ② ③ ④ ⑤

420. 타지에 내려가서 혼자 생활해야하는 것에 대해 자신이 없다. ············· ① ② ③ ④ ⑤

421. 어른들과 대화하는 것에 어려움이 있다. ·· ① ② ③ ④ ⑤

422. 나는 무엇이든 그대로 유지되는 것이 좋다. ··· ① ② ③ ④ ⑤

423. 물건은 정해진 자리에 그대로 있는 것이 좋다. ···································· ① ② ③ ④ ⑤

424. 나는 변화와 새로운 것이 좋다. ··· ① ② ③ ④ ⑤

425. 새로운 만남을 시작하는 것은 매우 흥미로운 일이다. ························· ① ② ③ ④ ⑤

426. 어떤 사람과도 이야깃거리가 넘친다. ··· ① ② ③ ④ ⑤

427. 나는 모르는 사람들과 함께 있는 것이 불편하고 익숙하지 않다. ········· ① ② ③ ④ ⑤

428. 어떤 사람들은 내가 내성적이라고 생각하기도 한다. ························· ① ② ③ ④ ⑤

429. 해야할 일 목록을 작성하는 것을 좋아한다. ··· ① ② ③ ④ ⑤

430. 해야할 일을 작성한다고 해도 목록대로 엄격히 실천하지 않는다. ········ ① ② ③ ④ ⑤

431. 해야할 일 목록은 그냥 나에게 주의를 주는 역할을 할 뿐 그 이상은 아니다. ① ② ③ ④ ⑤

432. 해야할 일을 적고 해내었을 때 만족감과 성취감을 느낀다. ················· ① ② ③ ④ ⑤

433. 한가지 일을 마치고 다음일을 시작한다. ·· ① ② ③ ④ ⑤

434. 다른 사람들은 나를 알기 쉬운 사람이라고 생각한다. ························· ① ② ③ ④ ⑤

435. 대부분의 사람들은 내가 우호적이고 활기차다고 생각한다. ················· ① ② ③ ④ ⑤

436. 다른사람들으 나에 대해 쉽게 알지 못한다. ··· ① ② ③ ④ ⑤

437. 나는 먼저 나서지 않고 다른 사람이 어떤 제안을 할 때까지 기다리는 편이다. ① ② ③ ④ ⑤

438. 나는 관심의 중심이 되는 것을 즐긴다. ··· ① ② ③ ④ ⑤

439. 스포트라이트를 받는 것이 좋다. ··· ① ② ③ ④ ⑤

440. 나는 관심의 중심이 되는 것을 피하는 편이다. ·· ① ② ③ ④ ⑤

441. 나는 말할 때 생각하며 말한다. ··· ① ② ③ ④ ⑤

442. 나는 생각 후 말한다. ··· ① ② ③ ④ ⑤

443. 전화보다는 문자나 SNS를 사용하는 것이 더 편하다. ·································· ① ② ③ ④ ⑤

444. 나는 말을 매우 잘하는 편이다. ·· ① ② ③ ④ ⑤

445. 나는 말로 모르는 사람에게 물건을 팔 수도 있다. ····································· ① ② ③ ④ ⑤

446. 가끔은 내가 쉬지 않고 말해서 타인이 내 말을 끊어야 멈추기도 한다. ········· ① ② ③ ④ ⑤

447. 난 언제 어디서나 누구랑도 열정적인 대화가 가능하다. ····························· ① ② ③ ④ ⑤

448. 나는 일대일 대화나 작은 범위 내에서 이야기 하는 것을 선호한다. ············· ① ② ③ ④ ⑤

449. 나는 마당발이라 할 수 있을만큼 아는 사람이 많다. ································· ① ② ③ ④ ⑤

450. 나는 친구를 선택할 때 매우 조심하는 편이다. ··· ① ② ③ ④ ⑤

451. 나의 관심은 더 큰 외부의 세계에 있다. ·· ① ② ③ ④ ⑤

452. 나만의 세계가 있다. ·· ① ② ③ ④ ⑤

453. 나는 꽤 긴 시간을 자기 반성 하는 것에 보낸다. ······································ ① ② ③ ④ ⑤

454. 나는 팀워크가 좋은 편이다. ·· ① ② ③ ④ ⑤

455. 내가 스스로 할 수 있는 최대한 스스로 한다. ··· ① ② ③ ④ ⑤

456. 나는 나만의 공간과 나만의 자유를 느끼는 것을 좋아한다. ························· ① ② ③ ④ ⑤

457. 나의 취미는 매우 다양하다. ·· ① ② ③ ④ ⑤

458. 나는 무엇이든 다 조금씩 관심이 있다. ·· ① ② ③ ④ ⑤

459. 나는 한가지만 파는 것을 좋아한다. ··· ① ② ③ ④ ⑤

460. 가상세계는 나에게 기쁨을 가져다 준다. ·· ① ② ③ ④ ⑤

461. 컴퓨터나 휴대폰으로 게임을 하는 것은 시간낭비이다. ······························· ① ② ③ ④ ⑤

462. 나의 직감과 영감, 상상력, 통찰력을 믿는다. ·· ① ② ③ ④ ⑤

03 실전 인성검사 2(커뮤니케이션 스타일 검사)

┃1~150┃ 자신에게 자연스럽고, 습관처럼 편안하게 느껴지고, 자주 행동하는 경향과 가깝다고 생각되는 것을 둘 중 선택하여 답안지에 표시하시오.

1

나는 대체로 사람들과 쉽게 어울리는 사람이다.	( )
나는 대체로 조용하고 말이 없는 편이다.	( )

2

만약 자신이 교사라면 실제적인 사실을 다루는 과목들을 가르치고 싶다.	( )
만약 자신이 교사라면 이론적인 과목을 가르치고 싶다.	( )

3

나는 감정을 이성보다 더 자주 내세우는 편이다.	( )
나는 이성을 감정보다 더 자주 내세우는 편이다.	( )

4

하루 정도 어디를 다녀오고 싶을 때, 나는 언제 무엇을 할 것인가를 계획하는 편이다.	( )
하루 정도 어디를 다녀오고 싶을 때, 나는 별 계획 없이 훌쩍 떠나는 편이다.	( )

| 5 | 나는 여러 사람들과 함께 있을 때, 일반적으로 여러 사람들 사이에 끼어 함께 대화를 나누는 편이다. | ( ) |
| | 나는 여러 사람들과 함께 있을 때, 일반적으로 한번에 한 사람씩 대화를 나누는 편이다. | ( ) |

| 6 | 나는 평소에 상상력이 풍부한 타입의 사람들과 잘 어울린다. | ( ) |
| | 나는 평소에 현실 감각이 있는 타입의 사람들과 잘 어울린다. | ( ) |

| 7 | 나는 솔직하고 감정적인 사람으로 불리는 것을 좋은 칭찬이라 생각한다. | ( ) |
| | 나는 꾸준하고 합리적인 사람으로 불리는 것을 좋은 칭찬이라 생각한다. | ( ) |

| 8 | 나는 모임이나 파티 등을 미리 여유 있게 계획하는 것을 원하는 편이다. | ( ) |
| | 나는 그때 상황에 따라 재미있어 보이는 것을 할 수 있도록 별 계획 없이 자유스러운 것을 원하는 편이다. | ( ) |

| 9 | 나는 사람들이 많은 그룹 내에서 주로 내가 다른 사람을 소개하는 편이다. | ( ) |
| | 나는 사람들이 많은 그룹 내에서 주로 다른 사람이 나를 소개하는 편이다. | ( ) |

10	나는 실제적이고 현실감각이 있는 사람이라고 인정받기를 원한다.	( )
	나는 재능과 창의력이 있는 사람이라고 인정받기를 원한다.	( )

11	나는 평소에 논리보다는 감상을 더 중요시하는 편이다.	( )
	나는 평소에 감상보다는 논리를 더 중요시하는 편이다.	( )

12	내가 일을 보다 성공적으로 처리하는 경우는 기대치 않은 일을 다루거나 일을 신속하게 처리해야 할 경우이다.	( )
	내가 일을 보다 성공적으로 처리하는 경우는 치밀하게 짜여 진 계획에 따라 일을 처리할 경우이다.	( )

13	나는 소수의 사람들과 깊은 우정을 맺는 편이다.	( )
	나는 다양한 사람들과 폭 넓은 우정을 맺는 편이다.	( )

14	나는 적당히 보수적이어서 대체로 남에게 자신을 드러내지 않은 사람을 더 우러러 본다.	( )
	나는 독창적이고 개성적이어서 자신이 드러나거나 말거나 별로 신경을 쓰지 않는 사람을 더 우러러 본다.	( )

15	나는 동정심이 없는 면이 더 형편없는 결점이라고 느낀다.	( )
	나는 비합리적인 면이 더 형편없는 결점이라고 느낀다.	( )

16	나에게 있어서 짜여 진 시간표를 따르는 일은 맘에 든다.	( )
	나에게 있어서 짜여 진 시간표를 따르는 일은 답답하게 느껴진다.	( )

17	나는 친구들 사이에서 소식이나 소문을 제일 늦게 얻어 듣는 편이다.	( )
	나는 친구들 사이에서 많은 사람들에 대한 소식이나 소문에 밝은 편이다.	( )

18	내가 친구로 사귀고 싶은 사람은 언제나 새로운 아이디어를 자아내는 사람이다.	( )
	내가 친구로 사귀고 싶은 사람은 현실감각이 있는 사람이다.	( )

19	나는 항상 친절한 사람 밑에서 일하는 것을 더 좋아한다.	( )
	나는 언제나 공정한 사람 밑에서 일하는 것을 더 좋아한다.	( )

20	주말에 마쳐야 되는 일의 목록을 작성해야 한다는 생각은 나에게 있어 호감이 간다.	( )
	주말에 마쳐야 되는 일의 목록을 작성해야 한다는 생각은 나에게 있어 별로 마음에 내키지 않는다.	( )

21	내가 대화를 나누어야 한다면, 누구하고나 쉽게 이야기를 나누는 편이다.	( )
	내개 대화를 나누어야 한다면, 어떤 일정한 사람들이나, 혹은 어떤 상황이 되었을 때 더 쉽게 이야기를 나누는 편이다.	( )

22	나는 취미로 독서를 할 때 기묘하거나 독창적인 작가의 표현을 즐기는 편이다.	( )
	나는 취미로 독서를 할 때 의도한 바를 정확히 표현하는 작가를 좋아하는 편이다.	( )

23	나는 지나친 온정을 보이는 것이 더 형편없는 결점이라고 느낀다.	( )
	나는 적당한 온정을 보이지 않는 것이 더 형편없는 결점이라고 느낀다.	( )

24	나는 일상생활에서 시간을 다투는 비상상태에서 일하는 것을 즐기는 편이다.	( )
	나는 일상생활에서 시간에 압박을 받으면서 일하는 것을 아주 싫어하는 편이다.	( )

25	나는 처음 만나는 사람들이 나의 관심이 무엇인가를 만나자마자 바로 아는 편이다.	( )
	나는 처음 만나는 사람들이 나의 관심이 무엇인가를 나와 깊이 알고 난 후에라야 아는 편이다.	( )

26	대부분의 사람들이 일상적으로 처리하는 일을 내가 하게 될 때 일반적인 관습을 따라 처리하는 것을 더 좋아한다.	( )
	대부분의 사람들이 일상적으로 처리하는 일을 내가 하게 될 때 독창적인 처리방법을 생각해 내는 것을 더 좋아한다.	( )

27	나는 사람들의 감정을 존중하는 일 쪽에 더 마음을 쓴다.	( )
	나는 사람들의 권리를 보호하는 일 쪽에 더 마음을 쓴다.	( )

28	나는 어떤 특별한 일을 처리할 때 시작하기 전에 미리 조심스럽게 계획을 세우는 편이다.	( )
	나는 어떤 특별한 일을 처리할 때 일을 처리 해 나가면서 상황에 따라 필요한 대책을 세우는 편이다.	( )

29	나는 평소에 자신의 감정과 느낌을 자유로이 표현하는 편이다.	( )
	나는 평소에 감정과 느낌을 표현하기보다는 자신 안에 묻어두는 편이다.	( )

30	나의 생활양식은 독창적인 편이다.	( )
	나의 생활양식은 관례적인 편이다.	( )

31	어떤 일을 언제 할 것이라는 계획이 미리미리 짜여 졌을 때 나는 그것에 맞추어서 다른 계획을 세울 수 있어 좋다고 느끼는 편이다.	( )
	어떤 일을 언제 할 것이라는 계획이 미리미리 짜여 졌을 때 나는 일정에 메이는 것 때문에 싫은 편이다.	( )

32	나는 일반적으로 어떤 일에 대하여, 다른 사람보다 더 열성적인 편이다.	( )
	나는 일반적으로 어떤 일에 대하여, 다른 사람보다 덜 열성적인 편이다.	( )

33	나의 생각에 더 좋은 칭찬이라고 생각되는 것은 선견지명을 가졌다고 말해 주는 것이다.	( )
	나의 생각에 더 좋은 칭찬이라고 생각되는 것은 상식이 있는 사람이라고 말해주는 것이다.	( )

34	나는 마지막 순간에 가서 일을 처리하기를 좋아한다.	( )
	나는 마지막 순간에 가서 일을 처리하는 것이 불안하고 성미에 맞지 않는 편이다.	( )

35	나는 친목회나 파티 석상에서 때로 지루하게 느낀다.	( )
	나는 친목회나 파티 석상에서 언제든지 재미있다.	( )

36	나는 어떤 상황이 안고 있는 가능성을 보는 일 쪽이 더 중요하다고 본다.	( )
	나는 있는 그대로의 사실에 실제적으로 적용하는 일 쪽이 더 중요하다고 본다.	( )

37	나는 평상적인 하루의 일과를 알고 있는 것이 일상적인 일을 처리하는데 편리하다고 생각한다.	( )
	나는 평상적인 하루의 일과를 알고 있는 것이 필요하다고는 생각하나 그것을 매일 따르는 것이 고통스럽다.	( )

38	나는 일반적으로 새로운 유행이 시작될 때 앞장서서 시도해보는 축의 한 사람이다.	( )
	나는 일반적으로 새로운 유행이 시작될 때 별 관심이 없는 편이다.	( )

39	나는 선악을 위해서 이미 만들어진 기존체제방식을 지지하는 편이다.	( )
	나는 기존 체제방식에 무엇이 잘못되어 왔는지를 분석하고 해결되지 않은 문제에 도전하는 편이다.	( )

40	내가 처리해야 될 사소한 일이나 구입해야 할 물건이 생각에 떠올랐을 때 자주 잊고 있다가 나중에야 기억하는 편이다.	( )
	내가 처리해야 할 사소한 일이나 구입해야 할 물건이 생각에 떠올랐을 때 그때 그때 즉시 처리하는 편이다.	( )

41	나는 다른 사람들이 쉽게 사귈 수 있는 편이다.	( )
	나는 다른 사람들이 쉽게 사귈 수 있는 편이 아니다.	( )

42	나는 대화 도중에 당혹한 상황에 처했을 때 대화의 주제를 바꾼다.	( )
	나는 대화 도중에 당혹한 상황에 처했을 때 농담으로 돌린다.	( )

43	일주일 안에 마무리 지어야 할 큰일을 시작할 때 시간을 내어 일의 목록을 작성하고 그 처리 순서를 정한다.	( )
	일주일 안에 마무리 지어야 할 큰일을 시작할 때 그냥 뛰어들어 시작한다.	( )

44	나를 가까이 아는 사람들은 대부분의 일에 있어서 내가 어떻게 느끼는 가를 잘 아는 편이다.	( )
	나를 가까이 아는 사람들은 내가 어떻게 느끼는 가를 설명했을 때만 아는 편이다.	( )

45	나는 일을 처리하는데 있어서 미리 시작해서 여유 있게 마무리하는 편이다.	( )
	나는 일을 처리하는데 있어서 막바지에 가서 서둘러 끝내는 편이다.	( )

46	나는 파티 석상에서 파티가 진행되도록 돕는 일을 좋아한다.	( )
	나는 파티 석상에서 사람들이 자기들 나름대로 즐기도록 두는 일을 좋아한다.	( )

47	내가 만약 어느 일요일 아침에 그날 무엇을 할 것이냐고 질문을 받았다면 그 순간에 무엇을 할 것인가를 술술 이야기해 줄 수 있을 것이다.	( )
	내가 만약 어느 일요일 아침에 그날 무엇을 할 것이냐고 질문을 받았다면 그 순간에 실제 할 수 있는 일보다 거의 두 배나 될 정도의 계획을 나열할 것이다.	( )

48	나는 행동을 좋아한다.	( )
	나는 문제를 체계적 / 조직적으로 다룬다.	( )

49	나는 변화를 무척 좋아한다.	( )
	나는 개인 활동보다 팀 활동을 더 효과적이라고 믿는다.	( )

50

나는 사람들과 함께 일하는 것을 즐긴다.	( )
나는 과거보다 미래에 더 관심이 많다.	( )

51

마감일을 지키는 것이 내게는 중요하다.	( )
나는 조직이 잘된 그룹모임에 나가는 것을 좋아한다.	( )

52

연기하는(미루는) 것을 나는 견딜 수 없다.	( )
새로운 아이디어는 먼저 테스트해 본 후에 사용해야 한다고 믿는다.	( )

53

무슨 일이든지 나는 늘 새로운 가능성을 찾아본다.	( )
나는 다른 사람들과 이야기하고 활동하는 것을 즐긴다.	( )

54

나는 나 자신의 목표를 세우기를 원한다.	( )
한 가지 일을 시작하면 끝까지 해 내는 것을 좋아한다.	( )

55

나는 주위 사람에게 도전을 잘 한다.	( )
나는 기본적으로 다른 사람들의 감정을 이해하려고 노력한다.	( )

| 56 | 나는 내가 수행한 일에 대한 결과를 듣는 것을 좋아한다. | ( ) |
| | 나는 일을 한 단계씩 처리해 나가는 것이 효율적이라고 생각한다. | ( ) |

| 57 | 나는 사람들의 생각을 잘 알아차리는 편이다. | ( ) |
| | 나는 창의력을 발휘하여 문제를 해결하는 것을 좋아한다. | ( ) |

| 58 | 나는 항상 미래에 대해 생각한다. | ( ) |
| | 나는 다른 사람들의 필요에 대해 민감하다. | ( ) |

| 59 | 계획은 성공의 열쇠이다. | ( ) |
| | 나는 오래 생각하고 숙고하는 것을 보면 견디기가 힘들어진다. | ( ) |

| 60 | 나는 압력 속에서도 침착하다. | ( ) |
| | 나는 경험을 매우 중시한다. | ( ) |

| 61 | 나는 다른 사람들에게 귀를 귀울인다. | ( ) |
| | 사람들은 내가 생각의 회전을 잘 한다고 한다. | ( ) |

62	협력은 내게 가장 중요한 단어이다.	( )
	나는 대안을 시험하기 위해서 논리적인 방법을 사용한다.	( )

63	나는 항상 스스로 질문을 해 본다.	( )
	나는 한꺼번에 여러 가지 일을 다루는 것을 좋아한다.	( )

64	나는 실제로 무엇을 해 봄으로서 배운다.	( )
	나는 내 머리가 내 마음을 지배한다고 믿는다.	( )

65	나는 자세한 것을 싫어한다.	( )
	나는 사람들이 어떤 행동에 어떻게 반응할 것인가를 예측할 수 있다.	( )

66	행동하기 전에 반드시 분석을 해보아야만 한다.	( )
	나는 어떤 그룹의 분위기를 알아차릴 수 있다.	( )

67	나는 나 자신이 무슨 일에나 결정을 확실하게 잘 내린다고 생각한다.	( )
	나는 일을 시작하고 끝내지 않는 경향이 있다.	( )

68

나는 도전적인 일(또는 힘이 드는 일)을 찾아서 한다.	( )
나는 관찰과 통계 자료를 신뢰한다.	( )

69

나는 내 감정을 외적으로 표현할 수 있다.	( )
나는 새로운 일을 설계하기를 좋아한다.	( )

70

나는 독서를 매우 즐긴다.	( )
나는 나 자신을 조력자라고 생각한다.	( )

71

나는 한 번에 한 가지 일에만 집중해서 하는 것을 좋아한다.	( )
나는 성취하는 것을 좋아한다.	( )

72

나는 다른 사람들에 대해 배우는 것을 좋아한다.	( )
나는 상상력을 가능한한 많이 사용한다.	( )

73

나는 오래 걸리고 진척이 느린 일들을 싫어한다.	( )
나는 생각을 쉴 새 없이 한다.	( )

74	중요한 결정은 조심스럽게 내려야 한다.	( )
	나는 일을 수행하기 위해서는 서로 도와야 한다고 굳게 믿고 있다.	( )

75	나는 별로 깊이 생각하지 않고 흔히 결정을 내린다.	( )
	감정은 문제를 일으킨다.	( )

76	사람들이 나를 좋아하면 기분이 좋다.	( )
	나는 과학적인 접근 방식을 믿는다.	( )

77	좋은 대인관계는 사회에서 필수적이다.	( )
	나는 사람들의 차이점을 용납한다.	( )

78	나는 지적으로 자극되는 것을 좋아한다.	( )
	사람들과 커뮤니케이션 하는 것 자체가 하나의 목적이다.	( )

79	나는 큰 그림을 다른 사람보다 훨씬 더 빨리 보게 된다.	( )
	나는 일을 할 때 세부적인 면까지도 생각하고 시작한다.	( )

80	나는 결과가 빨리 나타나는 일을 좋아한다.	( )
	나는 종종 책임을 떠맡아서 일을 추진한다.	( )

81	사람들이 말하길 나는 다른 사람들의 말을 들어주지 않는다고 한다.	( )
	나는 사람들이 나의 아이디어를 받아들이지 않을 때 화가 난다.	( )

82	나는 내 주변 사람들에게 열정을 불러일으킨다.	( )
	나는 즉흥적으로 일하기를 좋아한다.	( )

83	시간 관리는 나에겐 어려운 일이다.	( )
	나는 함께 일하도록 사람들을 효율적으로 동기유발 할 수 있다.	( )

84	내가 인내하고 이해력 있다고 사람들이 말하곤 한다.	( )
	나는 의사결정에 충분히 시간을 갖고 결정하곤 한다.	( )

85	나는 사람들의 말을 잘 듣는다.	( )
	사람들이 조화를 이루어 일하는 상황이 내가 일을 잘 할 수 있는 상황이다.	( )

86	사람들이 내게 감사를 표현할 때 나는 최선을 다하게 된다.	( )
	너무 많은 변화는 감당하기 너무 어렵다.	( )

87	내 감정은 충성심일 것이다.	( )
	내게 주어진 일을 온전히 수행하는 것이 나의 강점이다.	( )

88	일을 한다면 최선을 다해야 직성이 풀린다.	( )
	나는 내가 어떻게 일해야 하는지 정확히 알아야만 일할 수 있다.	( )

89	나는 결정하기 전에 결정에 관련된 모든 정보를 다 알아야 결정을 내릴 수 있다.	( )
	나는 위험을 감수하는 행동에 굉장히 조심스럽다.	( )

90	내 최대 장점은 세부적이고, 구체적인 것에 강하다는 것이다.	( )
	사람들은 내가 무슨 생각을 하는지 전혀 알지 못하겠다고 한다.	( )

91	내가 좋아하는 것은 많은 사람들과의 넓은 사귐이다.	( )
	내가 좋아하는 것은 적은 친구들과의 깊은 사귐이다.	( )

92	내가 좋아하는 사람은 성격이 활달하고 쉽게 접근할 수 있는 사람이다.	( )
	내가 좋아하는 사람은 치밀하고 차분한 사람이다.	( )

93	나는 처음 만나는 사람을 대할 때 먼저 말을 거는 편이다.	( )
	나는 처음 만나는 사람을 대할 때 상대가 먼저 말을 걸어오는 편이다.	( )

94	전화가 울리면 나는 내가 먼저 받는다.	( )
	전화가 울리면 다른 사람이 받기를 기다린다.	( )

95	나는 어떤 모임에 참석했을 때 처음 만나는 사람에게 호기심이 있다.	( )
	나는 어떤 모임에 참석했을 때 이미 알고 있는 사람들과 어울린다.	( )

96	남들은 나를 목소리가 크고 활달한 사람으로 알고 있다.	( )
	남들은 나를 차분하고 소심한 사람으로 알고 있다.	( )

97	나는 대게 남들 앞에서 말을 많이 하는 편이다.	( )
	나는 대게 남들 앞에서 필요한 말만 하는 편이다.	( )

98	나는 모임에 참석하여 주로 끝까지 남는 편이다.	( )
	나는 모임에 참석하여 적당한 시간이 지나면 도중에 떠나는 편이다.	( )

99	나는 직장이나 단체에서 대화를 주도한다.	( )
	나는 직장이나 단체에서 남이 먼저 말을 하길 기다린다.	( )

100	나는 주로 말하면서 생각한다.	( )
	나는 주로 생각하고 나서 말을 한다.	( )

101	나는 대부분의 경우 신중하기보다는 활기에 넘친다.	( )
	나는 대부분의 경우 활기에 넘치기보다는 신중하다.	( )

102	나는 남들과 연극을 함께 만든다면 주인공이 되고 싶다.	( )
	나는 남들과 연극을 함께 만든다면 연극을 위한 무대장치나 대본을 다듬는 일을 하고 싶다.	( )

103	나는 스트레스를 받을 때 친한 사람들과 만나 떠들고 놀고 싶어 한다.	( )
	나는 스트레스를 받을 때 혼자서 좋아하는 것에 몰입한다.	( )

104	나는 남들과 대화할 때 화제를 이것저것 바꾸며 말한다.	( )
	나는 남들과 대화할 때 한 번에 한 가지 주제로만 말한다.	( )

105	내가 좋아하는 직업들은 배우, 사회운동가, 대중연설가, 영업사원, 기업가, 경영자이다.	( )
	내가 좋아하는 직업들은 교육자, 건축가, 엔지니어, 예술가, 회계사, 연구원이다.	( )

106	나는 대게 사색적이기 보다 현실적이다.	( )
	나는 대게 현실적이기 보다 사색적이다.	( )

107	나는 분별력이 있는 사람이다.	( )
	나는 상상력이 풍부한 사람이다.	( )

108	나는 일상적인 일을 할 때 일반적인 상식에 따른다.	( )
	나는 일상적인 일을 할 때 내 자신만의 방식으로 처리한다.	( )

109	나는 말할 때 주로 눈에 보이는 대로 말한다.	( )
	나는 말할 때 주로 머릿속에 연상되는 것을 말한다.	( )

110	일반적인 상식에 대해 나는 거의 의문을 갖지 않는다.	( )
	일반적인 상식에 대해 나는 가끔 의문을 갖는다.	( )

111	나는 남을 볼 때 그 사람의 유능한 점을 본다.	( )
	나는 남을 볼 때 그 사람이 사물을 어떻게 보는가를 본다.	( )

112	나는 무엇을 결정할 때 사실에 의해 판단한다.	( )
	나는 무엇을 결정할 때 원칙에 근거하여 판단한다.	( )

113	나는 독창적인 것보다 현실적인 것을 좋아한다.	( )
	나는 현실적인 것보다 독창적인 것을 좋아한다.	( )

114	나는 지금 이 시점에서 과거의 일을 잘 떠올린다.	( )
	나는 지금 이 시점에서 미래를 자주 생각한다.	( )

115	내가 사용하는 말은 내 생각을 상대에게 전하기 위한 도구일 뿐이다.	( )
	내가 사용하는 말은 아름다움을 표현하기 위한 수단이다.	( )

116	탐스러운 귤을 바라볼 때 먼저 떠오르는 생각은 비타민이 많아 건강에 유익하고 맛있는 과일이다.	( )
	탐스러운 귤을 바라볼 때 먼저 떠오르는 생각은 귤을 좋아하던 사람이나 처음 먹었을 때를 떠올린다.	( )

117	나는 사람을 대할 때 주로 그 사람의 외모나 말씨 등을 자세하게 본다.	( )
	나는 사람을 대할 때 주로 그 사람이 가지고 있는 어떤 분위기나 특징을 본다.	( )

118	나 자신이 가치 있다고 느낄 때는 현실에 대한 판단력과 감각이 뛰어난 것을 확인할 때이다.	( )
	나 자신이 가치 있다고 느낄 때는 생생한 상상력과 감수성이 뛰어난 것을 확인할 때이다.	( )

119	내가 주로 좋아하는 직업군은 경영자, 은행가, 경찰, 행정가, 군인, 교사, 무역상이다.	( )
	내가 주로 좋아하는 직업군은 언론인, 디자이너, 학자, 철학자, 심리학자, 성직자이다.	( )

120	내가 좋아하는 글은 전기, 다큐멘터리, 신문기사, 성공담이다.	( )
	내가 좋아하는 글은 소설, 시, 수필이다.	( )

121	나는 원칙, 법칙 등 정해진 규칙에 더 영향을 받는다.	( )
	나는 감정, 나의 판단, 느낌에 더 영향을 받는다.	( )

122	남을 평가하려면 많은 사람들의 의견을 종합하는 것이 중요하다.	( )
	남을 평가하려면 사람을 보는 눈을 가진 몇몇 사람의 분석이 중요하다.	( )

123	나는 뛰어난 분석을 소유한 사람이다.	( )
	나는 따뜻한 가슴을 소유한 사람이다.	( )

124	어떤 결정을 내릴 때 나는 정해진 기준을 따른다.	( )
	어떤 결정을 내릴 때 나는 느낌과 판단에 따른다.	( )

125	나는 남을 많이 칭찬하는 편이다.	( )
	나는 남을 칭찬하지 않는 편이다.	( )

126	내가 좋아하는 TV프로그램은 토론, 논술, 강의, 뉴스이다.	( )
	내가 좋아하는 TV프로그램은 영화, 드라마, 다큐멘터리이다.	( )

127	남들은 나를 처음 볼 때 관공서 등에 근무하는 사람으로 짐작한다.	( )
	남들은 나를 처음 볼 때 자유업에 종사하는 사람으로 짐작한다.	( )

128	내가 말하는 태도는 단정적이다.	( )
	내가 말하는 태도는 결론이 없는 우유부단이다.	( )

129	내가 생각하는 나의 첫인상은 차가운 편이다.	( )
	내가 생각하는 나의 첫인상은 따뜻한 편이다.	( )

130	나는 비교적 이성적이다.	( )
	나는 비교적 감성적이다.	( )

131	나는 일벌레처럼 일할 때가 자주 있다.	( )
	나는 일벌레처럼 일할 때가 거의 없다.	( )

132	나는 전기료의 부당한 청구를 해결해 줄 때가 더 흥미롭다.	( )
	나는 어떤 선물을 고를까 하는 고민을 해결해 줄 때가 더 흥미롭다.	( )

133	나는 서로 선의의 경쟁을 하는 분위기에서 더 능력이 발휘된다.	( )
	나는 서로 협력하여 무엇을 이루어 내려는 분위기에서 더 능력이 발휘된다.	( )

134	나는 미리미리 일을 하는 성격이다.	( )
	나는 미루었다 마감 전에 일을 하는 성격이다.	( )

135	나는 비교적 착실한 편이다.	( )
	나는 비교적 여유가 있는 편이다.	( )

136	나의 생활을 주로 일과표에 따라 움직인다.	( )
	나의 생활은 주로 자유롭다.	( )

137	내가 자주 사용하는 말은 "확실해요?, 믿어줘요." 이다.	( )
	내가 자주 사용하는 말은 "글쎄요, 좀 더 지켜봅시다." 이다.	( )

138	내 책상 주위는 늘 잘 정돈되어 있다.	( )
	내 책상 주의는 늘 물건들이 쌓여 있다.	( )

139	전통과 관습은 중요하다.	( )
	전통과 관습은 벗어나야 한다.	( )

140	나는 걸음걸이가 빠른 편이다.	( )
	나는 걸음걸이가 느린 편이다.	( )

141	규칙과 제도는 조직이나 사회 질서를 위해 존중되어야 한다.	( )
	규칙과 제도는 사람을 억압하고 불편하게 만드는 것이다.	( )

142	내가 좋아하는 옷차림은 단정하고 깔끔한 복장이다.	( )
	내가 좋아하는 옷차림은 조금 느슨하며 개인적인 복장이다.	( )

143	나는 대개 진지하다.	( )
	나는 대개 쾌활하다.	( )

144	나는 일을 할 때 목록을 작성하여 체크한다.	( )
	나는 일을 할 때 체크는 하지만 자유롭게 한다.	( )

145	영화를 본 후 평가방법은 주제나 구성, 배우 등을 따져가며 분석한다.	( )
	영화를 본 후 평가방법은 재미가 있고 없고, 기분이 좋고 나쁘고 이다.	( )

146	나는 말을 할 때 단어의 선택이 중요하다고 생각한다.	( )
	나는 말을 할 때 내 뜻만 전달되면 된다고 생각한다.	( )

147	티셔츠의 가장 윗단추를 채우면 단정해서 좋다.	( )
	티셔츠의 가장 윗단추를 채우면 갑갑하게 느껴진다.	( )

148	정리가 안 된 방을 보면 짜증날 때가 많다.	( )
	정리가 안 된 방을 보면 편하게 느껴질 때가 많다.	( )

149	나에게 어울리는 표현은 보수주의자이다.	( )
	나에게 어울리는 표현은 진보주의자이다.	( )

150	나는 팩임을 맡아 관리하며 결단을 잘 내리는 사람이다.	( )
	나는 적응력은 있으나 우유부단한 사람이다.	( )

04 실전 인성검사 3(성격유형검사)

|1~60| 다음의 문항을 보고 일반적인 관계에서 자신의 경험을 토대로 일치하는 정도에 따라 선택하시오. 지금 현재 상태가 아니라면, 일반적인 관계에서 자신의 경험을 토대로 일치하는 정도에 따라 선택하시오.

① 그렇지 않다   ② 약간 그렇다   ③ 대체로 그렇다   ④ 그렇다

1. 내 성격은 명령적이고 주도적이다. ①②③④
2. 내 성격은 사교적이며 감정표현을 잘한다. ①②③④
3. 내 성격은 태평스럽고 느리다. ①②③④
4. 내 성격은 진지하고 세심하며 상식적이다. ①②③④
5. 나는 개인적인 성취와 보상 및 목표지향적인 환경을 좋아한다. ①②③④
6. 나는 사람을 좋아하는 환경을 좋아한다. ①②③④
7. 나는 그림, 편지와 내 물건들이 가득 찬 환경을 좋아한다. ①②③④
8. 나는 질서, 기능조직으로 이루어진 환경을 좋아한다. ①②③④
9. 내 성격 스타일은 결과를 중시하는 경향이 있다. ①②③④
10. 내 성격 스타일은 사람을 중시하는 경향이 있다. ①②③④
11. 내 성격 스타일은 과정과 팀을 중시하는 경향이 있다. ①②③④
12. 내 성격 스타일은 세부사항을 중시하는 경향이 있다. ①②③④
13. 다른 이에 대한 내 태도는 시원시원하다. ①②③④
14. 다른 이에 대한 내 태도는 친절하고 싹싹하다. ①②③④
15. 다른 이에 대한 내 태도는 착실하고 자제력 있다. ①②③④
16. 다른 이에 대한 내 태도는 차갑고 객관적이다. ①②③④
17. 다른 사람의 말을 들을 때 종종 참을성이 없다. ①②③④
18. 다른 사람의 말을 들을 때 주위가 산만하다. ①②③④
19. 다른 사람의 말을 들을 때 기꺼이 주위를 기울여 듣는다. ①②③④
20. 다른 사람의 말을 들을 때 사실에 초점을 맞추고 분석한다. ①②③④
21. 다른 사람과 내 업적에 대해 이야기하는 것을 좋아한다. ①②③④
22. 다른 사람과 나 자신과 다른 사람들에 대해 이야기하는 것을 좋아한다. ①②③④
23. 다른 사람과 가족과 친구에 대해 이야기하는 것을 좋아한다. ①②③④

24. 다른 사람과 사건, 정보, 조직에 대해 이야기하는 것을 좋아한다. ·········· ① ② ③ ④

25. 나는 타인에게 지시하는 경향이 있다. ··········· ① ② ③ ④

26. 나는 타인에게 영향을 미치는 경향이 있다. ··········· ① ② ③ ④

27. 나는 타인을 잘 용납하는 경향이 있다. ··········· ① ② ③ ④

28. 나는 타인을 가치와 질로 평가하는 경향이 있다. ··········· ① ② ③ ④

29. 축구팀에 들어가면 나의 포지션은 최전방 공격수이다. ··········· ① ② ③ ④

30. 축구팀에 들어가면 나의 포지션은 공격형 수비수이다. ··········· ① ② ③ ④

31. 축구팀에 들어가면 나의 포지션은 수비형 공격수이다. ··········· ① ② ③ ④

32. 축구팀에 들어가면 나의 포지션은 최종 수비수이다. ··········· ① ② ③ ④

33. 나에게 시간은 항상 바쁘고 촉박한 개념이다. ··········· ① ② ③ ④

34. 나는 남는 시간은 도서(책, 메뉴얼)에 많은 시간을 할애한다. ··········· ① ② ③ ④

35. 나는 시간을 중시하지만 그리 부담이 없다. ··········· ① ② ③ ④

36. 나는 시간의 중요성을 알고 시간 활용을 잘 하는 편이다. ··········· ① ② ③ ④

37. 내가 교통표지판을 만든다면 "난폭운전! 죽음을 부릅니다"로 만들 것이다. ·········· ① ② ③ ④

38. 내가 교통표지판을 만든다면 "웃는 엄마 밝은 아빠 알고 보니 양보운전"으로 만들

　　것이다. ··········· ① ② ③ ④

39. 내가 교통표지판을 만든다면 "조금씩 양보하면 좁은 길도 넓어진다"로 만들 것이다. ① ② ③ ④

40. 내가 교통표지판을 만든다면 "너와 내가 지킨 질서 나라안녕 국가번영"으로 만들

　　것이다. ··········· ① ② ③ ④

41. 평소 내 목소리는 감정적, 지시적, 힘 있고 짧고 높은 톤이다. ··········· ① ② ③ ④

42. 평소 내 목소리는 감정적, 열정적 가늘고 높은 톤이다. ··········· ① ② ③ ④

43. 평소 내 목소리는 감정이 적게 개입되고 굵고 낮은 톤이다. ··········· ① ② ③ ④

44. 평소 내 목소리는 냉정하고 감정을 억제하고 가늘고 낮은 톤이다. ··········· ① ② ③ ④

45. 내 제스처는 대부분 강하고 민첩하다. ··········· ① ② ③ ④

46. 내 제스처는 대부분 개방적이고 친절하다. ··········· ① ② ③ ④

47. 내 제스처는 대부분 경직되어 있고 느리다. ··········· ① ② ③ ④

48. 내 제스처는 대부분 계산되고 신중하다. ··········· ① ② ③ ④

49. 나는 정장 스타일의 옷을 좋아한다. ··········· ① ② ③ ④

50. 나는 멋을 내는 캐주얼 스타일의 옷을 좋아한다. ··········· ① ② ③ ④

51. 나는 실용적이고 편리함을 추구하는 옷을 좋아한다. ··········· ① ② ③ ④

52. 나는 검소하고 소탈하며 깔끔한 옷을 좋아한다. ································· ① ② ③ ④

53. 나의 전체적인 태도는 권위적으로 묘사될 수 있다. ···························· ① ② ③ ④

54. 나의 전체적인 태도는 매력적이고 사교적, 외향적으로 묘사될 수 있다. ·············· ① ② ③ ④

55. 나의 전체적인 태도는 매력적이고 수용적 또는 개방적으로 묘사될 수 있다. ······· ① ② ③ ④

56. 나의 전체적인 태도는 매력적이고 평가적이며 말이 없는 유형으로 묘사될 수 있다. ① ② ③ ④

57. 내 삶의 페이스는 빠르다. ·· ① ② ③ ④

58. 내 삶의 페이스는 열광적이다. ·· ① ② ③ ④

59. 내 삶의 페이스는 안정되어 있다. ··· ① ② ③ ④

60. 내 삶의 페이스는 조절되어 있다. ··· ① ② ③ ④

PART

III

직무적성검사

01 언어비평

>> 언어추리

1 다음 글을 근거로 유추할 경우 옳은 내용만을 바르게 짝지은 것은?

- 9명의 참가자는 1번부터 9번까지의 번호 중 하나를 부여 받고, 동시에 제비를 뽑아 3명은 범인, 6명은 시민이 된다.
- '1번의 오른쪽은 2번, 2번의 오른쪽은 3번, …, 8번의 오른쪽은 9번, 9번의 오른쪽은 1번'과 같이 번호 순서대로 동그랗게 앉는다.
- 참가자는 본인과 바로 양 옆에 앉은 사람이 범인인지 시민인지 알 수 있다.
- "옆에 범인이 있다."라는 말은 바로 양 옆에 앉은 2명 중 1명 혹은 2명이 범인이라는 뜻이다.
- "옆에 범인이 없다."라는 말은 바로 양 옆에 앉은 2명 모두 범인이 아니라는 뜻이다.
- 범인은 거짓말만 하고, 시민은 참말만 한다.

- ㉠ 1, 4, 6, 7, 8번의 진술이 "옆에 범인이 있다."이고, 2, 3, 5, 9번의 진술이 "옆에 범인이 없다."일 때, 8번이 시민임을 알면 범인들을 모두 찾아낼 수 있다.
- ㉡ 만약 모두가 "옆에 범인이 있다."라고 진술한 경우, 범인이 부여받은 번호의 조합은 (1, 4, 7) / (2, 5, 8) / (3, 6, 9) 3가지이다.
- ㉢ 한 명만이 "옆에 범임이 없다."라고 진술한 경우는 없다.

① ㉡   ② ㉢
③ ㉠㉡   ④ ㉠㉢

㉠ "옆에 범인이 있다."고 진술한 경우를 ○, "옆에 범인이 없다."고 진술한 경우를 ×라고 하면

1	2	3	4	5	6	7	8	9
○	×	×	○	×	○	○	○	×
							시민	

- 9번이 범인이라고 가정하면

  9번은 "옆에 범임이 없다.'고 진술하였으므로 8번과 1번 중에 범인이 있어야 한다. 그러나 8번이 시민이므로 1번이 범인이 된다. 1번은 "옆에 범인이 있다."라고 진술하였으므로 2번과 9번에 범인이 없어야 한다. 그러나 9번이 범인이므로 모순이 되어 9번은 범인일 수 없다.

- 9번이 시민이라고 가정하면

  9번은 "옆에 범인이 없다."라고 진술하였으므로 1번도 시민이 된다. 1번은 "옆에 범인이 있다."라고 진술하였으므로 2번은 범인이 된다. 2번은 "옆에 범인이 없다."라고 진술하였으므로 3번도 범인이 된다. 8번은 시민인데 "옆에 범인이 있다."라고 진술하였으므로 9번은 시민이므로 7번은 범인이 된다. 그러므로 범인은 2, 3, 7번이고 나머지는 모두 시민이 된다.

㉡ 모두가 "옆에 범인이 있다."라고 진술하면 시민 2명, 범인 1명의 순으로 반복해서 배치되므로 옳은 설명이다.

㉢ 다음과 같은 경우가 있음으로 틀린 설명이다.

1	2	3	4	5	6	7	8	9
○	○	○	○	○	○	○	×	○
범인	시민	시민	범인	시민	범인	시민	시민	시민

Answer ┌→ 1. ③

2   다음 글을 근거로 판단할 때, 그 내용이 옳지 않은 것은?

특정 물질의 치사량은 주로 동물 연구와 실험을 통해서 결정한다. 치사량의 단위는 주로 LD50을 사용하는데, 'LD'는 'Lethal Dose'의 약어로 치사량을 의미하고, '50'은 물질 투여 시 실험 대상 동물의 50%가 죽는 것을 의미한다. 이런 이유로 LD50을 반수 치사량이라고도 한다. 일반적으로 치사량이란 '즉시' 생명을 앗아갈 수 있는 양을 의미하고 있으므로 '급성' 반수 치사량이 사실 정확한 표현이다. LD50 값을 표기할 때에는 보통 실험 대상 동물의 몸무게 1kg을 기준으로 하는 mg/kg 단위를 사용한다.

독성이 강하다는 보톡스의 LD50 값은 1ng/kg으로 복어 독보다 1만 배 이상 강하다. 일상에서 쉽게 접할 수 있는 카페인의 LD50 값은 200mg/kg이며, 니코틴의 LD50 값은 1mg/kg이다. 커피 1잔에는 평균적으로 150mg이 카페인이 들어 있으며, 담배 한 개비에는 평균적으로 0.1mg이 니코틴이 함유되어 있다.

① 복어 독의 LD50 값은 0.01mg/kg 이상이다.

② 일반적으로 독성이 더 강한 물질일수록 LD50 값이 더 작다.

③ 몸무게가 7kg인 실험 대상 동물의 50%가 즉시 치사하는 카페인 투여량은 1.4g이다.

④ 몸무게가 60kg인 실험 대상 돌물의 50%가 즉시 치사하는 니코틴 투여량은 1개비당 니코틴 함량이 0.1mg인 담배 60개비에 들어 있는 니코틴의 양에 상응한다.

 몸무게가 60kg인 실험 대상 돌물의 50%가 즉시 치사하는 니코틴 투여량은 니코틴의 LD50 값이 1mg/kg이므로 60×1＝60mg이다. 니코틴 함량이 0.1mg인 담배 60개비에 들어 있는 니코틴의 양은 60×0.1＝6mg이다.

3 A, B, C 세 명은 직업을 두 가지씩 갖고 있는데, 직업의 종류는 피아니스트, 교수, 변호사, 펀드매니저. 작가, 자영업자의 여섯 가지이다. 이들 세 명에 대해 다음에 서술된 조건을 알고 있는 경우, A의 직업으로 옳은 것은?

> • 피아니스트는 변호사로부터 법률적인 자문을 받았다.
> • 자영업자와 작가와 A는 등산동호회 멤버이다.
> • B는 작가로부터 여러 권의 시집을 선물로 받았다.
> • B와 C와 피아니스트는 죽마고우이다.
> • 자영업자는 펀드매니저에게 투자 상담을 받았다.
> • 펀드매니저는 피아니스트의 누이와 결혼을 약속하였다.

① 피아니스트, 교수
② 변호사, 자영업자
③ 작가, 펀드매니저
④ 교수, 변호사

 자영업자와 작가와 A는 등산동호회 멤버이다. → A는 작가, 자영업자는 아니다.
B와 C와 피아니스트는 죽마고우이다. → A는 피아니스트이다.
피아니스트는 변호사로부터 법률적인 자문을 받았다. → A는 변호사는 아니다. A는 변호사, 작가, 자영업자는 아니다.
펀드매니저는 피아니스트의 누이와 결혼을 약속하였다. → A는 펀드매니저도 아니다. 그럼 남은 것은 교수 밖에 없다.

4 A ~ G 7명이 저녁 회식을 마치고, 신도림역에서 모두 지하철 1호선 또는 2호선을 타고 귀가 하였다. 그런데 이들이 귀가하는데 다음과 같은 조건을 따랐다고 할 때, A가 1호선을 이용하지 않았다면, 다음 중 가능하지 않은 것은?

> • 1호선을 이용한 사람은 많아야 3명이다.
> • A는 D와 같은 호선을 이용하지 않았다.
> • F는 G와 같은 호선을 이용하지 않았다.
> • B와 D는 같은 호선을 이용하였다.

① B는 지하철 1호선을 탔다.
② C는 지하철 2호선을 탔다.
③ E는 지하철 1호선을 탔다.
④ F는 지하철 1호선을 탔다.

 A는 2호선을 이용하였고, D는 1호선, B와 D는 같은 호선을 이용하였으므로 B도 1호선을 이용한 것이다. F와 G는 같은 호선을 이용하지 않았으므로 둘 중 한 명은 1호선이고 나머지는 2호선을 이용한 것이 된다. 1호선은 3명이 이용하였으므로 B, D, (F or G)가 된다.

	A	B	C	D	E	F	G
1호선	×	○	×	○	×	○ or ×	○ or ×
2호선	○	×	○	×	○	○ or ×	○ or ×

5 두 명의 한국인과 두 명의 중국인, 그리고 일본인, 미국인, 영국인 각각 한 명씩 모두 일곱 명을 의자에 일렬로 나란히 앉히려고 한다. 영국인이 왼쪽에서 세 번째 자리에 앉아야 하고, 다음과 같이 좌석을 배정해야 한다면, 오른쪽에서 세 번째 자리에 앉아야 하는 사람의 국적은?

> • 일본인은 양 가장자리 중 한 곳에 앉아야 한다.
> • 중국인끼리는 서로 붙어서 앉아야 한다.
> • 한국인 사이에는 외국인 한 명이 꼭 사이에 끼어 앉아야 한다.
> • 미국인은 영국인의 오른편에 앉아야 한다.

① 한국인 ② 중국인
③ 일본인 ④ 미국인

 영국인은 반드시 왼쪽에서 세 번째 자리에 앉아야 하며, 한국인 사이에는 외국인 한 명이 꼭 사이에 끼어 앉아야 한다. 또한 중국인은 중국인끼리 붙어 앉아야 하며 일본인은 가장자리에 앉아야 하므로

중국인	중국인	영국인	한국인	미국인	한국인	일본인

6 다음 그림은 복도를 사이에 두고 1001～1003호, 1004～1007호의 7개 방이 엘리베이터의 양쪽에 늘어서 있는 것을 나타낸 것이다. A～G 7명이 다음과 같이 각 호에 1명씩 투숙하고 있다고 할 때 1006호에 묵고 있는 사람은 누구인가?

1001	1002	1003	–	
1004	1005	1006	1007	엘리베이터

- B의 방 맞은편에는 D의 방이 있다.
- C의 방 양 옆으로 A, G가 묵고 있다.
- F의 양 옆에는 D, E가 묵고 있다.
- G는 엘리베이터와 가장 가깝다.

① B   ② C

③ D   ④ E

(Tip)

D	F	E	–	
B	A	C	G	엘리베이터

7 어떤 사진을 물끄러미 보고 있는 사람에게 누군가가 다음과 같이 물었다. 그가 보고 있는 것은 누구의 사진인가?

> "당신은 지금 누구의 사진을 보고 있나요?"
> "나는 남자 형제도 여자 형제도 없는데, 이 남자의 아버지는 내 아버지의 아들입니다."
> (여기서, '이 남자의 아버지'란 사진 속에 있는 남자의 아버지를 말한다)

① 할아버지
② 아버지
③ 자기 자신
④ 아들

 이 남자의 아버지와 내 아버지의 아들을 정확히 구분하여야 한다.
여기서 사진을 보고 있는 사람은 형제가 없는 외아들이며, 내 아버지의 아들은 자기 자신이 된다. 그러므로 이 남자의 아버지는 즉, 사진을 보고 있는 자기 자신이므로 이 남자는 아들이 되는 것이다.

8 다음 중 가장 열량이 높은 것은?

> • 쌀밥 한 공기는 감자보다 열량이 높다.
> • 햄버거는 치킨보다 열량이 낮다.
> • 치킨은 쌀밥 한 공기보다 열량이 높다.

① 치킨   ② 햄버거
③ 쌀밥   ④ 감자

 다음과 같은 경우가 가능하다.
  ㉠ 치킨 > 햄버거 > 쌀밥 > 감자
  ㉡ 치킨 > 쌀밥 > 햄버거 > 감자
  ㉢ 치킨 > 쌀밥 > 감자 > 햄버거

9 '불이 나면 소방대원이 온다.'라는 명제의 대우명제로써 가장 타당한 것은?

① 소방대원이 오면 불이 난다.

② 불이 나지 않으면 소방대원은 오지 않는다.

③ 소방대원이 오지 않은 것은 불이 나지 않았기 때문이다.

④ 소방대원이 오지 않으면 불이 나지 않는다.

 불이 나면 소방대원이 온다. → 명제
소방대원이 오지 않으면 불이 나지 않는다. → 대우
대우를 살펴보면 의미가 맞지 않으면 타당하지도 못하다. 명제의 시간적인 순서가 연속적인 사건을 서술하는 것인데 이를 고려하지 않았기 때문이다.
주어진 명제의 대우 명제를 시간적 순서에 맞게 표현하면 '현재의 원인은 과거의 어떤 일 때문이다.'의 형태가 되어야 한다.
그러므로 '소방대원이 오지 않는 것은 불이 나지 않았기 때문이다.'가 옳은 표현이다.

10 다음의 상황에서 옳은 것은?

> 다음은 자동차 외판원 A, B, C, D, E, F의 판매실적에 대한 진술이다.
> • A는 B에게 실적에서 앞서 있다.
> • C는 D에게 실적에서 뒤졌다.
> • E는 F에게 실적에서 뒤졌지만, A에게는 실적에서 앞서 있다.
> • B는 D에게 실적에서 앞서 있지만, E에게는 실적에서 뒤졌다.

① 외판원 C의 실적은 꼴지가 아니다.

② B의 실적보다 안 좋은 외판원은 3명이다.

③ 두 번째로 실적이 좋은 외판원은 B이다.

④ 실적이 가장 좋은 외판원은 F이다.

 제시된 조건을 통해 외판원들의 판매실적을 유추하면 A>B, D>C이다. 또한 F>E>A, E>B>D임을 알 수 있다. 결과적으로 F>E>A>B>D>C가 된다.
① 외판원 C의 실적은 꼴지이다.
② B의 실적보다 안 좋은 외판원은 2명이다.
③ 두 번째로 실적이 좋은 외판원은 E이다.

Answer⤵ 7.④ 8.① 9.③ 10.④

11 甲회사 인사부에 근무하고 있는 H부장은 각 과의 요구를 모두 충족시켜 신규직원을 배치하여야 한다. 각 과의 요구가 다음과 같을 때 홍보과에 배정되는 사람은 누구인가?

〈신규직원 배치에 대한 각 과의 요구〉

• 관리과 : 5급이 1명 배정되어야 한다.
• 홍보과 : 5급이 1명 배정되거나 6급이 2명 배정되어야 한다.
• 재무과 : B가 배정되거나 A와 E가 배정되어야 한다.
• 총무과 : C와 D가 배정되어야 한다.

〈신규직원〉

• 5급 2명(A, B)
• 6급 4명(C, D, E, F)

---

① A   ② B

③ C와 D   ④ E와 F

 주어진 조건을 보면 관리과와 재무과에는 반드시 각각 5급이 1명씩 배정되고, 총무과에는 6급 2명이 배정된다. 인원수를 따져보면 홍보과에는 5급을 배정할 수 없기 때문에 6급이 2명 배정된다. 6급 4명 중에 C와 D는 총무과에 배정되므로 홍보과에 배정되는 사람은 E와 F이다. 각 과별로 배정되는 사람을 정리하면 다음과 같다.

관리과	A
홍보과	E, F
재무과	B
총무과	C, D

12 다음 글과 〈조건〉을 근거로 판단할 때, 중국으로 출장 가는 사람으로 짝지어진 것은?

C회사에서는 업무상 외국 출장이 잦은 편이다. 인사부 A씨는 매달 출장 갈 직원들을 정하는 업무를 맡고 있다. 이번 달에는 총 4국가로 출장을 가야하며 인원은 다음과 같다.

미국	영국	중국	일본
1명	4명	3명	4명

출장을 갈 직원은 이과장, 김과장, 신과장, 류과장, 임과장, 장과장, 최과장이 있으며, 개인별 출장 가능한 국가는 다음과 같다.

직원 국가	이과장	김과장	신과장	류과장	임과장	장과장	최과장
미국	○	×	○	×	×	×	×
영국	○	×	○	○	○	×	×
중국	×	○	○	○	○	×	○
일본	×	×	○	×	○	○	○

※ ○ : 출장 가능, × : 출장 불가능
※ 어떤 출장도 일정이 겹치진 않는다.

〈조건〉
• 한 사람이 두 국가까지만 출장 갈 수 있다.
• 모든 사람은 한 국가 이상 출장을 가야 한다.

① 김과장, 최과장, 류과장   ② 김과장, 신과장, 류과장
③ 신과장, 류과장, 임과장   ④ 김과장, 임과장, 최과장

 모든 사람이 한 국가 이상 출장을 가야 한다고 했으므로 김과장은 꼭 중국을 가야 하며, 장과장은 꼭 일본을 가야 한다. 또한 영국으로 4명이 출장을 가야 되고, 출장 가능 직원도 4명이므로 이과장, 신과장, 류과장, 임과장이 영국을 가야한다. 4국가 출장에 필요한 직원은 12명인데 김과장과 장과장이 1국가 밖에 못가므로 나머지 5명이 2국가씩 출장가야 한다는 것에 주의한다.

	출장가는 직원
미국(1명)	이과장
영국(4명)	류과장, 이과장, 신과장, 임과장
중국(3명)	김과장, 최과장, 류과장
일본(4명)	장과장, 최과장, 신과장, 임과장

13 다음 글을 근거로 판단할 때, 도형의 모양으로 옳게 짝지어진 것은?

> 5명의 학생은 5개의 도형 A ~ E의 모양을 맞히는 게임을 하고 있다. 5개의 도형은 모두 서로 다른 모양을 가지며 각각 삼각형, 사각형, 오각형, 육각형, 원 중 하나의 모양으로 이루어진다. 학생들에게 아주 짧은 시간 동안 5개의 도형을 보여준 후 도형의 모양을 2개씩 진술하게 하였다. 학생들이 진술한 도형의 모양은 다음과 같고, 모두 하나씩만 정확하게 맞혔다.
> • 갑 : C=삼각형, D=사각형
> • 을 : B=오각형, E=사각형
> • 병 : C=원, D=오각형
> • 정 : A=육각형, E=사각형
> • 무 : A=육각형, B=삼각형

① A=육각형, D=사각형
② B=오각형, C=삼각형
③ A=삼각형, E=사각형
④ C=오각형, D=원

 A가 육각형이라고 가정하면 정의 진술한 내용에서 E가 사각형이 될 수 없다. E가 사각형이 될 수 없으므로 을이 진술한 내용에서 B는 오각형이다. B가 오각형이므로 병이 진술한 내용에서 D는 오각형이 될 수 없으므로 C는 원이 된다. 그리고 C가 원이라면 갑이 진술한 내용에서 C는 삼각형이 될 수 없으므로 D는 사각형이 된다. 그러면 E는 삼각형이 된다. 그러므로 A=육각형, B=오각형, C=원, D=사각형, E=삼각형이 된다.

14 준영, 명수, 나래, 준현, 모모, 재현이 악기를 연습한다고 한다. 나래가 1번 연습실을 사용하고 바로 옆 연습실을 준영이가 사용한다면, 4번과 5번 연습실을 순서대로 각각 사용할 수 있는 조합이 아닌 것은?

> • 연습실 1~6은 순서대로 붙어 있고, 멤버들이 각각 한 방에 들어간다.
> • 바로 옆 연습실에서 동일한 악기를 연습할 수 없다.
> • 준영과 명수는 동일한 악기를 연습하고, 명수와 준현은 바로 옆 연습실을 사용한다.

① 명수와 모모 　　　　　　　 ② 명수와 재현
③ 준현과 명수 　　　　　　　 ④ 준현과 모모

연습실 1	연습실 2	연습실 3	연습실 4	연습실 5	연습실 6
나래	준영	준현	명수	모모(재현)	재현(모모)
		모모(재현)	명수(준현)	준현(명수)	재현(모모)
		모모(재현)	재현(모모)	명수(준현)	준현(명수)

연습실 4번에 준현이가 들어가고 5번에 모모가 들어갈 경우, 3번에 명수가 들어가야 한다. 그러나 명수와 동일한 악기를 사용하는 준영이 연습실 2번에 들어가기 때문에 명수는 3번에 들어갈 수 없다. 따라서 준현이는 4번 연습실을 사용할 수 없다.

15 다음 중 가장 무거운 사람은?

> • 현영이는 민서보다 무겁다.
> • 동현이는 영준이보다 무겁지 않다.
> • 현영이는 영준이보다 무겁다.

① 현영 　　　　　　　　　　 ② 민서
③ 영준 　　　　　　　　　　 ④ 동현

다음과 같은 경우가 가능하다.
㉠ 현영 > 민서 > 영준 > 동현
㉡ 현영 > 영준 > 동현 > 민서
㉢ 현영 > 영준 > 민서 > 동현

Answer ✎ 13.① 14.④ 15.①

16 E가 일요일에 등록한다면 다음 중 수요일에 등록이 불가능한 사람은?

> • 일주일의 시작은 일요일이다.
> • D는 B보다 하루 먼저 등록하였다.
> • C는 A보다 하루 늦게 등록하였다.
> • E는 F와 G보다 먼저 등록하였다.
> • A는 D가 등록하고 2일 후에 등록하였다.

① A
② B
③ C
④ D

	일	월	화	수	목	금	토
1	E	D	B	A	C	F(G)	G(F)
2	E	F(G)	D	B	A	C	G(F)
3	E	F(G)	G(F)	D	B	A	C

┃17~18┃ 월요일부터 토요일까지 하루에 한 사람씩 면담을 한다고 한다. 각 물음에 답하시오.

> • D를 B보다 먼저 면담한다.
> • C를 D보다 하루 먼저 면담한다.
> • E를 F보다 먼저 면담한다.
> • F를 B보다 이틀 먼저 면담한다.

17 다음 중 목요일에 면담하는 사람은?

① C
② D
③ E
④ F

	월	화	수	목	금	토
1	C	D	E	F		B
2	E	C	D	F		B

18 C가 월요일에 면담한다면, E는 무슨 요일에 면담을 하는가?

① 화요일 ② 수요일

③ 목요일 ④ 금요일

Tip ② C가 월요일에 면담한다면, E는 수요일에 면담한다.

▌19~20 ▌ A ~ G가 다음 조건에 따라 키가 큰 순서대로 앞에서부터 앉는다고 한다. 각 물음에 답하시오.

- C는 맨 앞에, G는 맨 뒤에 앉는다.
- F와 G는 D보다 작다.
- 앞에서 5번째 자리는 비워 놓는다.
- B는 F와 G보다 크고 E보다는 작다.
- A는 앞에서 6번째 자리에 앉는다.

19 E가 세 번째에 앉는다고 할 때, 네 번째에 앉는 사람은?

① B ② D

③ F ④ G

Tip

1	2	3	4	5	6	7	8
C	E	D	B	–	A	F	G
C	E	B	D	–	A	F	G
C	D	E	B	–	A	F	G

20 D가 세 번째에 앉는다고 할 때, 두 번째에 앉는 사람은?

① B ② E

③ F ④ G

Tip ② D가 세 번째에 앉는다고 할 때, 두 번째에 앉는 사람은 E이다.

Answer↪ 16.③ 17.④ 18.② 19.① 20.②

▌21~24 ▌ 다음 괄호 안에 들어갈 말로 알맞은 것을 고르시오.

21

> • 어떤 네모는 세모이다.
> • 모든 세모는 동그라미이다.
> • 그러므로 (   )

① 모든 네모는 동그라미이다.
② 어떤 동그라미도 네모가 아니다.
③ 모든 세모는 네모이다.
④ 어떤 네모는 동그라미이다.

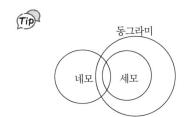

22

> • 모든 학원은 연꽃이다.
> • 어떤 공원은 연꽃이 아니다.
> • 그러므로 (   )

① 모든 학원은 공원이다.
② 모든 공원은 학원이다.
③ 어떤 학원은 공원이다.
④ 어떤 공원은 학원이 아니다.

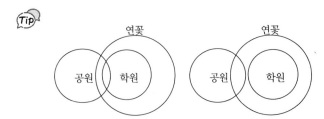

23

> • 차량 통행이 많은 어떤 곳은 주거 환경이 나쁘다.
> • (   )
> • 그러므로 주거 환경이 나쁜 어떤 곳은 아파트가 없다.

① 차량 통행이 많은 어떤 곳은 아파트가 없다.

② 아파트가 없는 곳은 차량 통행이 많다.

③ 아파트가 없는 곳은 차량 통행이 많지 않다.

④ 차량 통행이 많은 곳은 아파트가 없다.

> (Tip) ④ 매개념이 '차량 통행이 많다'이므로 매개념이 한 번은 주연 되어야 한다.

24

> • 인기가 많다면 돈을 잘 번다.
> • (   )
> • 인기가 많다면 사람들이 잘 따른다.

① 사람들이 잘 따른다면 인기가 많다.

② 사람들이 잘 따르면 돈을 잘 번다.

③ 사람들이 잘 따르지 않는다면 돈을 잘 벌지 못한다.

④ 돈을 잘 벌면 인기가 많다.

> (Tip) ③ '돈을 잘 번다면 사람들이 잘 따른다'가 들어가야 한다. 대우를 구하면 '사람들이 잘 따르지 않는다면 돈을 잘 벌지 못한다'가 된다.

Answer ↱ 21.④ 22.④ 23.④ 24.③

┃25~33┃ 주어진 결론을 반드시 참으로 하는 전제를 고르시오.

25

> 전제1 : _____
> 전제2 : 어떤 가난뱅이는 철학자이다.
> 결론 : 어떤 가난뱅이는 현명하다.

① 어떤 철학자는 현명하다.

② 모든 철학자는 현명하다.

③ 어떤 가난뱅이도 철학자가 아니다.

④ 모든 현명한 사람은 철학자이다.

 모든 철학자가 현명하다면 철학자인 어떤 가난뱅이는 현명하므로, 어떤 가난뱅이는 현명하다는 명제가 참이 된다.

26

> A, B, C, D의 무게는 다음과 같다.
> 전제1 : _____
> 전제2 : D는 C보다 무겁다.
> 결론 : 넷 중 D가 제일 무겁다.

① A는 B보다 무겁고 B는 C보다 가볍다.

② A와 B 무게의 합은 C의 무게보다 가볍다.

③ B와 D 무게의 차는 A와 D 무게의 차보다 작다.

④ A와 C의 무게의 차가 가장 크다.

 A와 B 무게의 합은 C의 무게보다 가볍다는 것은 A와 B의 무게가 C보다 가볍다는 것을 의미하고 D는 C보다 무거우므로 넷 중 D가 제일 무겁다는 결론이 참이 된다.

27

전제1 : 소림사 출신 중 무예를 잘하지 못하는 사람은 없다.

전제2 : _____

결론 : 천승스님은 무예를 잘한다.

① 천승스님은 소림사 출신이 아니다.

② 천승스님은 소림사 출신이다.

③ 천승스님은 무예를 배웠다.

④ 천승스님은 무예를 좋아한다.

 '소림사 출신 중 무예를 잘하지 못하는 사람은 없다.'는 '소림사 출신의 사람은 모두 무예를 잘한다.'와 같은 의미이므로 필요한 전제는 '천승스님은 소림사 출신이다.'가 된다.

28

전제1 : 찬희는 가끔 자신의 방을 깨끗하게 유지한다.

전제2 : _____

결론 : 찬희는 완벽주의자가 아니다.

① 자신의 방을 언제나 깨끗하게 유지하는 사람이라면 완벽주의자이다.

② 완벽주의자라면 자신의 방을 언제나 깨끗하게 유지한다.

③ 자신의 방을 언제나 깨끗하게 유지하지 않는 사람이라도 완벽주의자일 수 있다.

④ 완벽주의자는 하루에 한번 이상 자신의 방을 청소한다.

 ② 주어진 결론이 반드시 참이 되기 위해서는 '자신의 방을 언제나 깨끗하게 유지하지 않는 사람은 완벽주의자가 아니다(②의 대우).'라는 전제가 필요하다.

Answer → 25.② 26.② 27.② 28.②

29

> 전제1 : 이 마을의 어떤 사람은 고기를 먹지 않는다.
> 전제2 : _____
> 결론 : 축산업에 종사하는 모든 사람이 고기를 먹는 것은 아니다.

① 이 마을의 모든 사람은 축산업에 종사한다.

② 이 마을의 모든 사람은 축산업에 종사하지 않는다.

③ 이 마을의 어떤 사람은 축산업에 종사한다.

④ 이 마을의 어떤 사람은 축산업에 종사하지 않는다.

 이 마을의 어떤 사람은 고기를 먹지 않으므로 마을의 모든 사람이 축산업에 종사한다면 축산업에 종사하는 모든 사람이 고기를 먹는 것은 아니라는 결론이 참이 된다.

30

> 전제1 : 사과를 좋아하는 사람은 멜론을 좋아한다.
> 전제2 : _____
> 결론 : 수박을 좋아하는 사람은 사과를 좋아하지 않는다.

① 멜론을 좋아하는 사람은 수박을 좋아하지 않는다.

② 수박을 좋아하지 않는 사람은 멜론을 좋아하지 않는다.

③ 수박을 좋아하는 사람은 멜론을 좋아한다.

④ 사과를 좋아하지 않는 사람은 수박을 좋아한다.

(Tip) 사과(p), 멜론(q), 수박(r)이라 할 때,
전제1에서 'p→q'이고 결론이 'r→~p(= p→~r)'이므로 필요한 전제는 'q→~r' 또는 'r→~q', 즉 '멜론을 좋아하는 사람은 수박을 좋아하지 않는다.'이다.

31

> 전제1 : 많은 노력을 해야 좋은 성적을 얻을 수 있다.
> 전제2 : _____
> 전제3 : 부모를 행복하게하지 못하면 불량한 아이이다.
> 결론 : 부모를 행복하게하지 못한다면 많은 노력을 하지 않았다는 것이다.

① 좋은 성적을 얻지 못한 것은 많은 노력을 하지 않았다는 것이다.

② 불량하지 않은 아이라고 해서 모두 좋은 성적을 얻는 것은 아니다.

③ 불량하지 않은 아이는 부모를 행복하게 한다.

④ 불량한 아이는 좋지 않은 성적을 얻는다.

많은 노력(p), 좋은 성적(q), 부모 행복(r), 불량한 아이(s)라고 할 때 결론은 '~r→~p'가
된다. 전제3에 의해 '~r→s', 전제1에 의해 '~q→~p(전제1의 대우)'가 성립하므로 필요한
전제는 's→~q(또는 대우 q→~s)', 즉 '불량한 아이는 좋지 않은 성적을 얻는다(또는 대
우).'이다.

32

> 전제1 : 인기 있는 선수는 안타를 많이 친 타자이다.
> 전제2 : _____
> 결론 : 인기 있는 선수는 팀에 공헌도가 높다.

① 팀에 공헌도가 높지 않은 선수는 안타를 많이 치지 못한 타자이다.

② 인기 없는 선수는 팀에 공헌도가 높지 않다.

③ 안타를 많이 친 타자도 인기가 없을 수 있다.

④ 안타를 많이 친 타자는 인기 있는 선수이다.

 결론이 참이 되기 위해서는 '안타를 많이 친 타자는 팀에 공헌도가 높다.' 또는 이의 대우인
'팀에 공헌도가 높지 않은 선수는 안타를 많이 치지 못한 타자이다.'가 답이 된다.

33

> 전제1 : A마을에 사는 사람들은 금붕어를 키운다.
> 전제2 : _____
> 결론 : A마을에 사는 사람들은 B기업에 다니지 않는다.

① A마을과 B기업은 거리가 멀다.

② 금붕어를 키우지 않는 사람들은 A마을에 살지 않는다.

③ B기업에 다니는 사람들은 금붕어를 키우지 않는다.

④ 어떤 A마을 사람들은 B기업을 싫어한다.

 A마을(a), B기업(b), 금붕어 키움(p)라고 할 때, 전제1은 'a→p', 결론은 'a→~b'이므로 결
론이 반드시 참이 되기 위해서는 'p→~b(또는 대우 b→~p)', 즉 '금붕어를 키우는 사람
은 B기업에 다니지 않는다.' 또는 'B기업에 다니는 사람은 금붕어를 키우지 않는다.'라는 명
제가 필요하다.

Answer ☞ 29.① 30.① 31.④ 32.① 33.③

▮34~37▮ 다음의 말이 전부 참일 때 항상 참인 것을 고르시오.

34

> • 민희는 A학교에 다닌다.
> • 성적이 뛰어나지 않으면 일본어를 잘하지 못한다.
> • A학교에 다니면 일본어를 잘한다.

① 민희는 성적이 뛰어나다.
② 민희는 일본어를 잘하지 못한다.
③ 성적이 뛰어나면 일본어를 잘한다.
④ 일본어를 잘하는 사람은 A학교에 다닌다.

 두 번째 조건을 대우로 바꾸면 '일본어를 잘하면 성적이 뛰어나다.'이므로 민희→A학교→일본어→성적 뛰어남으로 나타낼 수 있다. 따라서 항상 참인 것은 ①번이다.

35

> • 파란상자는 노란상자에 들어간다.
> • 녹색상자는 분홍상자에 들어간다.
> • 주황상자는 노란상자에 들어간다.
> • 파란상자와 분홍상자의 크기가 같다.

① 주황상자는 파란상자에 들어간다.
② 분홍상자는 주황상자에 들어간다.
③ 노란상자는 분홍상자에 들어가지 않는다.
④ 녹색상자는 파란상자에 들어가지 않는다.

 파란상자와 분홍상자는 크기가 같으므로 파란상자보다 더 큰 노란상자는 분홍상자에 들어가지 않는다.

36

> • 영수는 철수보다 키가 크다.
> • 수현이는 지현이보다 키가 크다.
> • 준희는 준수보다 키가 작다.
> • 준희는 수현이와 키가 같다.

① 영수는 준희와 키가 같다.

② 준수는 지현이보다 키가 크다.

③ 철수는 준희보다 키가 작다.

④ 준수와 수현이의 키는 비교할 수 없다.

 영수와 철수는 둘 사이만 비교가 가능하며, 다른 이들과 비교할 수 없다. 간략하게 나타내면 다음과 같다.
첫 번째 조건에 의해 영수>철수
나머지 조건에 의해 준수>준희=수현>지현

37

> • A는 수영을 못하지만 B보다 달리기를 잘한다.
> • B는 C보다 수영을 잘한다.
> • D는 C보다 수영을 못하지만 A보다 달리기를 잘한다.

① C는 달리기를 못한다.

② A가 수영을 가장 못한다.

③ D는 B보다 달리기를 잘한다.

④ 수영을 가장 잘하는 사람은 C이다.

 잘하는 순서
㉠ 수영 : B>C>D
㉡ 달리기 : D>A>B

Answer ↦ 34.① 35.③ 36.② 37.③

| 38~39 | 다음의 말이 전부 진실일 때 반드시 참이라고 말할 수 없는 것을 고르시오.

38

> • 손이 작은 사람은 모두 키가 작다.
> • 손이 작은 사람 중에는 손재주를 가진 사람이 있다.
> • 어떤 키가 작은 사람은 공부를 잘한다.

① 키가 작은 사람 중에는 손재주를 가진 사람이 있다.

② 키가 작은 어떤 사람은 손이 작다.

③ 키가 작고 손이 작은 어떤 사람은 손재주를 가지고 있다.

④ 손이 작은 어떤 사람은 공부를 잘한다.

 ①③ 손이 작은 사람은 모두 키가 작고 손이 작은 사람 중에는 손재주를 가진 사람이 있으므로 두 명제는 참이다.
② 첫 번째 명제의 대우로 반드시 참이다.

39

> • 야채를 좋아하는 사람은 과일을 좋아한다.
> • 신 것을 좋아하는 사람은 과일을 좋아한다.
> • 건강을 중요시하는 사람은 야채를 좋아한다.

① 야채를 좋아하는 사람은 신 것을 좋아한다.

② 건강을 중요시하는 사람은 과일을 좋아한다.

③ 과일을 좋아하는 어떤 사람은 야채를 좋아한다.

④ 과일을 좋아하는 어떤 사람은 건강을 중요시 한다.

 ① 주어진 명제들로는 야채를 좋아하는 사람과 신 것을 좋아하는 사람의 교집합관계를 알 수 없다.

40 다음 지문을 읽고 나나가 신은 신발로 바른 것을 고르시오.

> 나나, 레이나, 리지는 각각 운동화, 워커, 하이힐 중 하나를 신었고 신발의 색은 모두 다르며 빨간색, 노란색, 하얀색이다. 나나는 빨간 신발을 신지 않았고, 리지는 운동화를 신지 않았고 노란색 신발을 신었다. 레이나는 운동화를 신지 않고, 하이힐은 노란색이 아니다.

① 노란색 운동화   ② 노란색 워커

③ 하얀색 운동화   ④ 하얀색 워커

 주어진 지문에 따르면 나나는 빨간색 신발을 신지 않았고, 리지가 노란색 신발을 신었다고 했으므로 나나는 하얀색 신발을 신었다. 또한 리지는 운동화를 신지 않았고 노란색 신발을 신었는데 하이힐은 노란색이 아니므로 리지는 워커를 신었고 레이나는 운동화를 신지 않으므로 하이힐을 신었다.
∴ 나나 – 하얀색 운동화, 레이나 – 빨간색 하이힐, 리지 – 노란색 워커

41 다음 상황에서 진실을 얘기하고 있는 사람이 한 명 뿐일 때 총을 쏜 범인과 진실을 이야기 한 사람으로 바르게 짝지어진 것은?

> 어느 아파트 옥상에서 한 남자가 총에 맞아 죽은 채 발견됐다. 그의 죽음을 조사하기 위해 형사는 피해자의 사망시각에 아파트 엘리베이터의 CCTV에 찍혔던 용의자 A, B, C, D 네 남자를 연행하여 심문하였는데 이들은 다음과 같이 진술하였다.
> A : B가 총을 쐈습니다. 내가 봤어요.
> B : C와 D는 거짓말쟁이입니다. 그들의 말은 믿을 수 없어요!
> C : A가 한 짓이 틀림없어요. A와 그 남자는 사이가 아주 안 좋았단 말입니다.
> D : 내가 한 짓이 아니에요. 나는 D를 죽일 이유가 없습니다.

① 범인 : A, 진실 : C   ② 범인 : B, 진실 : A

③ 범인 : C, 진실 : D   ④ 범인 : D, 진실 : B

 B의 진술이 거짓이라면 C와 D는 거짓말쟁이가 아니므로 진실을 말한 사람이 두 사람이 되므로 진실을 얘기하고 있는 사람이 한 명 뿐이라는 단서와 모순이 생기므로 B의 진술이 진실이다. B의 진술이 진실이고 모두의 진술이 거짓이므로 A의 거짓진술에 의해 B는 범인이 아니며, C의 거짓진술에 의해 A도 범인이 아니다. D의 거짓진술에 의해 범인은 D가 된다.

Answer⌐→ 38.④   39.①   40.③   41.④

42 다음 상황에서 옳은 것은?

> 원주민과 이주민이 섞여서 살고 있는 어떤 마을에 여행객이 찾아왔다. 원주민은 항상 진실만을 말하고, 이주민은 항상 거짓만을 말한다고 한다. 여행객이 젊은이에게 "당신은 원주민입니까?"라고 물었을 때 젊은이는 자신이 원주민이 맞다고 대답했다. 그러자 옆에 있던 노파가 젊은이는 거짓말을 하고 있다고 말했고, 모자를 쓴 할아버지는 노파의 말이 맞다고 이야기 했다.

① 젊은이와 노파, 할아버지 중 한 명만 원주민이라면 원주민은 노파이다.

② 노파가 원주민이면 할아버지는 이주민이다.

③ 젊은이와 노파, 할아버지는 모두 원주민이다.

④ 노파와 할아버지는 둘 다 원주민이거나 이주민이다.

 젊은이의 진술이 진실이라면 노파와 할아버지의 진술은 거짓이고, 젊은이의 진술이 거짓이라면 노파와 할아버지의 진술은 진실이다. 따라서 젊은이가 원주민이면 노파와 할아버지는 이주민이고, 젊은이가 이주민이면 노파와 할아버지는 원주민이다.

43 다음의 대화를 읽고 추론할 수 없는 것을 고르시오.

> 지수 : 역시! 날짜를 바꾸지 않고 오늘 오길 잘한 것 같아. 비가 오기는커녕 구름 한 점 없는
>   날씨잖아!
> 민지 : 맞아. 여전히 뉴스의 일기예보는 믿을 수가 없다니까.
> 지수 : 그나저나 이 놀이기구에는 키 제한이 있어. 성희야, 네 아들 성식이는 이제 막
>   100cm가 넘었지? 그럼 이건 성식이랑 같이 탈 수 없겠네. 민지가 이게 꼭 타고
>   싶다고 해서 여기로 온 거잖아. 어떡하지?
> 성희 : 어쩔 수 없지. 너희가 이 놀이기구를 타는 동안 나랑 성식이는 사파리에 갔다 올게.
> 성식 : 신난다!! 사파리에 가면 호랑이도 볼 수 있어??
> 성희 : 그래. 호랑이도 있을 거야.
> 지수 : 성식이는 좋겠네. 엄마랑 호랑이보면서 이따가 점심 때 뭘 먹을지도 생각해봐.
> 민지 : 그러는 게 좋겠다. 그럼 30분 뒤에 동문 시계탑 앞에서 만나자. 잊으면 안 돼! 동
>   문 시계탑이야. 저번처럼 다른 곳 시계탑으로 착각하면 안 돼. 오늘은 성식이도
>   있잖아. 헤매면 곤란해.
> 성희 : 알겠어. 내가 길치이긴 하지만 동쪽과 서쪽 정도는 구분할 수 있어. 지도도 챙겼
>   으니까 걱정하지 않아도 돼.

① 호랑이를 좋아하는 성식이는 성희의 아들이다.

② 지수와 민지가 타려는 놀이기구는 키가 110cm이상이 되어야 탈 수 있다.

③ 놀이공원의 서문 쪽에도 시계탑이 있다.

④ 일기예보에서는 오늘 비가 온다고 보도했었고, 이들은 약속날짜를 바꾸려고 했었다.

 ② 주어진 대화에는 놀이기구에 키 제한이 있고, 성식이의 키는 이제 100cm를 넘었다는
정보는 있지만, 키 제한이 정확히 얼마인지에 대한 정보는 나와 있지 않다.

44 강아지를 좋아하는 네 친구 정은, 지은, 예림, 다은이는 친구 중 두 명의 이름을 딴 강아지 두 마리씩을 데리고 산책을 나섰다. 그렇다면 강아지들 중 두 마리의 이름은 정은, 또 두 마리의 이름은 지은, 또 두 마리의 이름은 예림, 나머지 두 마리의 이름은 다은이다. 여덟 마리의 강아지 가운데 세 마리는 코르기종, 세 마리는 래브라도종, 두 마리는 달마티안종이다. 네 친구 중에 같은 종을 두 마리 가지고 있는 사람은 아무도 없다. 정은이의 강아지 이름은 다은이가 아니고, 예림이의 강아지 이름은 정은이가 아니다. 코르기종 강아지의 이름에는 정은이가 없고, 래브라도종 개의 이름에는 다은이가 없다. 지은이는 래브라도종 개를 가지고 있지 않다. 이 중 달마티안종 강아지의 이름과 그 주인을 바르게 연결한 것은 무엇인가?

① 강아지의 이름 – 예림, 주인 – 지은

② 강아지의 이름 – 다은, 주인 – 예림

③ 강아지의 이름 – 정은, 주인 – 다은

④ 강아지의 이름 – 지은, 주인 – 예림

 달마티안 두 마리의 이름은 정은(주인은 지은)과 다은(주인은 예림)이다.

45 다음 조건에 부합하는 것은?

- A는 B의 북쪽에 있다.
- D는 A의 동쪽에 있다.
- F는 C의 서북쪽에 있다.
- C는 A의 동북쪽에 있다.
- E는 D의 동쪽에 있다.
- G는 B의 동쪽에 있다.

① F는 G의 동쪽에 있다.
② G는 D의 북쪽에 있다.
③ A는 E의 서쪽에 있다.
④ C는 B의 서북쪽에 있다.

 ① F는 G의 서북쪽에 있다.
② G는 D의 남쪽에 있다.
④ C는 B의 북동쪽에 있다.

46 5명의 친구 A~E가 모여 '수호천사' 놀이를 하기로 했다. 갑이 을에게 선물을 주었을 때 '갑은 을의 수호천사이다'라고 하기로 약속했고, 다음처럼 수호천사 관계가 성립되었다. 이후 이들은 〈규칙〉에 따라 추가로 '수호천사' 관계를 맺었다. 이들 외에 다른 사람은 이 놀이에 참여하지 않는다고 할 때, 옳지 않은 것은?

> • A는 B의 수호천사이다.
> • B는 C의 수호천사이다.
> • C는 D의 수호천사이다.
> • D는 B와 E의 수호천사이다.

> 〈규칙〉
> • 갑이 을의 수호천사이고 을이 병의 수호천사이면, 갑은 병의 수호천사이다.
> • 갑이 을의 수호천사일 때, 을이 자기 자신의 수호천사인 경우에는 을이 갑의 수호천사가 될 수 있고, 그렇지 않은 경우에는 을이 갑의 수호천사가 될 수 없다.

① A는 B, C, D, E의 수호천사이다.

② B는 A의 수호천사가 될 수 있다.

③ C는 자기 자신의 수호천사이다.

④ E는 A의 수호천사가 될 수 있다.

 ④ E가 A의 수호천사가 될 수 있기 위해서는 A가 E의 수호천사이고 E는 자기 자신의 수호천사가 되어야 한다. 그러나 A는 E의 수호천사이나, E는 자기 자신의 수호천사가 아니므로 E는 A의 수호천사가 될 수 없다.
① A→B→C→D→B ∩ E이므로 A는 B, C, D, E의 수호천사가 된다.
② A가 B의 수호천사이고 B는 자기 자신의 수호천사이므로 B는 A의 수호천사가 될 수 있다.
③ C는 B의 수호천사이고 B는 C의 수호천사이기 때문에 C는 자기 자신의 수호천사이다.

Answer 44.② 45.③ 46.④

47 민석이와 성찬이는 놀이공원에서 세 가지 놀이기구 롤러코스터, 후룸라이드, 바이킹을 타고 사파리와 퍼레이드를 보고 왔다. 두 사람이 놀이공원에서 논 순서가 다음과 같을 때 옳은 것은?

> • 후룸라이드를 타기 바로 전에 롤러코스터를 탔다.
> • 바이킹을 타는 것보다 전에 사파리를 보고 왔다.
> • 퍼레이드는 저녁을 먹은 후에 봤다.
> • 사파리를 포함해서 세 가지는 저녁을 먹고 난 후에 보거나 탔다.

① 두 사람이 제일 먼저 탄 놀이기구는 롤러코스터이다.
② 퍼레이드를 본 후 사파리를 보았다.
③ 놀이기구 중 가장 마지막에 탄 것은 후룸라이드이다.
④ 저녁을 먹은 직후에 사파리를 보았다.

 퍼레이드는 저녁을 먹은 후에 봤고, 사파리를 포함해서 세 가지는 저녁을 먹고 난 후에 보거나 탔으므로 연속으로 탄 후룸라이드와 롤러코스터는 저녁 전에 탔다. 따라서 두 사람이 제일 먼저 탄 놀이기구는 롤러코스터이다. 저녁을 먹고 난 후의 순서는 다음의 세 경우가 있다. (퍼레이드, 사파리, 바이킹), (사파리, 바이킹, 퍼레이드), (사파리, 퍼레이드, 바이킹)

48 다음 명제가 모두 참일 때, 추론할 수 있는 내용으로 옳지 않은 것은?

> ㉠ 사과 수확량이 감소하면, 사과 가격이 상승한다.
> ㉡ 사과 소비량이 감소하면, 사과 수확량이 감소한다.
> ㉢ 사과 수확량이 감소하지 않으면, 사과 주스 가격이 상승하지 않는다.

① 사과 주스의 가격이 상승하면, 사과 가격이 상승한다.
② 사과 가격이 상승하지 않으면, 사과 수확량이 감소하지 않는다.
③ 사과 소비량이 감소하지 않으면, 사과 주스 가격이 상승하지 않는다.
④ 사과 수확량이 감소하지 않으면, 사과 소비량이 감소하지 않는다.

 ① 사과 주스의 가격이 상승하면 사과 수확량이 감소하고(㉢의 대우), 그러면 사과 가격이 상승한다(㉠).
② 사과 가격이 상승하지 않으면 사과 수확량이 감소하지 않는다(㉠의 대우).
④ 사과 수확량이 감소하지 않으면 사과 소비량이 감소하지 않는다(㉡의 대우).

49 다음의 말이 모두 참이고, 비가 오고 있다면, 보기에서 참이 아닌 것은?

> • 비가 오면 우울하다.
> • 비가 오고 우울하면 배가 고프다.
> • 비가 올 때 배가 고프면 공부가 되지 않는다.
> • 공부가 되지 않으면 달리기를 한다.

① 배가 고프다.　　　　　　　② 우울하다.

③ 공부가 되지 않는다.　　　　④ 달리기를 하지 않는다.

 ①②③ 문제에서 비가 오고 있다고 했으므로 우울하고, 배가 고프고, 공부가 되지 않는다.
④ 공부가 되지 않으므로 달리기를 한다.

50 A, B, C, D, E 5명이 일렬로 앉아 있을 때 다음 조건에 따라 거짓인 것은?

> • B는 E보다 앞에 앉아 있다.
> • A는 D보다 앞에 앉아 있다.
> • B는 C보다 앞에 앉아 있다.
> • C는 E보다 앞에 앉아 있다.
> • E는 A보다 앞에 앉아 있다.

① E는 앞에서 두 번째에 앉아 있다.

② B가 맨 앞에 앉아 있다.

③ 맨 뒤에 앉은 사람은 D이다.

④ C는 D보다 앞에 앉아 있다.

 제시된 조건에 따르면 B−C−E−A−D 순으로 앉아 있다.

Answer ↱ 47.① 48.③ 49.④ 50.①

51 A, B, C, D는 영업, 사무, 전산, 관리의 일을 각각 맡아서 하기로 하였다. A는 영업과 사무 분야의 업무를 싫어하고, B는 관리 업무를 싫어하며, C는 영업 분야 일을 하고 싶어하고, D는 전산 분야 일을 하고 싶어한다. 인사부에서 각자의 선호에 따라 일을 시킬 때 옳게 짝지은 것은?

① A − 관리　　　　　　　　　② B − 영업
③ C − 전산　　　　　　　　　④ D − 사무

 조건에 따르면 영업과 사무 분야의 일은 A가 하는 것이 아니고, 관리는 B가 하는 것이 아니므로 'A − 관리, B − 사무, C − 영업, D − 전산'의 일을 하게 된다.

52 다음 중 주화가 선택한 과목은?

- 은지, 주화, 민경이 각자 보충수업으로 서로 다른 과목을 선택하였다.
- 과목은 국어, 영어, 수학이다.
- 은지는 국어를 선택하지 않았다.
- 주화가 민경이는 수학을 선택하였다고 한다.

① 국어　　　　　　　　　　　② 영어
③ 수학　　　　　　　　　　　④ 알 수 없음

 은지는 영어, 주화는 국어, 민경이는 수학을 선택했다.

53 어느 학급의 환경미화를 위해 환경미화위원을 뽑는데 갑수, 을숙, 병식, 정연, 무남, 기은이가 후보로 올라왔다. 다음과 같은 조건에 따라 환경미화위원이 될 때, 을숙이가 위원이 되지 않았다면 반드시 환경미화위원이 되는 사람은?

> ㉠ 만약 갑수가 위원이 된다면, 을숙이와 병식이도 위원이 되어야 한다.
> ㉡ 만약 갑수가 위원이 되지 않는다면, 정연이가 위원이 되어야 한다.
> ㉢ 만약 을숙이 위원이 되지 않는다면, 병식이나 무남이가 위원이 되어야 한다.
> ㉣ 만약 병식과 무남이가 함께 위원이 되면, 정연은 위원이 되어서는 안 된다.
> ㉤ 만약 정연이나 무남이가 위원이 되면, 기은이도 위원이 되어야 한다.

① 병식, 정연　　　　　　② 정연, 무남
③ 병식, 무남　　　　　　④ 정연, 기은

 ㉠에 따라 갑수가 위원이 된다면, 을숙도 위원이 되어야 하는데 을숙이는 위원이 아니므로 갑수는 위원이 될 수 없다.
㉡의 전제에 따라 정연이는 환경미화위원이 된다.
㉢에 따라 병식이나 무남이 둘 중 한명은 반드시 위원이 된다.
㉣에 따르면 병식이와 무남이가 함께 위원이 되면 정연이는 위원이 되어서는 안 되는데, ㉡에서 이미 정연은 위원이 되었으므로 병식이와 무남이가 둘이 함께 위원이 될 수 없다.
㉤에 따라 정연이가 위원이므로 무남이가 위원이든 아니든 기은이는 위원이 된다.
∴ 반드시 위원이 되는 학생은 정연이와 기은이며, 병식이와 무남이 둘 중 한명은 위원이고 한명은 위원이 아니지만 누구인지 알 수 없다.

54 유치원생들을 대상으로 좋아하는 과일에 대해서 조사한 결과 다음과 같은 자료를 얻었다. 다음 중 유치원생인 지민이가 한라봉을 좋아한다는 결론을 이끌어낼 수 있는 것은 무엇인가?

> ㉠ 귤과 레몬을 모두 좋아하는 유치원생은 한라봉도 좋아한다.
> ㉡ 오렌지와 자몽을 모두 좋아하는 유치원생은 한라봉도 좋아한다.
> ㉢ 유치원생들은 모두 금귤이나 라임 중 하나를 반드시 좋아한다.
> ㉣ 라임을 좋아하는 유치원생은 레몬을 좋아한다.
> ㉤ 금귤을 좋아하는 유치원생은 오렌지를 좋아한다.

① 지민이는 귤과 자몽을 좋아한다.
② 지민이는 오렌지와 레몬을 좋아한다.
③ 지민이는 귤과 오렌지를 좋아한다.
④ 지민이는 금귤과 라임을 좋아한다.

 ㉢에 의해 유치원생들은 모두 금귤이나 라임 중 하나를 반드시 좋아하므로 ㉣㉤에 따라 유치원생은 모두 레몬이나 오렌지 중 하나를 반드시 좋아한다. 따라서 지민이가 귤과 자몽을 좋아하면 지민이는 귤과 레몬을 모두 좋아하거나, 오렌지와 자몽을 모두 좋아하게 되므로 지민이는 한라봉을 좋아한다는 결과를 도출해낼 수 있다.

55 A고등학교의 신입교사 기중, 태호, 신혜, 수란, 찬호 다섯 명 중 네 명이 각각 1학년 1, 2, 3, 4반을 담임을 맡게 된다. 결과에 대해 각자가 예측한 것이 다음과 같고, 이들의 예측 중 한 명의 예측을 제외하고 모두 결과와 일치했을 때, 옳은 것은?

> 기중 : 태호는 3반이 아닌 다른 반의 담임이 될 것이다.
> 태호 : 수란이가 1반의 담임이 될 것이다.
> 신혜 : 태호의 말은 참일 것이다.
> 수란 : 신혜의 예측은 틀렸을 것이다.
> 찬호 : 신혜가 4반의 담임이고, 기중이는 담임을 맡지 않을 것이다.

① 기중은 담임을 맡지 않는다.
② 태호는 1반의 담임이다.
③ 신혜는 3반의 담임이다.
④ 수란은 2반의 담임이다.

신혜의 예측이 거짓이라면 태호의 예측도 거짓이 되므로 신혜와 태호의 예측은 참이고, 신혜의 예측이 틀렸다고 말한 수란의 예측만 거짓이 된다. 수란의 예측을 제외한 다른 사람들의 예측을 표로 나타내면 다음과 같다.

	기중	태호	신혜	수란	찬호
참/거짓	참	참	참	거짓	참
담임	X	2반	4반	1반	3반

56 갑, 을, 병, 정의 네 나라에 대한 다음의 조건으로부터 추론할 수 있는 것은?

> ㉠ 이들 나라는 시대 순으로 연이어 존재했다.
> ㉡ 네 나라의 수도는 각각 달랐는데 관주, 금주, 평주, 한주 중 어느 하나였다.
> ㉢ 한주가 수도인 나라는 평주가 수도인 나라의 바로 전 시기에 있었다.
> ㉣ 금주가 수도인 나라는 관주가 수도인 나라의 바로 다음 시기에 있었으나, 정보다는 이전 시기에 있었다.
> ㉤ 병은 가장 먼저 있었던 나라는 아니지만, 갑보다는 이전 시기에 있었다.
> ㉥ 병과 정은 시대 순으로 볼 때 연이어 존재하지 않았다.

① 금주는 갑의 수도이다.
② 관주는 병의 수도이다.
③ 평주는 정의 수도이다.
④ 을은 갑의 다음 시기에 존재하였다.

 ㉢㉣에 의해 관주 – 금주 – 한주 – 평주 순서임을 알 수 있다. 그리고 ㉣㉤㉥에 의해 을 – 병 – 갑 – 정의 순서임을 알 수 있다.

57 다음을 읽고 추리한 것으로 옳은 것은?

> ㉠ 어떤 회사의 사원 평가 결과 모든 사원이 최우수, 우수, 보통 중 한 등급으로 분류되었다.
> ㉡ 최우수에 속한 사원은 모두 45세 이상 이었다.
> ㉢ 35세 이상의 사원은 '우수'에 속하거나 자녀를 두고 있지 않았다.
> ㉣ 우수에 속한 사원은 아무도 이직경력이 없다.
> ㉤ 보통에 속한 사원은 모두 대출을 받고 있으며, 무주택자인 사원 중에는 대출을 받고 있는 사람이 없다.
> ㉥ 이 회사의 직원 A는 자녀가 있으며 이직경력이 있는 사원이다.

① A는 35세 미만이고 무주택자이다.

② A는 35세 이상이고 무주택자이다.

③ A는 35세 미만이고 주택을 소유하고 있다.

④ A는 45세 미만이고 무주택자이다.

 마지막 단서에서부터 시작해서 추론하면 된다.

직원 A는 자녀가 있으며 이직경력이 있는 사원이다. 따라서 이직경력이 있기 때문에 ㉣에 의해 A는 우수에 속한 사원이 아니다. 또 자녀가 있으며 우수에 속하지 않았기 때문에 ㉢에 의해 35세 미만인 것을 알 수 있다. 35세 미만이기 때문에 ㉡에 의해 최우수에 속하지도 않고, 이 결과 A는 보통에 해당함을 알 수 있다. ㉤에 의해 대출을 받고 있으며, 무주택 사원이 아님을 알 수 있다.

∴ A는 35세 미만이고 주택을 소유하고 있다.

58 어느 기업의 부장진급시험에서 A, B, C, D, E, F, G 7명 중 2명만 부장으로 진급했다. 사원 1~4가 부장진급시험에 대해 알고 있는 정보를 다음과 같이 이야기하였다. 다음 중 확실히 부장으로 진급한 사람은?

> 사원 1 : A, B, C, D 중에서 1명밖에 진급하지 못했다더라.
> 사원 2 : B, G는 모두 떨어졌다던데?
> 사원 3 : E도 떨어졌데.
> 사원 4 : B, C, D 중 1명만 진급했고, E, F, G 중 1명만 진급했더라고.

① A

② C

③ D

④ F

 주어진 정보를 통해 진급시험에서 떨어진 사람은 B, E, G이고, C와 D 중 1명이 진급했지만 누가 진급했는지는 알 수 없으며, 진급이 확실한 사람은 F이다.

59 서울 출신 두 명과 강원도 출신 두 명, 충청도, 전라도, 경상도 출신 각 1명이 다음의 조건대로 줄을 선다. 앞에서 네 번째에 서는 사람의 출신지역은 어디인가?

> • 충청도 사람은 맨 앞 또는 맨 뒤에 선다.
> • 서울 사람은 서로 붙어 서있어야 한다.
> • 강원도 사람 사이에는 다른 지역 사람 1명이 서있다.
> • 경상도 사람은 앞에서 세 번째에 선다.

① 서울　　　　　　　　　② 강원도
③ 충청도　　　　　　　　④ 전라도

 조건에 맞는 경우는 다음과 같다.
　　서울 – 서울 – 경상 – 강원 – 전라 – 강원 – 충청
　　전라 – 강원 – 경상 – 강원 – 서울 – 서울 – 충청
　　충청 – 강원 – 경상 – 강원 – 전라 – 서울 – 서울
　∴ 앞에서 네 번째에 서는 사람은 어느 경우에나 강원도 사람이다.

60 어느 놀이공원의 관람차는 한 대당 총 2명이 탈 수 있다. 갑, 을, 병, 정, 무, 기가 세 대의 관람차에 나누어 타려고 할 때, 함께 탈 수 있는 사람으로 옳게 연결된 것은? (싫어하는 사람하고는 함께 관람차를 타지 않는다.)

> • 갑은 을과 정을 싫어한다.
> • 정은 무와 기를 싫어한다.
> • 무는 기와 함께 타고 싶어 한다.

① 갑 – 을　　　　　　　　② 갑 – 병
③ 을 – 병　　　　　　　　④ 을 – 무

 갑은 을과 정을 싫어하므로 갑과 함께 탈 수 있는 사람은 '병, 무, 기'인데 마지막 조건에서 무는 기와 함께 타고 싶어 한다고 했으므로 갑은 병과 함께 관람차를 탄다.
　　갑 – 병, 을 – 정, 무 – 기

Answer⌐➔ 57.③　58.④　59.②　60.②

61 다음 글의 내용과 일치하지 않는 것은?

평소 쥐를 무서워하는 사람의 눈앞에 쥐가 나타난 상황을 가정해 보자. 아마도 그는 이성적인 판단을 내리기도 전에 본능적으로 비명을 지르며 도망갈 것이다. 왜 그럴까? 쥐를 본 시각 정보는 가장 먼저 뇌에 있는 시상으로 전송되고, 시상에 전송된 정보는 편도체와 시각피질로 각각 전달된다. 그런데 생존 본능으로 즉각적인 신체 반응을 유도하는 편도체는 이성적인 사고 과정의 한 축을 담당하는 시각피질에 비해 처리 속도가 빠르기 때문에 그는 비명부터 먼저 지르게 된다. 이처럼 편도체는 공포 상황에 신속하게 반응할 수 있도록 해 준다.

사람이 일반적으로 공포 상황에 직면했을 때 편도체는 교감신경을 활성화시킨다. 교감신경이 활성화되면 부신에서 아드레날린 호르몬을 분비하기 시작한다. 혈류로 유입된 아드레날린으로 인해 혈관이 확장되고 심장 박동 수가 높아지며 심장이 한 번 박동할 때 내보내는 혈액량인 박출량도 증가한다. 또한 호흡 속도가 빨라져 평소보다 많은 산소가 체내로 유입된다. 이러한 생리적 변화로 인해 근육에 평소보다 많은 양의 산소와 열량이 공급됨으로써 우리 몸은 공포 상황에 더욱 신속하게 대처할 수 있게 된다.

그런데 실신할 정도로 매우 강한 강도의 공포 상황에 직면하게 되면 교감신경이 지나치게 활성화되어 심장 박동 수와 박출량을 무리하게 늘린다. 이처럼 심장이 과도한 자극을 받게 되면 부교감신경이 활성화되어 우리 몸을 안정시키려고 한다. 이로 인해 심장 박동 수와 혈압이 낮아지고, 맥박 수가 떨어진다. 정상적인 성인의 1분간 맥박 수는 보통 60~80회 정도인데, 그 이하로 떨어지게 되면 결국 뇌로 가는 혈류량이 부족해지거나 순간적으로 혈류가 중단되기도 한다. 심한 공포감을 느꼈을 때 실신하기도 하는 까닭은 바로 이 때문이다.

한편 공포는 학습되기도 한다. 우리 몸의 편도체는 공포 학습과도 관련이 있는데, 공포 조건화 실험을 통해 이를 확인할 수 있다. 특별한 반응을 유발하지 않는 중성적인 조건자극을 불쾌하거나 고통스러운 반응을 유발하는 무조건자극과 연합하는 과정이 바로 공포 조건화인데, 버몬트 대학의 교수 카프는 토끼에게 불쾌하거나 고통스러운 반응을 유발하는 전기 자극을 제시했을 경우 토끼가 즉각적인 공포 반응을 보인다는 점에 착안하여 다음과 같은 실험을 진행했다. 특정 소리를 들려줄 때마다 토끼의 발에 약한 전기 자극을 가하고, 다른 소리를 들려줄 때에는 아무런 자극을 가하지 않았다. 이렇게 조건화된 토끼는 전기 자극을 단독으로 제시했을 때처럼, 그 특정 소리만 들어도 공포 반응을 보이기 시작했다. 토끼가 공포 반응을 보였다는 것은 특정 소리를 들려주었을 때 심장 박동 수가 증가했다는 사실과 편도체가 반응했다는 사실을 통해 확인할 수 있었다.

그런데 편도체가 손상된 토끼의 경우에는 공포 반응이 사라지거나 약화되는 현상이 나타난다. 사람의 경우도 마찬가지이다. '우르바흐 – 비테 증후군'이라는 희귀한 질병에 걸릴 경우 편도체가 포함된 양쪽 측두엽 부위가 칼슘 침착에 의해 그 기능이 상실된다. 이러한 환자들은 공포라는 감정을 잘 인식하지 못하는 것으로 알려져 있다.

① 박출량은 심장이 한 번 박동할 때 내보내는 혈액의 양이다.

② 부신에서 아드레날린이 분비되면 심장 박동 수가 낮아진다.

③ 정상적인 성인의 1분간 맥박 수는 보통 60~80회 정도이다.

④ 일반적으로 공포 상황에서는 본능적인 신체 반응이 즉각적으로 일어난다.

 2문단의 '교감신경이 활성화되면 ~ 박출량도 증가한다.'에서, 부신에서 아드레날린이 분비되면 혈관이 확장되고 심장 박동 수가 높아지며 박출량이 증가한다는 정보를 확인할 수 있다.

62 다음의 문장들을 알맞게 배열한 것은?

> ㉠ 문제는 생산과 소비를 촉진시키는 전 지구화의 경향의 환경문제를 더욱 악화시키고 있다는 점이다.
> ㉡ 환경, 생태계의 파괴는 인간의 삶 자체를 위협하고 있다.
> ㉢ 그런데 그 원인과 책임이 대개 경제 발전 지상주의를 부추기는 경제 선진국에 있다는 것이 문제해결을 더욱 어렵게 하고 있다.
> ㉣ 인간의 삶의 질과 직결된 환경문제가 경제 강대국의 이해관계에 따라 좌지우지되고 있기 때문이다.
> ㉤ 1997년 온실가스 감축을 협의한 '교토 의정서'를 미국의 부시 행정부가 들어서면서 이행을 거부하기로 한 것이 그 예이다.

① ㉡ - ㉠ - ㉢ - ㉣ - ㉤

② ㉠ - ㉣ - ㉢ - ㉤ - ㉡

③ ㉢ - ㉣ - ㉠ - ㉡ - ㉤

④ ㉣ - ㉤ - ㉢ - ㉠ - ㉡

 ㉡ 문제의 제기 → ㉠ 전 지구화의 경향이 환경문제를 더욱 악화시킴 → ㉢ 그 원인과 책임은 선진국에 있음 → ㉣ ㉢에 대한 부연설명 → ㉤ ㉢과 ㉣에 대한 예

63 ㉠과 ㉡은 사자성어에 대한 뜻풀이이다. 각 사자성어에 나오는 모든 숫자의 총합은?

> ㉠ 안개 속에 있다는 말로 어디인지 막연하거나, 갈피를 잡을 수 없음
> ㉡ 변변치 못한 여러 사람 가운데 홀로 뛰어난 사람

① 5

② 6

③ 7

④ 8

 ㉠ 오리무중(五里霧中)
㉡ 군계일학(群鷄一鶴)
∴ 5+1=6

64 다음 빈칸에 알맞은 접속어는?

> 　나는 페미니즘은 저항이론이나 저항운동이 아니라고 생각한다. 자본주의가 생겨난 지 3백년도 안 되었지만 자본주의의 영향력에서 자유로운 사람은 거의 없다. (　　) 수천 년의 역사를 자랑하는 가부장제의 위력으로부터 그 누가 자유로울 수 있을 것인가. 그래서 내가 생각하는 페미니즘은 협상, 공존을 위한 싸움이다.

① 하물며

② 하지만

③ 그래서

④ 그래도

 ① 3백년도 안 된 자본주의 영향력에 자연스러울 수 없는 것처럼, 수천 년의 역사를 가진 가부장제의 위력에서 자유로울 수 없다는 내용이 연결되어 있으므로 '하물며'가 들어가야 한다.

65 다음 문장을 순서대로 바르게 나열한 것은?

> 문화재에 있어서 영속성과 원형 존중 간에는 미묘한 타협이 필요할 때가 있다.
> ㈎ 그러므로 문화재의 보존 처리는 접착제를 사용하더라도 과학적 고려가 필요하며 가능한한 손을 적게 대는 것이 좋다.
> ㈏ 따라서 그러한 경우 부득이 접착제를 사용하여 재질을 보강할 필요가 있다.
> ㈐ 예를 들어 물리적으로 약해진 토기 중에는 곧 부서질 듯 위험한 상태인 것이 있다.
> ㈑ 그러나 이물질이 대상물의 고유의 재질과 섞여 화학적 변형을 일으키는 경우가 있다.
> ㈒ 본래 모습이 파손되는 것을 막기 위해 변형이 불가피한 경우가 그렇다.

① ㈎ — ㈏ — ㈑ — ㈒ — ㈐

② ㈎ — ㈑ — ㈒ — ㈐ — ㈏

③ ㈒ — ㈎ — ㈐ — ㈏ — ㈑

④ ㈒ — ㈐ — ㈏ — ㈑ — ㈎

 큰 범주의 이야기로 시작하여 구체적이고 작은 범주의 이야기로 이어지는 구조이다.
㈒ 파손되는 것을 막기 위해 변경이 불가피함.
㈐ 부서질 듯 위험한 상태
㈏ 접착제 사용
㈑ 변형을 일으킴
㈎ 가능한 손을 적게 대는 것이 좋음

Answer↪ 63.② 64.① 65.④

66 다음 글의 밑줄 친 부분의 가장 핵심 기술은 무엇인가?

> 낡은 나무 조각에는 좀조개라는 작은 조개처럼 생긴 목재 해충이 뚫어 놓은 구멍이 있었는데, 관찰 결과 그 해충은 톱니가 달린 두 개의 껍질로 보호를 받으면서 구멍을 파고 있었다. 영양분을 섭취한 뒤 나무 가루는 소화관을 통해 뒤로 배출하면서 전진한다는 것을 알아냈다. 특기할 만한 것은 몸에서 나오는 액체를 새로 판 터널의 표면에 발라 단단한 내장 벽을 만들고, 그것으로 굴이 새거나 무너지는 것을 방지하고 있다는 사실이었다. 브루넬은 이 원리를 템스 강의 연약한 지반 굴착에 응용해 <u>실드(방패)공법</u>의 창안자가 되었다.

① 구멍을 파면서 파낸 흙을 뒤로 배출하며 전진하는 기술
② 터널 벽을 단단하게 하여 굴이 무너지는 것을 막는 기술
③ 연약한 지반을 굴착하여 방패 모양으로 만드는 기술
④ 몸에서 나오는 액체를 터널의 표면에 바르는 기술

Tip 실드(방패)공법은 좀조개가 몸에서 나온 액체로 내장 벽을 단단하게 만들고, 굴이 무너지는 것을 방지하는 원리를 딴 것이므로 ②가 적절하다.

67 다음 글의 주제로 가장 적절한 것은?

> 법률 분야에서 특이한 점은 외국법에 낯가림이나 배타적 정서가 심하지 않다는 것이다. 어떤 경우는 오히려 적극적으로 외국법을 가져와 자기 나라에서 국내법으로 변형하여 사용하려 한다. 왜냐하면 주로 선진 법제를 가진 국가의 법은 오랜 기간 효과적으로 운용되어 살아남은 것이므로 충분히 주목할 가치가 있기 때문이다. 사실 법은 수시로 폐기되고 신설된다. 그런데 수정 조항 등을 거쳐 현실 속에서 잘 기능하고 있다면 그 법의 유용성은 검증된 것이나 다름없다. 후발 주자 입장에서는 선진 법제를 참고하여 법률을 제정하는 것이 여러모로 효율적이고 시행착오를 줄이는 길이다. 검증된 유효성이 설익은 독창성보다 중요하기 때문이다. 그러므로 어떤 법을 보면 외국법이나 국내법이나 그 내용이 대동소이한 경우가 많다. 단지 자국의 언어로 표현했다는 점만 다를 뿐, 실질적으로는 같은 내용의 법인 것이다. 이와 같이 선진 법제를 도입하는 형식으로 외국법을 자주 차용하는 영역에서는 국내법과 외국법이 하나로 융합되어 있다고 볼 수 있다.

① 외국법과 국내법의 융합

② 외국법을 받아들이는 우리의 태도

③ 법률제정의 시행착오를 줄이는 법

④ 외국법을 국내법으로 변형하여 사용하는 이유

 ① 마지막 문단에서 이 글의 주제를 알 수 있다.

68 다음 글을 읽고 얻을 수 있는 결론은?

> 유대교 신비주의 하시디즘에는 이런 우화가 전해진다. 사람이 죽으면 그 영혼은 천국의 문 앞에 있는 커다란 나무 앞으로 가게 된다. '슬픔의 나무'라고 불리는 그 나무에는 사람들이 삶에서 겪은 온갖 슬픈 이야기들이 가지마다 매달려 있다. 이제 막 그곳에 도착한 영혼은 그곳에 적혀 있는 다른 사람들의 이야기를 읽는다. 마지막에 이르러 천사는 그 영혼에게 이야기들 중 어떤 것을 선택해서 다음 생을 살고 싶은가를 묻는다. 자신이 보기에 가장 덜 슬퍼 보이는 삶을 선택하면, 다음 생에 그렇게 살게 해주겠다는 것이다. 하지만 어떤 영혼이든 결국에는 자신이 살았던 삶을 다시 선택하게 된다고 우화는 말한다.

① 남의 이야기는 늘 슬프게 느껴진다.

② 자기 삶에 대해 후회하게 마련이다.

③ 자신의 현실을 긍정하는 것이 필요하다.

④ 남의 삶과 자신의 삶을 비교하는 것은 어리석다.

 '슬픔의 나무'에 적혀있는 다른 사람들의 이야기를 알고 나면 자신이 살았던 삶이 가장 덜 슬프고 덜 고통스러웠음을 깨닫는다는 내용이므로, ③의 결론을 알 수 있다.

Answer → 66.② 67.① 68.③

69 다음 글의 내용으로 추론할 수 없는 것은?

> 개인이 서로 의지하고 상호관계를 인식하는 곳에 공동사회가 존재한다. 공동사회에 소속된 사람들은 습관이나 전통에 따라 행동하며, 직접적 혜택을 통해서 보상받지 못하더라도 다른 이들을 위해서 무언가를 한다.
>
> 그러나 이익사회는 평화로운 방식으로 평등하게 생계를 꾸리고 함께 살아가는 개인들의 집단이다. 개인들이 관계를 맺는다 할지라도 그들은 서로 의존하지 않고 분리된 채 존재한다. 이익사회에서는 자신의 행위에 따른 최소한의 적절한 증여나 서비스가 보상으로 제공되지 않는 한 그 누구도 타인을 위해 무언가를 하지 않는다. 그러므로 이익사회는 자발적, 현실적 참여가 가능한 개인들의 집합체라 할 수 있다. 이러한 사실을 검토해 볼 때 우리는 문화 발전 과정에서 두 시대가 차례로 이어진다는 결론에 도달하게 된다.

① 공동사회에서 개인들은 사적인 관계를 맺는 것이 일반적이다.
② 이익사회 시대에는 공동사회 시대보다 사회 규모가 확대되었다.
③ 오늘날 공동사회는 완전히 사라졌다.
④ 이익사회 시대는 공동사회 시대보다 시장경제가 발전했다.

> (Tip) 마지막 문장에서 두 시대가 차례로 이어진다고 했으므로 ③의 내용은 옳지 않다.

70 다음 빈칸에 들어갈 말로 가장 적절한 것은?

> 말 잘하는 것이 요즘처럼 대접을 받는 시기는 우리 역사를 통해서 아마 없었을 것이다. 말은 억제하고 감추고 침묵하는 것이 미덕이었던 시절이 불과 얼마 전이었다. 전달의 효율성보다는 말의 권위를 따졌고, 말로 인해서 관계를 만들기보다는 말을 통하여 사람들 사이에 벽을 쌓았다. 그러나 이제는 사회를 억누르던 말의 권위주의 문화가 퇴조하고 새로운 가치관이 싹트고 있다. 걸출한 커뮤니케이터들이 정치무대의 중심에 등장했고, 이들의 말 한마디가 세상을 바꾸고 있다. (   )

① 그래서 더욱더 과묵함이 강조되고 있다.
② 꾸민 말에는 진실이 깃들이 어렵게 된 셈이다.
③ 말 한마디로 권위를 잃게 되는 경우가 많아지고 있다.
④ 화려한 말을 구사하는 능력이 대중의 인기를 모으고 있다.

> (Tip) 걸출한 커뮤니케이터들이 정치무대의 중심에 등장했고, 이들의 말 한마디가 세상을 바꾸고 있다고 했으므로 ④가 들어가는 것이 적절하다.

71 다음 문장을 순서대로 바르게 나열한 것은?

> ㈎ 에너지는 일을 할 수 있는 능력이고 에너지 자원은 일을 할 수 있는 능력을 가진 물질이나 현상을 말한다.
> ㈏ 마라톤 경기에서 결승선까지 달려온 선수들의 지친 모습을 보면서 우리는 그들이 에너지를 다 써 버렸다고 말한다.
> ㈐ 도로 위를 달리는 트럭은 에너지 자원인 연료를 태워서 에너지를 발생시키고 이 에너지로 바퀴를 굴려 무거운 짐을 먼 곳까지 운반하는 일을 한다.
> ㈑ 여기서 에너지란 무슨 뜻일까?

① ㈏ – ㈑ – ㈎ – ㈐   ② ㈑ – ㈎ – ㈏ – ㈐

③ ㈎ – ㈐ – ㈑ – ㈏   ④ ㈐ – ㈏ – ㈎ – ㈑

 ㈏ 에너지에 대한 일반적인 사용 예시
㈑ 문제 제기
㈎ 에너지의 의미와 에너지 자원의 의미
㈐ ㈎의 사례

72 다음을 잘 표현한 한자성어는?

> 나의 스승님은 항상 진리를 터득하기 위해 부단히 노력하는 모습을 보여주셨다. 하루는 스승님이 길을 걷던 중 김을 매고 있는 농부에게 무엇인가를 물어본 뒤 농부의 설명을 진지하게 듣는 모습을 보게 되었다. 내가 후에 스승님께 그 연유를 물으니 스승님은 "언제 어디서든 모르는 것이 있으면 그게 누구이든 물어봐야 하는 것이 진정한 학문이네." 라고 대답하셨다.

① 不恥下問   ② 錦上添花

③ 難兄難弟   ④ 男負女戴

 ① 불치하문 : 손아랫사람이나 지위나 학식이 자기만 못한 사람에게 모르는 것을 묻는 일을 부끄러워하지 아니함
② 금상첨화 : 좋은 일 위에 또 좋은 일이 더하여짐을 비유적으로 이르는 말
③ 난형난제 : 두 사물이 비슷하여 낫고 못함을 정하기 어려움을 이르는 말
④ 남부여대 : 남자는 지고 여자는 인다는 뜻으로 가난한 사람들이 살 곳을 찾아 이리저리 떠돌아다님을 이르는 말

Answer ▶ 69.③ 70.④ 71.① 72.①

73 다음 빈칸에 들어갈 말로 가장 적절한 것은?

> 이와 같은 상황에서 최치원은 당나라로 유학을 가서 빈공과에 장원급제하고 율수현위를 역임한 뒤 귀국한다. 최치원은 귀국 후 당에 보내는 국서 작성을 주로 담당했는데, 발해를 다만 극복의 대상으로만 파악하여 비방하는 경우가 많았다. 이러한 입장은 당나라의 동방 정책에 대해 적극적으로 대응하지 않고 발해를 우리 민족사의 범위 속으로 수용하지 못한 신라 지배 집단의 한계를 반영한 것이다. 그런데 최치원 개인의 관점도 여기서 크게 벗어나지는 않는다는 데 문제가 있다. 최치원은 현전하지는 않지만 『제왕연대력』이라는 역사서를 편찬했다. 그런데 여러 방증 사료들을 검토해 보면 그는 역사 인식의 폭을 넓혀 신라뿐만 아니라 고구려, 백제, 가야, 중국, 발해에 대해 많은 관심을 표하고 있지만, 역사 서술에서는 폐쇄적 입장을 취한다.
> 그리하여 (   ) 그의 이러한 발해에 대한 인식은 당의 대외 정책의 의도를 따라 잡지 못한 것으로 볼 수 있다.

① 우리 역사의 정통성이 삼국에서 통일신라로 계승되는 것으로 보고, 역사의 서술 대상에서 발해를 제외한다.

② 역사의 서술 대상에서 통일신라는 제외하고, 관심을 지닌 고구려, 백제, 가야, 중국, 발해의 역사만을 다룬다.

③ 발해의 역사는 부수적으로 살펴보고, 당시 동아시아를 이끌어가던 당나라와 신라의 역사를 중점적으로 서술한다.

④ 우리 역사는 삼국 시대가 끝난 후 발해와 통일신라로 이어지므로, 이들 남북국을 균형 있게 서술한다.

> (Tip) 발해를 우리 민족사의 범위로 수용하지 못했으며, 역사 서술에서 폐쇄적 입장을 취했으므로 ③의 내용이 들어가야 한다.

74 다음 글에서 알 수 있는 것은?

국내에서 벤처버블이 발생한 1999~2000년 동안 한국뿐 아니라 미국, 유럽 등 전 세계 주요 국가에서 벤처버블이 나타났다. 미국 나스닥의 경우 1999년 초 이후에 주가가 급상승하여 2000년 3월을 전후해서 정점에 이르렀는데, 이는 한국의 주가 흐름과 거의 일치한다. 또한 한국에서는 1989년 5월부터 외국인의 종목별 투자한도를 완전 자유화하였는데, 외환위기 이후 해외투자를 유치하기 위한 이런 주식시장의 개방은 주가 상승에 영향을 미쳤다. 외국인 투자자들은 벤처버블이 정점에 이르렀던 1999년 12월에 벤처기업으로 구성되어 있는 코스닥 시장에서 투자금액을 이전 달의 1조 4천억 원에서 8조원으로 늘렸으며, 투자비중도 늘렸다.

또한 벤처버블 당시 국내에서는 인터넷이 급속히 확산되고 있었다. 초고속 인터넷 서비스는 1998년 첫 해에 1만 3천 가구에 보급되었지만 1999년에는 34만 가구로 확대되었다. 또한 1997년 163만 명이던 인터넷 이용자는 1999년에 천만 명으로 폭발적으로 증가하였다. 이처럼 초고속 인터넷의 보급과 인터넷 사용인구의 급증은 뚜렷한 수익모델이 없는 업체라 할지라도 인터넷을 활용한 비즈니스를 내세우면 투자자들 사이에서 높은 잠재력을 가진 기업으로 인식되는 효과를 낳았다.

한편 1997년 8월에 시행된 벤처기업 육성에 관한 특별 조치법은 다음과 같은 상황으로 인해 제정되었다. 법 제정 당시 우리 경제는 혁신적 기술이나 비즈니스 모델에 의한 성장보다는 설비확장에 토대한 외형성장에 주력해 왔다. 그러나 급격한 임금상승, 공장용지와 물류 및 금융 관련 비용 부담 증가, 후발국가의 추격 등은 우리 경제가 하루 빨리 기술과 지식을 경쟁력의 기반으로 하는 구조로 변화해야 할 필요성을 높였다. 게다가 1997년 말 외환위기로 30대 재벌의 절반이 부도 또는 법정관리에 들어가게 되면서 재벌을 중심으로 하는 경제성장 방식의 한계가 지적되었고, 이에 따라 우리 경제는 고용창출과 경제성장을 주도할 새로운 기업군을 필요로 하게 되었다. 이로 인해 시행된 벤처기업 육성 정책은 벤처기업에 세제 혜택은 물론, 기술 개발, 인력공급, 입지공급까지 다양한 지원을 제공하면서 벤처기업의 급증에 많은 영향을 주게 되었다.

① 해외 주식시장의 주가 상승은 국내 벤처버블 발생의 주요 원인이 되었다.
② 벤처버블은 한국뿐 아니라 전 세계 모든 국가에서 거의 비슷한 시기에 발생했다.
③ 국내의 벤처기업 육성책 실행은 한국 경제구조 변화의 필요성과 관련을 맺고 있다.
④ 국내 초고속 인터넷 서비스 확대는 벤처기업을 활성화 시켰으나 대기업 침체의 요인이 되었다.

 ③ 세 번째 문단 중후반부에서 알 수 있는 내용이다.

75 다음 글에서 추론할 수 있는 것은?

나균은 1600개의 제 기능을 하는 정상 유전자와 1100개의 제 기능을 하지 못하는 화석화된 유전자를 가지고 있다. 이에 반해 분류학적으로 나균과 가까운 종인 결핵균은 4000개의 정상 유전자와 단 6개의 화석화된 유전자를 가지고 있다. 이는 화석화된 유전자의 비율이 결핵균보다 나균에서 매우 높다는 것을 보여준다. 왜 이런 차이가 날까?

결핵균과 달리 나균은 오로지 숙주세포 안에서만 살 수 있기 때문에 수많은 대사과정을 숙주에 의존한다. 숙주세포의 유전자들이 나균의 유전자가 수행해야 하는 온갖 일을 도맡아 해주다 보니, 나균이 가지고 있던 많은 유전자의 기능이 필요 없게 되었다. 이에 따라 세포 내에 기생하는 기생충과 병균처럼 나균에서도 유전자 기능의 대량 상실이 일어나게 되었다.

유전자의 화석화는 후손의 진화 방향에 중요한 영향을 미친다. 기능을 상실하기 시작한 유전자는 복합적인 결함을 일으키기 때문에, 한번 잃은 기능은 돌이킬 수 없게 된다. 즉 유전자 기능의 상실은 일방통행이다. 유전자의 화석화와 기능 상실은 특정 계통의 진화 방향에 제약을 가하는 것이다. 이는 아주 오랜 시간이 흘러 새로운 환경에 적응하기 위해 화석화된 유전자의 기능이 필요하다고 하더라도 이 유전자의 기능을 잃어버린 종은 그 기능을 다시 회복할 수 없다는 것을 의미한다.

① 결핵균은 과거에 숙주세포 없이는 살 수 없었을 것이다.

② 현재의 나균과 달리 기생충에서는 유전자의 화석화가 일어나지 않았을 것이다.

③ 숙주세포 유전자의 화석화는 나균 유전자의 소멸과 밀접한 관련이 있을 것이다.

④ 화석화된 나균 유전자의 대부분은 나균이 숙주세포에 의존하는 대사과정과 관련된 유전자일 것이다.

 ① 숙주세포가 없이 살 수 없는 것은 나균이다.

② 기생충과 병균처럼 나균에서도 유전자의 기능의 대량 상실이 일어났다고 했으므로 기생충에서도 유전자의 화석화가 일어났다.

③ 본문 내용으로는 알 수 없다.

76 다음 글의 ㈎~㈑ 가운데 생략해도 글의 전개에 무리가 없는 것은?

> ㈎ 한 집단이나 사회의 성원이 자기의 문화만을 가장 우수한 것으로 믿고 자기 문화의 관점에서 다른 문화를 폄하하는 태도를 자문화 중심주의라 한다.
>
> ㈏ 중국인들은 오랫동안 자기들만이 문화 민족이고 그 주변의 다른 민족들은 모두 오랑캐나 야만인이라고 생각하여 멸시하였다. 독일의 히틀러는 게르만 민족의 우월성을 과시하기 위해 수많은 유대인을 학살하는 만행을 저지르기도 하였다. 이 모든 것이 자문화 중심주의의 부정적 결과들이다.
>
> ㈐ 얼마 전 프랑스에서는 프랑스어야말로 가장 아름다운 언어라고 주장하면서 공공 문서와 대중 매체 그리고 상가의 간판에 이르기까지 프랑스어만을 사용하도록 입법을 추진했다가 부결된 일도 있다.
>
> ㈑ 자문화 중심주의는 집단 구성원의 충성심을 불러일으킴으로써 집단의 결속력을 강화하고 사기를 양양하여 집단 통합에 기여한다. 그러나 국수주의에 빠져 국가 간의 상호 이해와 협조의 장애물로 작용함으로써 국제적인 고립을 자초하게 할 수도 있다.

① ㈎
② ㈏
③ ㈐
④ ㈑

> **Tip** ③ ㈐는 ㈏의 예시에 덧붙인 새로운 예시이므로 글의 전개상 생략해도 무리가 없다.

77 다음 예시문의 내용을 제대로 이해한 진술은?

> 인구는 기하급수적으로 증가하고 식량은 산술급수적으로 늘어 엄청난 기아 사태가 오리라고 암울한 미래를 예측한 말더스에게 변수는 전쟁이었지만 실제의 역사는 그가 예상한 전쟁 말고도 그가 전혀 예측하지 못한 두 측면으로 기아폭발은 방지되었다. 그 한 측면은 식량증산기술이 관개시설, 영농기구로부터 농약·비료에 이르기까지 비약적인 발전을 이룩했고 이제는 생명공학으로 무제한적인 식량증산이 가능하게 된 것이다. 또 한 측면은 생활풍속의 변화와 국가정책으로 출산율이 크게 떨어진 점인데, 1965년 이후 인구증가율은 1.4퍼센트대로 떨어져 오늘날 유럽은 현상을 유지하는 수준이고 후진국은 증가율이 상당히 떨어지고 있다. 말더스는 당시의 상황과 수준에서 연역해 미래를 내다보면서 그 미래에 일어날 갖가지 미지의 변화 함수를 예측하지도, 할 수도 없었던 것이다. (중략) 그러나 여기서 귀중한 것은 비관론자의 우려와 경고가 있었기에 그에 대응하는 대안 탐구와 정책 추구가 수행된 것이고, 그 결과가 비관적 미래 예측의 울타리를 뛰어넘게 한 것이다. 도박에서는 늘 낙관론자가 이기지만 그것이 이길 수 있도록 현상의 타개를 밀어주는 것은 늘 비관적 전망이다.

① 세계인구는 1965년 이후에 많이 줄어들었군.
② 알고 보니 선진국에 비해서 후진국의 인구증가율이 더 낮은 편이네.
③ 현재의 수준에서 고려할 수 있는 변수를 대입하여 계산하면 미래를 정확히 예측할 수 있겠어.
④ 비관적 예측이 적중하지 못했다면, 그것은 그 예측이 상황의 변화에 적극적인 작용을 했기 때문이라고 할 수도 있지.

 말더스의 비관적 예언이 적중하지는 못했지만, 그것은 말더스와 같은 비관론자의 우려와 경고가 있었기에 인류가 심각한 위기를 극복할 수 있도록 해주었으므로 ④가 바르게 이해한 진술이다.

78 다음 글의 중심 내용으로 옳은 것은?

> 예전에 뉴스에서 지하철에 끼인 사람을 구하고자 여러 사람이 힘을 합해 전동차를 움직였다는 보도가 있었다. 결과적으로 그들이 대단한 일을 해낸 건 분명하지만, 그러기 위해서 엄청난 노력을 한 건 아니었다. 전동차를 함께 밀자는 누군가의 제안에 다른 사람들이 손을 보탰을 뿐이다.
>
> 집단에 속해 있을 때 우리는 상황을 변화시키기 위해 뭔가 획기적이고 거대한 계획과 노력이 동반되어야 한다고 생각한다. 그러나 모든 변화가 그런 노력을 필요로 하는 것은 아니다. 아주 사소한 시도로 집단이 변화하고 더 큰 결과를 만들어 내는 경우가 많다. 다시 말해 상황이란 우리 자신이 만드는 것이고 그것을 바꾸는 것 역시 우리이다.
>
> 상황의 힘은 때로 너무나도 압도적이어서 인간을 꼼짝 못하게 만들기도 하고 말도 안되는 권위에 복종하게도 만든다. 심지어는 위기에 처한 사람을 방관하여 한 사람의 목숨이 사라지기도 한다. 그러나 우리에게는 상황의 빈틈을 노려 보다 인간에게 유익한 방향으로 상황의 힘을 이용하기도 하고, 아주 사소한 것에 주의를 기울임으로써 순식간에 상황을 역전시킬 수도 있다. 무엇보다 중요한 것은 우리 내면에 상황의 힘을 거부하고 다른 사람을 위해 뛰쳐나갈 수 있는 본성이 존재하고 있다는 사실이다.

① 상황에 굴복하려는 인간의 본성
② 상황을 극복하려는 인간의 본성
③ 상황을 판단하려는 인간의 본성
④ 상황의 변화에 적응하려는 인간의 본성

 마지막 문단에서 글의 중심 내용이 드러나 있다. 상황의 힘을 거부하고 다른 사람을 위해 뛰쳐나갈 수 있는 본성이 존재한다고 했으므로 ②가 글의 중심 내용이다.

79 다음 글의 내용과 부합하지 않는 것은?

위와 십이지장에서 발생한 궤양은 소화와 관련이 있어 소화성 궤양이라고 한다. 이런 소화성 궤양은 오랫동안 인류의 가장 흔한 질병들 중 하나였고, 스트레스와 잘못된 식습관 때문에 생긴다고 알려져 있다.

임상 병리학자인 로빈 워런 박사는 위내시경 검사를 마친 많은 환자의 위 조직 표본에서 나선형 박테리아를 발견했다. 이 박테리아는 위의 상피 세포와 결합하여 두꺼운 점액층의 도움을 받고 있었기 때문에 위산의 공격에도 위 조직에 존재하고 있었다. 워런 박사는 이 박테리아가 위염의 원인이라고 주장하였다.

마셜 박사는 워런 박사가 발견한 박테리아들을 배양했지만 모두 실패하고 말았다. 그러다가 실수로 배양기에 넣어 두었던 것에서 워런 박사의 것과 동일한 박테리아가 콜로니를 형성한 것을 관찰하였고, 이를 '헬리코박터 파일로리'라고 명명하였다. 이 두 박사는 임상실험을 실시한 결과 궤양을 앓고 있는 환자들 대부분의 위에서 헬리코박터 파일로리균이 발견되었으며, 이 균이 점막에 염증을 일으킨다는 것도 알게 되었다.

헬리코박터균과 궤양의 관계가 분명해지기 전까지 이 질병은 만성적인 것이었지만, 이제는 항생제를 사용해 위에서 이 박테리아를 제거하면 이 질병을 완치할 수 있게 된 것이다.

① 헬리코박터균이 배양된 것은 우연의 결과이다.
② 궤양과 헬리코박터균의 상관관계는 밀접하다.
③ 소화성 궤양은 근대 사회에 들어서면서 발견된 질병이다.
④ 박테리아가 위 조직에 존재하는 것은 상피 세포와의 결합 때문이다.

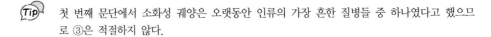 첫 번째 문단에서 소화성 궤양은 오랫동안 인류의 가장 흔한 질병들 중 하나였다고 했으므로 ③은 적절하지 않다.

80 다음 글에서 언급된 '섬유 예술'에 대한 설명으로 적절하지 않은 것은?

섬유 예술은 실, 직물, 가죽, 짐승의 털 등의 섬유를 오브제로 사용하여 미적 효과를 구현하는 예술을 일컫는다. 오브제란 일상 용품이나 자연물 또는 예술과 무관한 물건을 본래의 용도에서 분리하여 작품에 사용함으로써 새로운 상징적 의미를 불러일으키는 대상을 의미한다. 섬유 예술은 실용성에 초점을 둔 공예와 달리 섬유가 예술성을 지닌 오브제로서 기능할 수 있다는 자각에서 비롯되었다.

섬유 예술이 새로운 조형 예술의 한 장르로 자리매김한 결정적 계기는 1969년 제5회 '로잔느 섬유 예술 비엔날레전'에서 올덴버그가 가죽을 사용하여 만든 「부드러운 타자기」라는 작품을 전시하여 주목을 받은 것이었다. 올덴버그는 이 작품을 통해 공예의 한 재료에 불과했던 가죽을 예술성을 구현하는 오브제로 활용하여 섬유를 심미적 대상으로 인식할 수 있게 하였다.

이후 섬유 예술은 평면성에서 벗어나 조형성을 강조하는 여러 기법들을 활용하여 작가의 개성과 미의식을 구현하는 흐름을 보였는데, 이에는 바스켓트리, 콜라주, 아상블라주 등이 있다. 바스켓트리는 바구니 공예를 일컫는 말로 섬유의 특성을 활용하여 꼬기, 엮기, 짜기 등의 방식으로 예술적 조형성을 구현하는 기법이다. 콜라주는 이질적인 여러 소재들을 혼합하여 일상성에서 탈피한 미감을 주는 기법이고, 아상블라주는 콜라주의 평면적인 조형성을 넘어 우리 주변에서 흔히 볼 수 있는 물건들과 폐품 등을 혼합하여 3차원적으로 표현하는 기법이다. 콜라주와 아상블라주는 현대의 여러 예술 사조에서 활용되는 기법을 차용한 것으로, 섬유 예술에서는 순수 조형미를 드러내거나 현대 사회의 복합성과 인류 문명의 한 단면을 상징화하는 수단으로 활용되기도 하였다.

섬유를 오브제로 활용한 대표적인 작품으로는 라우센버그의 「침대」가 있다. 이 작품에서 라우센버그는 섬유 자체뿐 아니라 여러 오브제들을 혼합하여 예술적 미감을 표현하기도 했다. 「침대」는 캔버스에 평소 사용하던 커다란 침대보를 부착하고 베개와 퀼트천으로 된 이불, 신문 조각, 잡지 등을 붙인 다음 그 위에 물감을 흩뿌려 작업한 것으로, 콜라주, 아상블라주 기법을 주로 활용하여 섬유의 조형적 미감을 잘 구현한 작품으로 평가 받고 있다.

① 섬유를 예술성을 지닌 심미적 대상으로 인식하였다.
② 올덴버그를 통해 조형 예술로서 자리를 잡게 되었다.
③ 섬유의 오브제로서의 기능을 자각하면서 시작되었다.
④ 순수한 미의식을 배제하고 고정 관념에서 벗어난 예술을 지향한다.

 ④ 섬유 예술이 실용성을 넘어 예술적 미감을 표현하는 순수 조형 예술로 자리 매김한 이유를 밝히고 있으므로, 섬유 예술이 조형 예술의 궁극적 특징인 순수한 미의식을 탈피하였다는 설명은 적절하지 않다.

Answer 79.③ 80.④

81 다음 글을 통해 해결할 수 없는 질문은?

　　세계경제포럼의 일자리 미래 보고서는 기술이 발전함에 따라 향후 5년간 500만 개 이상의 일자리가 사라질 것으로 경고했다. 실업률이 증가하면 사회적으로 경제적 취약 계층인 저소득층도 늘어나게 되는데, 지금까지는 '최저소득보장제'가 저소득층을 보호하는 역할을 담당해 왔다.

　　최저소득보장제는 경제적 취약 계층에게 일정 생계비를 보장해 주는 제도로 이를 실시할 경우 국가는 가구별 총소득*에 따라 지원 가구를 선정하고 동일한 최저생계비를 보장해 준다. 가령 최저생계비를 80만 원까지 보장해 주는 국가라면, 총소득이 50만 원인 가구는 국가로부터 30만 원을 지원 받아 80만 원을 보장 받는 것이다. 국가에서는 이러한 최저생계비의 재원을 마련하기 위해 일정 소득을 넘어선 어느 지점부터 총소득에 대한 세금을 부과하게 된다. 이때 세금이 부과되는 기준 소득을 '면세점'이라 하는데, 총소득이 면세점을 넘는 경우 총소득 전체에 대해 세금이 부과되어 순소득*이 총소득보다 줄어들게 된다. 그런데 국가에서 최저생계비를 보장할 경우 면세점 이하나 그 부근의 소득에 속하는 일부 실업자, 저소득층은 일을 하여 소득을 올리는 것보다 일을 하지 않고 최저생계비를 보장 받는 것이 더 유리하다고 판단할 수 있다. 또한 지원 대상을 선정하기 위한 소득 및 자산 심사를 하게 되므로 관리 비용이 추가로 지출되며, 실제로는 최저생계비를 보장 받을 자격이 있지만 서류를 갖추지 못해 지원 대상에서 제외되는 가구가 생기기도 한다.

　　이러한 문제로 인해 기존의 복지 재원을 하나로 모아 국가 또는 지방자치단체에서 모든 구성원 개개인에게 아무 조건 없이 정기적으로 현금을 지급하는 '기본소득제'가 대안으로 제시되고 있다. 모든 국민에게 일정액을 현금으로 지급할 경우 저소득층 또한 일을 한 만큼 소득이 늘어나게 되므로 최저생계비를 보장 받기 위해 사람들이 일부러 일자리를 구하지 않을 가능성이 낮다는 것이다. 동시에 기본소득제는 자격 심사 과정이 없어 관리 비용이 절약될 뿐만 아니라 제도에서 소외된 빈곤 인구도 줄일 수 있다. 하지만 기본소득제는 모든 국민에게 일정액이 지급되는 만큼, 이에 만족하는 사람들이 늘어나면 최저소득보장제를 실시할 때보다 오히려 일자리를 찾는 사람이 전체적으로 줄어들 것이란 우려도 동시에 제기되고 있다. 또한 복지 예산이 상대적으로 부족한 국가에서는 시행하기 어렵고 기본 소득 이상의 혜택을 받아야 하는 취약 계층에 더 많은 경제적 지원을 할 수 없는 문제 등이 있어 기본소득제를 현실 사회에 적용하기까지는 많은 난관이 있을 것으로 예상된다.

　　그럼에도 불구하고 기본소득제의 도입을 모색하고 있는 국가나 지방자치단체는 모든 국민들이 소득을 일정 부분 보장 받는 만큼 생산과 소비가 촉진되고, 이로 인해 전체 경제가 활성화될 것이라 예상한다. 그래서 기본소득제는 최근 인공 지능과 같은 기술의 발달이 몰고 올 실업 문제와 경제 불황을 효율적으로 극복하기 위한 현명한 대안으로 검토되고 있는 것이다.

* 총소득 : 세금 부과 이전, 또는 정부 지원 이전의 전체 소득

* 순소득 : 세금 부과 이후, 또는 정부 지원 이후의 실제 소득

① 최저소득보장제와 기본소득제의 개념은 무엇인가?

② 최저소득보장제는 사회에서 어떤 역할을 담당하였는가?

③ 기본소득제를 도입하여 얻을 수 있는 경제적 효과는 무엇인가?

④ 기본소득제를 국가나 지방자치단체 차원에서 도입한 사례에는 어떤 것이 있는가?

 ④ 국가나 지방자치단체 차원에서 기본소득제 도입을 검토하고 있다는 내용만 나와 있을 뿐, 기본소득제를 도입한 사례는 확인할 수 없다.

82 다음 주장에 대한 반론으로 가장 적절한 것은?

> 우리는 다이어트를 통해 자신감을 얻을 수 있습니다. 다이어트의 결과로 마른 몸을 얻게 된 많은 사람들은 타인 앞에 서는 것을 부끄러워하거나 두려워하지 않습니다. 그리고 그들 대부분은 타인과 적극적으로 대인 관계를 맺습니다. 어떤 연예인은 다이어트 이후 대중 앞에 더 당당하게 설 수 있었다고 합니다. 그리고 많은 사람들이 그 모습에 호감을 느끼고 그녀를 더욱 아끼게 되었다고 합니다. 이것은 다이어트가 자신감을 형성해 준다는 것을 보여 주는 좋은 예라고 할 수 있습니다.

① 지나친 다이어트는 오히려 건강을 해칠 수 있다.

② 사람들이 좋아하는 것은 그녀의 외모였을 것이다.

③ 우리가 생각하는 매력적인 몸은 미디어에 의해 조작된 것이다.

④ 진정한 자신감은 외모가 아니라 내면에서 우러나오는 것이다.

 외모 때문에 자신감을 얻었다고 말하고 있으므로, 이에 대한 반론으로 적절한 것은 ④이다.

Answer → 81.④ 82.④

다음 글의 내용과 일치하지 않는 것은?

동물들은 홍채에 있는 근육의 수축과 이완을 통해 눈동자를 크게 혹은 작게 만들어 눈으로 들어오는 빛의 양을 조절하므로 눈동자 모양이 원형인 것이 가장 무난하다. 그런데 고양이와 늑대와 같은 육식동물은 세로로, 양이나 염소와 같은 초식동물은 가로로 눈동자 모양이 길쭉하다. 특별한 이유가 있는 것일까?

육상동물 중 모든 육식동물의 눈동자가 세로로 길쭉한 것은 아니다. 주로 매복형 육식동물의 눈동자가 세로로 길쭉하다. 이는 숨어서 기습을 하는 사냥 방식과 밀접한 관련이 있는데, 세로로 길쭉한 눈동자가 사냥감과의 거리를 정확히 파악하는 데 효과적이기 때문이다.

일반적으로 매복형 육식동물은 양쪽 눈으로 초점을 맞춰 대상을 보는 양안시로, 각 눈으로부터 얻는 영상의 차이인 양안시차를 하나의 입체 영상으로 재구성하면서 물체와의 거리를 파악한다. 그런데 이러한 양안시차뿐만 아니라 거리지각에 대한 정보를 주는 요소로 심도 역시 중요하다. 심도란 초점이 맞는 공간의 범위를 말하며, 심도는 눈동자의 크기에 따라 결정된다. 즉 눈동자의 크기가 커져 빛이 많이 들어오게 되면, 커지기 전보다 초점이 맞는 범위가 좁아진다. 이렇게 초점의 범위가 좁아진 경우를 심도가 '얕다'고 하며, 반대인 경우를 심도가 '깊다'고 한다.

이런 원리로 매복형 육식동물은 세로로는 커지고, 가로로는 작아진 눈동자를 통해 세로로는 심도가 얕고, 가로로는 심도가 깊은 영상을 보게 된다. 세로로 심도가 얕다는 것은 영상에서 초점이 맞는 범위를 벗어난, 아래와 위의 물체들 즉 실제 세계에서는 초점을 맞춘 대상의 앞과 뒤에 있는 물체들이 흐릿하게 보인다는 것이고, 가로로 심도가 깊다는 것은 초점을 맞춘 대상이 더욱 뚜렷하게 보인다는 것을 말한다. 세로로 길쭉한 눈동자를 통해 사냥감은 더욱 선명해지고, 사냥감을 제외한 다른 물체들이 흐릿해짐으로써 눈동자가 원형일 때보다 정확한 거리 정보를 파악하는 데 유리해진다.

한편, 대부분의 초식동물은 가로로 길쭉한 눈동자를 지니고 있으며 눈의 위치가 좌우로 많이 벌어져 있다. 이는 주변을 항상 경계하면서 포식자의 출현을 사전에 알아채야 하는 생존 방식과 관련이 있다. 초식동물은 가로로 길쭉한 눈동자를 통해 세로로는 심도가 깊고 가로로는 심도가 얕은 영상을 얻게 되는데, 이로 인해 초점이 맞는 범위의 모든 물체가 뚜렷하게 보여 거리감보다는 천적의 존재 자체를 확인하는 데 더욱 효과적이다. 게다가 눈동자가 가로로 길쭉하기 때문에 측면에서 들어오는 빛이 위아래에서 들어오는 빛보다 많아 영상을 밝게 볼 수 있다. 또한 양안시인 매복형 육식동물과 달리 초식동물은 한쪽 눈으로 초점을 맞추는 단안시여서 눈의 위치가 좌우로 많이 벌어질수록 유리하다. 두 시야가 겹쳐 입체 영상을 볼 수 있는 영역은 정면뿐이지만 바로 뒤를 빼고 거의 전 영역을 볼 수 있기 때문이다.

이렇게 동물의 눈동자 모양은 동물들의 생존과 밀접한 관련이 있다. 생태학적 측면에서 포식자가 될지, 피식자가 될지 그 위치에 따라 각각의 동물들은 생존을 위해 가장 최적화된 형태로 진화해 온 것이다.

① 동물들은 눈동자의 크기에 따라 초점이 맞는 범위가 달라진다.

② 매복형 육식동물은 초식동물과 달리 두 눈을 통해 입체 영상을 얻는다.

③ 동물들은 홍채에 있는 근육의 수축과 이완을 통해 빛의 양을 조절한다.

④ 단안시인 초식동물은 눈의 위치가 좌우로 벌어질수록 시야가 넓어진다.

 ② 매복형 육식동물뿐만 아니라 초식동물도 두 시야가 겹쳐 입체 영상을 볼 수 있다.

Answer ↦ 83.②

84 다음 글을 읽고 알 수 있는 내용이 아닌 것은?

노자의 『도덕경』을 관통하고 있는 사고방식은 "차원 높은 덕은 덕스럽지 않으므로 덕이 있고, 차원 낮은 덕은 덕을 잃지 않으므로 덕이 없다."에 잘 나타나 있다. 이 말에서 노자는 '덕스럽지 않음'과 '덕이 있음', '덕을 잃지 않음'과 '덕이 없음'을 함께 서술해 상반된 것이 공존한다는 생각을 보여 주고 있다. 이러한 사고방식은 '명(名)'에 대한 노자의 견해와 맞닿아 있다.

노자는 하나의 '명(A)'이 있으면 반드시 '그와 반대되는 것(~A)'이 있으며, 이러한 공존이 세계의 본질적인 모습이라고 생각했다. 이 관점에서 보면, '명'은 대상에 부여된 것으로 존재나 사태의 한 측면만을 규정할 수 있을 뿐이다. "있음과 없음이 서로 생겨나고, 길고 짧음이 서로 형체를 갖추고, 높고 낮음이 서로 기울어지고, 앞과 뒤가 서로 따른다."라는 노자의 말은 A와 ~A가 같이 존재하는 세계의 모습에 대해 비유적으로 말한 것이다.

노자에 따르면, A와 ~A가 공존하는 실상을 알지 못하는 사람들은 'A는 A이다.'와 같은 사유에 매몰되어 세계를 온전하게 이해하지 못한다. 이 관점에서 보면 인(仁), 의(義), 예(禮), 충(忠), 효(孝) 등을 지향함으로써 사회의 무질서를 바로잡을 수 있다고 본 유가(儒家)의 입장에 대한 비판이 가능하다. 유가에서의 인, 의, 예, 충, 효 등과 같은 '명'의 강화는 그 반대적 측면을 동반하게 되어 결국 사회의 혼란이 가중되는 방향으로 나아가게 된다고 비판할 수 있는 것이다.

노자는 "법령이 더욱 엄하게 되면 도적도 더 많이 나타난다."라고 하였다. 도적을 제거하기 위해 법령을 강화하면 도적이 없어져야 한다. 그러나 아무리 법이 엄격하게 시행되어도 범죄자는 없어지지 않고, 오히려 교활한 꾀와 탐욕으로 그 법을 피해 가는 방법을 생각해 내는 도적들이 점차 생기고, 급기야는 그 법을 피해 가는 도적들이 더욱더 많아지게 된다는 것이 노자의 주장이다. 이러한 노자의 입장에서 볼 때, 지향해야만 하는 이상적 기준으로 '명'을 정해 놓고 그것이 현실에서 실현되어야 사회 질서가 안정된다는 주장은 설득력이 없다.

'명'에 관한 노자의 견해는 이기심과 탐욕으로 인한 갈등과 투쟁이 극심했던 사회에 대한 비판적 분석이면서 동시에 그 사회의 혼란을 해소하기 위한 것이라고 할 수 있다. 노자는 당대 사회가 '명'으로 제시된 이념의 지향성과 배타성을 이용해 자신의 사익을 추구하는 개인들로 가득 차 있다고 여겼다. 노자는 문명사회를 탐욕과 이기심 및 이를 정당화시켜 주는 이념의 산물로 보고, 적은 사람들이 모여 욕심 없이 살아가는 소규모의 원시 공동체 사회로 돌아가야 한다고 주장하였다. 노자는 '명'으로 규정해 놓은 특정 체계나 기준 안으로 인간을 끌어들이는 것보다, 인위적인 규정이 없는 열린 세계에서 인간을 살게 하는 것이 훨씬 더 평화로운 안정된 삶을 보장해 준다고 생각했다.

① 노자의 입장에서 '명'은 대상에 부여되어 그 대상이 지닌 상반된 속성을 사라지게 만드는 것이다.

② 노자는 법의 엄격한 시행이 오히려 범법자를 양산할 수 있다고 생각했다.

③ 노자는 탐욕과 이기심을 정당화하는 이념을 문명사회의 문제점으로 보았다.

④ 노자에 따르면, 'A는 A이다.'와 같은 사유에 매몰된 사람은 세계를 온전하게 이해하기 어렵다.

> (Tip) ① 노자에 따르면 '명'의 강화는 그 반대적 측면을 동반하게 되어 사회의 혼란을 심화시킬 수 있다.

Answer ↦ 84.①

다음 글에서 언급하지 않은 것은?

시장에서 독점적 지위를 가지고 있는 판매자가 동일한 상품에 대해 소비자에 따라 다른 가격을 책정하여 판매하기도 하는데, 이를 '가격 차별'이라 한다. 가격 차별이 성립하기 위해서는 첫째, 판매자가 시장 지배력을 가지고 있어야 한다. 시장 지배력이란 판매자가 시장 가격을 임의의 수준으로 결정할 수 있는 힘을 말한다. 둘째, 시장이 분리 가능해야 한다. 즉, 상품의 판매 단위나 구매자의 특성에 따라 시장을 구분할 수 있어야 한다. 셋째, 시장 간에 상품의 재판매가 불가능해야 한다. 만약 가격이 낮은 시장에서 상품을 구입하여 가격이 높은 시장에 되팔 수 있다면 매매 차익을 노리는 구매자들로 인해 가격 차별이 이루어지기 어렵기 때문이다.

가격 차별은 '1급 가격 차별', '2급 가격 차별', '3급 가격 차별'로 나눌 수 있는데, 1급 가격 차별은 개별 구매자들의 선호도를 모두 알고 있어 구매자 별로 최대 지불 용의 가격*을 매기는 것이다. 그림에서 가격 차별을 실시하지 않는다면 판매자가 얻는 수입은 판매 가격($\overline{OP}$) × 판매량($\overline{OQ}$)으로 사각형 OPEQ가 된다. 그러나 1급 가격 차별을 실시하면 각 구매자의 최대 지불 용의 가격인 수요 곡선을 따라 상품 가격을 결정하므로 총수입은 사다리꼴 OaEQ로 늘어나게 된다. '완전 가격 차별'이라고도 하는 1급 가격 차별은 판매자의 총수입을 극대화할 수 있지만 모든 구매자들의 선호도를 정확히 알 수 없기 때문에 현실에서는 찾아보기 어렵다.

2급 가격 차별은 상품 수량을 몇 개의 구간으로 나누고 각 구간에 대해 서로 다른 가격을 매기는 것이다. '구간 가격 설정 방식'이라고도 하는 2급 가격 차별은 소량 구입을 하는 고객에게는 높은 가격을 매기고 대량 구입을 하는 고객에게는 가격을 낮추어 주는 방식이다. 예를 들어 판매자가 16개의 라면을 생산하여 1개, 5개, 10개 단위로 각각 1,000원, 4,700원, 8,000원에 파는 것이다.

3급 가격 차별은 가격 변동에 따른 수요의 민감도를 나타내는 '수요의 가격 탄력성'을 기준으로 구매자를 두 개 이상의 그룹으로 구분한 다음, 각 그룹에 대하여 서로 다른 가격을 결정하는 것이다. 가격 변동에 민감해서 수요의 가격 탄력성이 큰 그룹에는 상대적으로 낮은 가격을, 가격 변동에 덜 민감해서 수요의 가격 탄력성이 작은 그룹에는 상대적으로 높은 가격을 매긴다. 예를 들어 청소년이나 노인 그룹에 일반인보다 할인된 가격을 적용하는 것이다.

독점 시장에서는 일반적으로 판매자가 사회적으로 바람직한 수준보다 생산량을 적게 하고 높은 가격을 매겨, 자원 배분의 효율성이 감소하는 문제점이 발생한다. 하지만 가격 차별이 이루어지면 생산량이 증대되어 자원 배분의 효율성이 증가할 수 있다.

* 최대 지불 용의 가격 : 구매자가 상품에 대해 지불할 용의가 있는 최고 가격

① 가격 차별의 개념

② 가격 차별의 유형

③ 독점 시장에서 발생할 수 있는 문제점

④ 상품 특성에 따른 수요의 가격 탄력성 차이

> (Tip) ④ 이 글에서는 상품 특성에 따라 수요의 가격 탄력성이 어떻게 변하는지 진술되어 있지 않다.

86 다음은 어느 글의 서론 중 일부이다. 이후에 나올 주 내용으로 가장 적절한 것은?

> 환경 영향 평가 제도는 각종 개발 사업이 환경에 끼치는 영향을 예측하고 분석하여 부정적인 환경 영향을 줄이는 방안을 마련하는 수단이다. 개발로 인해 환경오염이 심각해지고 자연 생태계가 파괴됨에 따라 오염 물질의 처리 시설 설치와 같은 사후 대책만으로는 환경 문제에 대한 해결이 어려워졌다. 그리하여 각종 개발 계획의 추진 단계에서부터 환경을 고려하는 환경 영향 평가 제도가 도입되었다. 그 결과 환경 영향 평가 제도는 환경 훼손을 최소화하고 환경 보전에 대한 사회적 인식을 제고하는 등 개발과 보전 사이의 균형추 역할을 수행해 왔다. 그러나 현재 시행되고 있는 환경 영향 평가 제도는 제도나 운영상의 문제점을 안고 있어 본래의 취지를 충분히 살리지 못하고 있다.

① 환경 영향 평가 제도의 문제점과 해결방안

② 환경오염의 심각성과 해결방안

③ 환경 영향 평가 제도의 세부적 과정

④ 무분별한 개발에 의한 환경오염 실태

> (Tip) 주어진 글은 환경 영향 평가 제도에 대한 간략한 설명과 역할에 대해 서술하고 있다. 마지막 "그러나 ~" 이후의 문장을 통해 서론 이후에 나올 글의 내용이 환경 영향 평가 제도의 제도·운영상의 문제점에 대한 내용임을 추측할 수 있다.

Answer ↪ 85.④ 86.①

다음 글의 빈칸에 들어갈 말로 가장 적절한 것은?

> 전통 예술의 현대화나 민족 예술의 세계화라는 명제와 관련하여 흔히 사물놀이를 모범 사례로 든다. 전통의 풍물놀이 '농악'을 무대 연주 음악으로 탈바꿈시킨 사물놀이는 짧은 역사에도 불구하고 한국 현대 예술에서 당당히 한 자리를 잡은 가운데 우리 전통 음악의 신명을 세계에 전하는 구실을 하고 있다.
>
> 그러나 문화계 일각에서는 사물놀이에 대한 비판적 관점도 제기되고 있다. 특히 전통 풍물을 살리기 위한 노력을 전개하는 쪽에서 적지 않은 우려를 나타내고 있다. 그들은 무엇보다도 사물놀이가 풍물놀이의 굿 정신을 잃었거나 또는 잃어 가고 있다는 데 주목한다. 풍물놀이는 흔히 '풍물굿'으로 불리는 것으로서 모두가 마당에서 함께 어울리는 가운데 춤·기예(技藝)와 더불어 신명나는 소리를 펼쳐내는 것이 본질적인 특성인데, 사물놀이는 리듬악이라는 좁은 세계에 안착함으로써 풍물놀이 본래의 예술적 다양성과 생동성을 약화시켰다는 것이다. 사물놀이에 의해 풍물놀이가 대체되는 흐름은 우리 민족 예술의 정체성 위기로까지도 이어질 수 있다는 의견이다.
>
> 사물놀이에 대한 우려는 그것이 창조적 발전을 거듭하지 못한 채 타성에 젖어 들고 있다는 측면에서도 제기된다. 많은 사물놀이 패가 새로 생겨났지만, 사물놀이의 창안자들이 애초에 이룩한 음악 어법이나 수준을 넘어서서 새로운 발전을 이루어 내지 못한 채 그 예술적 성과와 대중적 인기에 안주하고 있다는 것이다. 이는 사물놀이가 민족 예술로서의 정체성을 뚜렷이 갖추지 못한 데에 따른 결과로 분석되기도 한다. 이런 맥락에서 비판자들은 혹시라도 사물놀이가 _____으로 흘러갈 경우 머지않아 위기를 맞게 될지도 모른다고 경고하고 있다.

① 본래의 예술성과 생동성을 찾아가는 방향

② 대중의 일시적인 기호에 영합하는 방향

③ 서양 음악과의 만남을 시도하는 방향

④ 형식과 전통을 뛰어 넘는 방향

 빈칸이 있는 문장의 시작에 "이런 맥락에서"라고 제시되어 있으므로 앞의 문맥을 살펴야 한다. 앞에서 사물놀이의 창안자들이 새로운 발전을 이루어 내지 못한 채 그 예술적 성과와 대중적 인기에 안주하고 있다는 것에 대해 이야기하고 있으므로 빈칸에 들어갈 가장 적절한 것은 ②이다.

88 다음 제시된 글의 주제로 가장 알맞은 것은?

> 대우법은 수신자, 행동의 주체, 객체 등 담화와 관련된 여러 인물에 대한 발신자의 심적 태도를 표현하는 언어적 기구이다. 대우법은 경어법이라고도 하지만 엄밀히 따지면 사람에 대한 예절을 지키기 위한 존중과 겸양의 언어 사용법이다. 경어법은 본래 담화 관련 인물들에게 경의를 표하고, 존중의 뜻을 보이는 언어 사용법이다. 그러나 언어에 의해서 표현되는 것만큼의 존경의 뜻이 발신자에게 꼭 있어야 하는 것은 아니다. 진정 그런 뜻이 있을 때 경어가 사용되는 것은 새삼 논의할 필요도 없지만, 그런 뜻이 전혀 없는 경우에도 사회적인 관습, 체면 또는 사교적인 필요에 따라 존경의 뜻을 가진 것처럼 꾸민 언어가 사용되는데, 이러한 언어 사용법이 소위 경어법이라는 것이다. 겸양의 언어도 자기를 멸시하거나 천시해서가 아니라 문자 그대로 스스로 겸양하는 태도를 보임으로써 예의를 지키기 위한 것이다. 이 두 가지가 철저하게 지켜지는 사회는 그만큼 밝은 모습을 보일 것이다.

① 한국어에 대우법이 발달한 이유
② 대우법과 경어법의 차이
③ 대우법의 결정 요인
④ 대우법의 필요성

(Tip) 제시문은 '대우법'과 '경어법'을 비교하며 그 개념을 밝히고 있다.

89 다음 글을 통해 알 수 있는 내용이 아닌 것은?

> 개마고원은 흔히 '한국의 지붕'이라고들 한다. 그곳은 함경남도 삼수·갑산·풍산·장진군의 북부에 넓게 발달한 용암대지로 주변에 백산·연화산·북수백산·대암산·두운봉·차일봉·대덕산 등 2,000m 이상의 높은 산이 많으나, 그렇게 높은 봉우리들도 이 고원에서 보면 그다지 높지 않고 경사가 완만한 구릉으로 보이며, 고원 전체가 마치 넓은 평야와 같다.
>
> 해발고도가 일반적으로 1,200~1,300m로 높기 때문에 여름은 서늘하고 겨울은 매우 추우며 대체로 1월 평균기온은 -15℃ 내외이고 가장 추울 때는 -40℃까지 내려간다. 8월 평균기온은 18~20℃로 우리나라 최저온 지대를 이룬다. 또, 9월 중순부터 5월 초순까지 서리가 내린다.
>
> 「신증동국여지승람」에는 경성 서쪽의 백산은 산세가 매우 험하여 5월이 되어야 눈이 녹으며 7월이면 다시 눈이 내린다고 기록되어 있다. 강수량도 매우 적은데 함경산맥이 동해로부터의 습기를 차단하여 연 강수량이 600mm 내외이다. 이 지역은 원래 고구려의 옛 땅이었으나 고려시대에는 여진족이 점유하였다.
>
> 그리고 조선시대에 들어와서 세종의 4군 6진 개척으로 여진족을 몰아내고 남부 지방의 주민들을 이주시켰는데 남부 지방으로부터의 이주민 중에는 화전민들이 많았다. 이러한 영향은 최근까지도 미쳐 20세기에 들어와서도 도로 연변의 큰 촌락을 벗어나면 곳곳에 화전이 많았다.
>
> 이 지역의 주요 식량 작물로는 감자와 귀리를 비롯하여 대마·아마·홉 등의 특용 작물 등이 재배되고 있다. 그리고 산지가 넓으므로 갑산 지방을 중심으로 소를 많이 기르며, 서늘한 기후를 이용하여 양도 많이 기른다. 예로부터 '삼수·갑산'이라고 하면 하늘을 나는 새조차 찾지 않던 산간벽지로 한 번 가기만 하면 다시는 돌아오지 못할 곳의 대명사처럼 생각되었는데 20세기에 들어와서부터 삼림·광산·수력 자원이 개발되면서 활기를 띠기 시작하였다.
>
> 또한 이 지역은 무산의 삼림 지대에 연속되어 낙엽송·삼송 등의 침엽수와 일부 활엽수의 원시림이 울창하고, 하천을 통한 재목의 운반이 편리하여 임업의 중심지를 이루고 있다.
>
> 삼림 개발은 목재의 반출이 쉬운 하천 연안에서부터 시작되었는데 허천강과 장진강 유역의 목재는 각각 강 하구 또는 하구 가까이에 위치한 혜산진과 신갈파진으로 운반되고, 이곳에서 모아진 이른바 압록강류(類) 목재는 뗏목으로 엮어서 다시 이 강의 중·하류로 운반되었다.

① 개마고원 지역의 주요 식량작물　　② 개마고원의 기후
③ 개마고원과 동해안 지방 간의 교통　　④ 개마고원의 위치

 ③ 이 글에서는 삼림 개발로 인한 개마고원 지대 목재의 운반경로는 언급하고 있으나 개마고원과 동해안 지방 간의 교통에 대해서는 언급하고 있지 않다.

90 다음 글의 서술 방식에 대한 설명으로 옳지 않은 것은?

> 글로벌 광고란 특정 국가의 제품이나 서비스의 광고주가 자국 외의 외국에 거주하는 소비자들을 대상으로 하는 광고를 말한다. 브랜드의 국적이 갈수록 무의미해지고 문화권에 따라 차이가 나는 상황에서, 소비자의 문화적 차이는 글로벌 소비자 행동에 막대한 영향을 미친다고 할 수 있다. 또한 점차 지구촌 시대가 열리면서 글로벌 광고의 중요성은 더 커지고 있다. 비교문화연구자 드 무이는 "글로벌한 제품은 있을 수 있지만 완벽히 글로벌한 인간은 있을 수 없다"고 말하기도 했다. 오랫동안 글로벌 광고 전문가들은 광고에서 감성 소구 방법이 이성 소구에 비해 세계인에게 보편적으로 받아들여진다고 생각해 왔지만 특정 문화권의 감정을 다른 문화권에 적용하면 동일한 효과를 얻기 어렵다는 사실이 속속 밝혀지고 있다. 일찍이 홉스테드는 문화권에 따른 문화적 가치관의 다섯 가지 차원을 제시했는데 권력 거리, 개인주의-집단주의, 남성성-여성성, 불확실성의 회피, 장기지향성이 그것이다. 그리고 이 다섯 가지 차원은 국가 간 비교 문화의 맥락에서 글로벌 광고 전략을 전개할 때 반드시 고려해야 하는 기본 전제가 된다.
>
> 그렇다면 글로벌 광고의 표현 기법에는 어떤 것들이 있을까? 글로벌 광고의 보편적 표현 기법은 크게 공개 기법, 진열 기법, 연상전이 기법, 수업 기법, 드라마 기법, 오락 기법, 상상 기법, 특수효과 기법 등 여덟 가지로 나눌 수 있다.

① 용어의 정의를 통해 논지에 대한 독자의 이해를 돕고 있다.
② 기존의 주장을 반박하는 방식으로 논지를 펼치고 있다.
③ 의문문을 사용함으로써 독자들로 하여금 호기심을 유발시키고 있다.
④ 전문가의 말을 인용함으로써 독자들로 하여금 글의 신뢰성으로 높이고 있다.

(Tip) ② 위 글에서는 기존의 주장을 반박하는 방식의 서술 방식은 찾아볼 수 없다.

Answer 89.③ 90.②

다음 글의 내용으로 옳지 않은 것은?

수면은 일련의 단계를 거친다고 한다. 각성과 수면의 중간인 1단계에서는 보통 낮고 빠른 뇌파를 보이며 근육 활동이 이완된다. 그리고 호흡과 맥박이 느려지는 2단계에서는 뇌파도 점점 느려지고 체온도 떨어진다. 깊은 수면이 시작되는 3단계에서는 느린 델타파가 나타나기 시작해, 4단계에 도달하면 외부 자극에 대해서 더 이상 반응을 하지 않고 제한적인 근육 반응만 나타나는 깊은 수면에 빠진다. 그런데 깊은 수면 상태인데도 불구하고, 1단계와 같은 뇌파를 보이며 혈압이 높아지고 호흡이 증가하는 그리고 흥미롭게도 마치 빠른 액션 영화를 보고 있을 때처럼 안구가 신속하게 움직이는 단계가 나타나기도 하는데 이것이 5단계이며 흔히 REM 수면이라고 부르기도 한다. 이러한 REM 수면은 총 수면 시간의 20% 정도를 차지하는데 흥미로운 것은 이 REM 수면 중인 사람들을 깨우면 80% 이상이 꿈을 보고한다는 것이다. 이러한 꿈에 대해서 예부터 사람들은 수많은 호기심을 가져 왔다. 그 중에서도 특히 꿈이 어떤 심리적 기능 혹은 역할을 할 것인가의 문제와 꿈 내용이 의미가 있는가를 구분하여 생각해보면 다음과 같다.

꿈은 우리의 무의식에 도달하는 최고의 지름길이며, 우리의 충족되지 못한 잠재적 무의식이 상징적 형태로 발현되는 것이기에 해석이 필요하게 된다. 즉 욕구충족이라는 심리적 기능과 상징적 의미를 부여한다. 또한 꿈에 대한 역학습 이론도 있는데 이는 낮 동안 축적했던 여러 정보들 중 더 이상 필요 없는 정보들을 정리하는 작업이 필요하고 이것이 주관적 꿈 경험으로 나타난다고 생각하는 이론이다. 즉 일종의 정보 청소작업의 부산물이 꿈이라고 생각하는 것이다. 신경생리학적 기능을 하지만 꿈 자체는 의미가 없다는 생각인데 이 생각은 흥미롭게도 유전자의 이중나선구조를 밝히는데 일조한 크릭과 동료들이 제기한 이론이다. 또 다른 이론은 꿈이 생존에 필요하다는 이론이다.

우리의 생존에 중요성을 갖는 여러 정보 즉 걱정, 염려, 생각, 욕구, 불확실성을 꿈으로 다시 고려하고 처리하는 것이라는 주장으로 즉 꿈의 내용이 우리의 걱정과 염려를 나타내는 것이기에 의미가 있다고 생각하는 것이다. 이 외에도 앞서 말한 역학습 이론과 맥을 같이하는 활성화-종합 이론이 있는데 이 이론은 대뇌의 뇌간에서 신경전달물질의 변화로 신경흥분이 발생하고 이것들이 대뇌의 피질에 전달되면 이를 그럴듯한 시나리오로 구성해 내는, 즉 종합의 부산물이 꿈일 것이라는 주장이다. 그러기에 어떤 특별한 심리적 의미를 부여할 필요가 없게 된다. 하지만 최근에 심리학자인 돔호프는 20,000 사례가 넘는 꿈을 분석하면서, 실제 꿈의 내용은 아주 잘 정돈되어 있으며 우리가 깨어 있을 때의 생각이나 사고와 아주 일치된다는 사실을 보고하며 활성화-종합 이론을 비판하고 있다.

더구나 5살 미만의 아이들에게는 꿈에 대한 보고가 드물고, 있다고 하더라도 아주 개략적인 특성(예, '강아지를 보았다'는 식의)이라는 점, REM을 보이지만 전두엽 손상 환자는 꿈을 꾸지 않는다는 결과 등을 들며 새로운 꿈 이론이 필요함을 역설하고 있다. 그리고 꿈 자체가 어떤 적응적인 가치가 있는 것은 아니며, 단지 수면과 고차인지과정의 진화론적 발달의 부산물이라고 주장한다. 아울러 앞서 언급했던 것처럼 깨어있을 때 일어나는 우리의 인지과정 즉 생각이나 사고의 내용과, 꿈의 내용이 같은 특성이라는 점에서 즉, 평소 깨어 있을 때 하던 생각의 내용이 꿈에서도 나타난다는 점에서 인지과학적인 꿈 연구가 필요함을 역설하고 있다.

① 꿈이 어떤 심리적 기능 혹은 역할을 하는지, 그리고 꿈의 내용이 의미가 있는지에 대해서는 현재까지 여러 가지 이론들로 설명되어지고 있다.

② 역학습 이론이란 낮 동안 축적했던 여러 정보들 중 더 이상 필요 없는 정보들을 정리 하는 작업이 필요하고 이것이 주관적 꿈 경험으로 나타난다고 생각하는 이론을 말한다.

③ REM 수면은 깊은 수면 상태인데도 불구하고, 1단계과 같은 뇌파를 보이며 혈압이 높아지고 호흡이 증가하며 안구가 신속하게 움직이는 단계다.

④ 돔호프의 연구결과 꿈에 대한 보고는 5살 미만의 아이들에게서 현저히 높은 비율로 나타나며 꿈의 내용 또한 매우 구체적이라는 것은 알았다.

 ④ 돔호프는 그의 연구에서 5살 미만의 아이들에게는 꿈에 대한 보고가 드물고, 있다고 하 더라도 아주 개략적인 특성만 나타난다고 주장하였다.

92 다음 글의 내용으로 옳지 않은 것은?

과수원을 중심으로 하여 형성된 취락을 과원취락이라고 한다. 과수의 경우 특유의 자연적 조건이 필요하기 때문에 이것이 과원취락의 중요한 입지인자가 되는 것이다. 그 한계 지대에는 생리적으로 재배가 가능하여도 경제적 재배가 불가능한 곳이 있다. 자연적 조건에는 대지역의 범위를 결정하는 것과 소지역의 것을 결정하는 것이 있다.

우리나라의 대표적인 과원취락으로는 1890년부터 1900년 사이에 형성된 길주·원산·서울 등지를 중심으로 외국인 선교사에 의하여 개원된 것과, 1900년부터 1910년 사이에 인천·황주·남포·대구·나주·포항·구포·소사(지금의 부천) 등지에 일본인에 의하여 개원된 것으로 구분된다. 그러나 한국의 기업적 과원과 과원취락 형성에 결정적인 영향을 미친 것은 후자 쪽이다.

과원취락의 발달 과정은 초기에는 대지에 인접하여 있는 토지에 묘목을 재배하여 과원입지가 촌내에 한정되고 부업의 한계를 벗어나지 못하였으나, 그 규모가 확대됨에 따라 촌내에서 촌외 경지로 확산되었다. 경작권이 외곽으로 격리된 과원은 이윤 추구를 목표로 철저한 개별 경영에 초점을 맞추었다.

과원농가는 농가와 과원까지의 거리가 증가함에 따른 노동 시간 감소·체력 소모·운반비 부담 등의 불이익을 줄이기 위하여 과원 안에 입지하며, 특히 교통로에 인접하는 경향을 보이고 있다. 그리하여 과원취락은 농가가 고립하여 분산된 산촌을 형성하고 있다.

과원취락의 농가 구조는 과원의 규모 및 발달 단계에 따라 개척형·토착형·기업형으로 구분된다. 개척형은 아직 수확을 바라볼 수 없는 유목 단계에서 계절 거주나 일시적 휴식을 위한 가건물의 성격을 띠며, 방과 부엌으로 된 두 칸 구조를 이루고 있다. 토착형은 개척 단계에서 벗어나 경제적 기반이 확립되면서 세 칸 구조를 기본으로 생활공간이 확대되고 다실화된 것이다. 즉, 두 칸 구조에 대청 또는 툇마루가 첨가되어 두 가구의 생활권을 공존시키거나 자녀를 포함한 전 가족의 생활공간으로 이용된 것이다.

이는 과목이 성장하고 과원 경영이 전문화됨에 따라 지속적이며 장기적인 노동력 투하가 요구되고, 따라서 과원주(主) 또는 관리인의 과원 상주가 필요하였기 때문이다. 기업형은 쾌적한 생활환경 조성에 역점을 두어 다실화 구조에 욕실·실내 화장실·응접실 등을 갖추고 있다. 특히, 토착형에서 종적 배치를 이루던 대청이 기업형에서는 횡적 배치를 이루었고, 응접실과 사랑방이 전면양측으로 확장, 곡부가 발달되어 일자형의 농가 배치에서 ㄷ자형으로 발전하였다. 또한, 과원농업의 기업화에 따라서 창고·저장고·저수탱크 등이 농가 주변으로 분리되는 별동구조를 보이고 있다.

과원농가는 그 규모에 따라 부업형·전업형·기업형으로 구분할 수 있으며, 그 계층 유형에 따라 경영 규모·생산 시설·생활환경이 각각 다르다.

그러나 일반적으로 순(純) 곡물 농업 지역보다도 기계 이용에 의한 과학 영농과 편익도가 높은 쾌적한 환경으로 구조 개선의 경향이 뚜렷하다. 그러므로 과원농가는 기술·소득·경영·시설 면에서 촌락 사회의 선진적 구실을 담당하고 있다고 볼 수 있다.

과원 지역의 산촌은 철저한 개별 경영을 하고 있는 까닭에 경영 합리화에 이로움이 없지 않으나, 저장고·창고·저수탱크 등 필수 시설이 농가 주변에 설치되어야 하므로, 부대 시설비와 생활 기반 시설비 부담이 클 뿐만 아니라, 생활권의 고립과 방어상의 취약성 등 부정적 측면도 가지고 있다. 이에 산촌이 가지는 본질적 취약성을 보완하고 농촌 생활의 안정적 향상을 위하여 과원 지역의 취락 재편성이 필요하다.

① 우리나라의 기업적 과원과 과원취락 형성에 결정적인 영향을 미친 것은 1890년부터 1900년 사이에 외국인 선교사에 의하여 개원된 과원취락이다.

② 과원취락의 농가 구조 중 기업형은 쾌적한 생활환경 조성에 역점을 두어 다실화 구조에 욕실·실내 화장실·응접실 등을 갖추고 있다.

③ 과수의 경우 특유의 자연적 조건이 필요하기 때문에 과원취락은 과수원을 중심으로 하여 형성된다.

④ 과원농가는 보통 노동 시간 감소·체력 소모·운반비 부담 등의 불이익을 줄이기 위하여 과원 안에 입지하였다.

 ① 우리나라의 기업적 과원과 과원취락 형성에 결정적인 영향을 미친 것은 1900년부터 1910년 사이에 인천·황주·남포·대구·나주·포항·구포·소사(지금의 부천) 등지에 일본인에 의하여 개원된 과원취락이다.

93 다음 글의 설명으로 옳지 않은 것은?

> 문학은 그 갈래에 따라 산문문학, 운문문학으로 나눌 수 있고 이것은 다시 여러 개의 하위 갈래들로 나눠진다. 동화는 그 중에서도 동심을 바탕으로 어린이를 위하여 지은 산문문학의 한 갈래에 속한다. 동화가 무엇이냐 하는 것은 그것을 광의로 보느냐, 협의로 보느냐에 따라 범주와 의미가 달라진다 하겠다. 동화는 옛날이야기·민담·우화·신화·전설 등과 같은 설화의 종류가 아니라 그러한 것을 재구성, 고치거나 또는 그러한 특징을 동화라는 형태 속에 포용한 것이다. 동화의 문예적 우수성을 살펴보면 다음과 같다. 첫째, 뛰어난 상징으로 커다란 유열과 황홀한 미감을 주며, 둘째, 풍부한 정서로 비교할 수 없는 인간성의 미묘함을 보여 주고, 셋째, 다양한 활동에 의해 여러 가지 인생의 진실을 보여 준다. 동화의 근원은 원시시대의 설화문학이며 그 중에서도 협의의 동화인 메르헨은 원시민족이 신의 행적을 읊은 서사시의 일종이라 할 수 있다. 그것은 현실에 속박을 받지 않고 공상에 의하여 비현실적인 일들을 이야기한 것이다. 구전된 전래동화는 19세기 초엽 그림형제가 「독일의 어린이와 가정의 동화」를 수집, 편찬함으로써 최초로 체계를 이루었고 19세기 중엽 덴마크의 안데르센에 의하여 본격적인 문예동화가 창작되기 시작하였다. 근대 시인들이 예술적 의식에서 안데르센을 전후, 괴테와 낭만파 작가들이 쓰기 시작하였다. 전래동화는 입으로 전해지는 아동을 위한 옛날이야기이다. 이것은 다시 입으로 전해지는 구승문예와 아동을 위한 옛날이야기로 나뉜다. 첫째, 입으로 전해지는 구승문예는 이야기가 어떤 기록이나 문헌을 통하여 전승되지 않는다는 뜻이다. 즉, 회지의 입을 통하여 청자의 귀로 전해지는 옛날이야기라는 뜻이다. 이런 점은 민담과 다를 바가 없다. 그러기에 아시야(蘆谷重常)는 기록이나 시가에 의하여 전해지는 아동들의 옛날이야기를 고전동화라 일컫고, 오로지 입으로 전해지는 아동들의 옛날이야기만을 구비동화라 하였다. 이 주장에 따르면, 우리나라의 '임금님 귀는 당나귀 귀'라든지 '돌종' 등은 「삼국유사」에 실려 있는 이야기들이므로 고전동화에 속하고, '금도끼 은도끼'·'혹부리영감'·'세 개의 병'·'토끼와 호랑이이야기' 등은 구비동화에 속한다고 볼 수 있다. 둘째, 아동을 위한 옛날이야기라는 것은 아동심리, 곧 동심에 부합해야 하고, 궁극적으로는 그 이야기가 도덕적으로 강한 교훈성과 괴기적인 공상성을 갖추어야 한다는 것이다. 그러므로 아무리 재미있는 옛날이야기라 할지라도 위의 기본 여건들을 갖추지 못할 때, 그것은 민담은 될지언정 전래동화는 될 수 없다. 예컨대, 유머나 재치에 치중한 나머지 반도덕적·비교육적이 된 옛날이야기나 외설적인 이야기 따위가 그것이다. 한편, 민담 채집은 중국과 서구 각국에서 이미 오래 전부터 계속되어 왔으나 아동을 위한 전래동화의 본격적인 채집은 독일의 그림 형제가 그 효시라는 것이 정설이다.

① 유머나 재치에 치중한 나머지 반도덕적·비교육적이 된 옛날이야기나 외설적인 이야기 따위는 민담은 될지언정 전래동화는 될 수 없다.

② 동화가 풍부한 정서로 비교할 수 없는 인간성의 미묘함을 보여준다는 것은 동화의 문예적 우수성 중 하나라고 할 수 있다.

③ 아시야의 주장에 따르면 우리나라의 '금도끼 은도끼'·'혹부리영감'·'세 개의 병'·'토끼와 호랑이이야기' 등은 고전동화에 속한다.

④ 19세기 전까지 입으로만 전해오던 전래동화는 그림형제에 의해 최초로 그 체계를 이루었고 이후 안데르센에 의해 본격적으로 창작되기 시작했다.

 ③ 아시야의 주장에 따르면 우리나라의 '금도끼 은도끼'·'혹부리영감'·'세 개의 병'·'토끼와 호랑이이야기' 등은 구비동화에 속한다고 볼 수 있다.

다음 글의 설명으로 옳지 않은 것은?

문학은 언어로 이루어진 언어예술이다. 언어로 이루어졌다는 점에서는 다른 예술과 구별되고, 예술이라는 점에서는 언어활동의 다른 영역과 차이점이 있다. 따라서 말로 된 것이든 글로 적은 것이든 언어예술이면 모두 다 문학이라고 볼 수 있다.

한국문학은 한국인의 문학이고 한국어로 된 문학이다. 이 경우의 한국인은 한민족을 말한다. 국가는 침탈되거나 분단되어도 한민족과 한국어가 지속되고 기본적인 동질성을 가진다는 이유에서 한국문학은 단일한 민족문학이다. 다른 나라의 국적을 가진 해외교포 의 문학이라도 자신을 한민족으로 의식한 작가가 한국어로 창작한 것이면 한국 문학에 속한다. 그런데 민족문학과 민족어로 된 문학은 일치하지 않는 경우가 있어서 문제이다. 한국한문학은 한민족이 쓴 문학이고 한민족의 생활을 다룬 문학임에 틀림없으나 한문으로 쓰였다는 점이 논란이 된다. 그러나 한문은 동아시아 전체의 공동문어이었으므로 모 두 다 중국의 글이라고 할 수 없을 뿐만 아니라, 한국에서는 한국발음으로 토까지 달아서 읽었다. 이렇게 읽는 한문은 중국어와는 거리가 멀며 오히려 한국어 문어체의 극단적인 양상이라고 보아 마땅하다. 현대에 와서 한민족 출신의 작가가 일본이나 영어로 쓴 작품은 이렇게 고려할 여지가 없기에 한국문학에서 제외됨은 물론이다.

한국문학은 크게 보아서 세 가지 영역으로 이루어져 있다. 하나는 구비문학이다. 말로 이루어지고 말로 전하는 문학을 구비문학이라고 한다. 문학의 요건이 말이 아니고 글이라고 할 때는 관심 밖에 머무르거나 민속의 한 분야라고만 여기던 구비문학이 이러한 관점이 수정되는 것과 함께 한국문학의 기저로 인식되고 평가되기에 이르렀다.

]처음에는 구비문학뿐이었는데, 한자의 수용에 이어서 한문학이 나타나자 구비문학과 기록문학이 공존하는 시대로 들어섰다. 한문학은 동아시아 공동 문어문학의 규범과 수준을 이룩하는 한편, 민족적인 삶을 표현하는 데 그 나름대로 적극적인 구실을 하였기에 소홀하게 다룰 수 없다. 국문 기록문학은 처음에 한자를 이용한 차자문학으로 시작되었다가 훈민정음 창제 이후 구비문학을 받아들이고 한문학의 영향을 수용하면서 그 판도를 결정적으로 넓혔다. 그러다가 신문학운동이 일어난 다음 구비문학이 약화되고 한문학이 청산되어 국문 기록문학만이 현대문학으로서의 의의를 가지게 되었다. 현대문학은 서구문학의 이식으로 시작되었으며 계속 그러한 방향으로 나아가야 한다는 주장도 한때 있었다.

한국문학의 특질은 우선 시가의 율격에서 잘 나타난다. 한국 시가는 정형시의 경우에도 한 음보를 이루는 음절수가 변할 수 있고, 음보 형성에 모음의 고저·장단·강약 같은 것들이 작용하지 않으며, 운이 발달되어 있지 않은 것을 특징으로 삼는다. 고저를 갖춘 한시, 장단을 갖춘 그리스어·라틴어 시, 강약을 갖춘 영어나 독일어 시에 비한다면 단조롭다고 느껴질 수 있다. 그러나 그러한 요건을 갖추지 않은 특질을 공유하고 있는 프랑스어 시나 일본어 시와는 다르게 음절수가 가변적일 수 있기 때문에 오히려 변화와 여유를 누린다. 가령, 시조가 대표적인 정형시라고 하지만, 시조의 율격은 네 음보씩 석 줄로 이루어져 있고, 마지막 줄의 앞부분은 특이한 규칙을 가져야 한다는 점만 정해져 있을 따름이다. 각 음보가 몇 음절씩으로 구성되는가는 경우에 따라서 달라진다. 그래서 작품마다 율격이 특이하게 이룩될 수 있는 진폭이 인정된다. 정형시로서의 규칙은 최소한의 것으로 한정되고, 가능한 대로 변이의 영역이 보장되어 있다. 뿐만 아니라, 그 범위를 확대해서 자유시에 근접하려는 시형이 일찍부터 여러 가지로 나타났다.

① 한 음보를 이루는 음절수가 변할 수 있고, 음보 형성에 모음의 고저·장단·강약 같은 것들이 작용하지 않으며, 운이 발달되어 있지 않은 것 등은 한국 정형시가의 특징이라 할 수 있다.

② 문학은 언어로 이루어졌다는 점에서는 다른 예술과 구별되고, 예술이라는 점에서는 언어활동의 다른 영역과 차이점을 갖는다.

③ 한문학은 비록 한민족이 쓴 문학이고 한민족의 생활을 다룬 문학임에 틀림없으나 한문으로 쓰였다는 점에서 한국문학이라 할 수 없다.

④ 한국문학은 크게 세 가지 영역으로 이루어져 있지만 신문학운동이 일어난 다음에는 국문 기록문학만이 현대문학으로서의 의의를 가지게 되었다.

 ③ 한문학은 비록 한문으로 쓰였지만 당시 한문은 동아시아 전체의 공동문어이었으며 한국에서는 한국발음으로 토까지 달아서 읽었으므로 이러한 한문은 중국어와 거리가 멀고 오히려 한국어 문어체의 극단적인 양상이라고 볼 수 있기 때문에 한문학 또한 한국문학의 한 범주라고 할 수 있다.

Answer⌐◦ 94.③

95 강연의 내용을 고려할 때 ⊙에 대한 대답으로 가장 적절한 것은?

여러분 안녕하세요. 저는 타이포그래피 디자이너 ○○○입니다. 이렇게 사내 행사에 초청받아 타이포그래피에 대해 소개하게 되어 무척 기쁩니다.

타이포그래피는 원래 인쇄술을 뜻했지만 지금은 그 영역이 확대되어 문자로 구성하는 디자인 전반을 가리킵니다. 타이포그래피에는 언어적 기능과 조형적 기능이 있는데요, 그 각각을 나누어 말씀드리겠습니다.

먼저 타이포그래피의 언어적 기능은 글자 자체가 가지고 있는 의미전달에 중점을 두는 기능을 말합니다. 의미를 정확하게 전달하기 위해서는 가독성을 높이는 일이 무엇보다 중요하지요. (화면의 '작품1'을 가리키며) 이것은 여러분들도 흔히 보셨을 텐데요, 학교 앞 도로의 바닥에 적혀 있는 '어린이 보호 구역'이라는 글자입니다. 운전자에게 주의하며 운전하라는 의미를 전달해야 하므로 이런 글자는 무엇보다도 가독성이 중요하겠지요? 그래서 이 글자들은 전체적으로 크면서도 세로로 길게 디자인하여 운전 중인 운전자에게 글자가 쉽게 인식될 수 있도록 제작한 것입니다.

이어서 타이포그래피의 조형적 기능을 살펴보겠습니다. 타이포그래피의 조형적 기능이란 글자를 재료로 삼아 구체적인 형태의 외형적 아름다움을 전달하는 기능을 말합니다. (화면의 '작품2'를 가리키며) 이 작품은 '등'이라는 글씨의 받침 글자 'ㅇ'을 전구 모양으로 만들었어요. 그리고 받침 글자를 중심으로 양쪽에 사선을 그려 넣고 사선의 위쪽을 검은색으로 처리했어요. 이렇게 하니까 마치 갓이 씌워져 있는 전등에서 나온 빛이 아래쪽을 환하게 밝히고 있는 그림처럼 보이지요. 이렇게 회화적 이미지를 첨가하면 외형적 아름다움뿐만 아니라 글자가 나타내는 의미까지 시각화하여 전달할 수 있습니다.

(화면의 '작품3'을 가리키며) 이 작품은 '으'라는 글자 위아래를 뒤집어 나란히 두 개를 나열했어요. 그러니까 꼭 사람의 눈과 눈썹을 연상시키네요. 그리고 'ㅇ' 안에 작은 동그라미를 세 개씩 그려 넣어서 눈이 반짝반짝 빛나고 있는 듯한 모습을 표현했습니다. 이것은 글자의 의미와는 무관하게 글자의 형태만을 활용하여 제작자의 신선한 발상을 전달하기 위한 작품이라고 할 수 있습니다.

지금까지 작품들을 하나씩 보여 드리며 타이포그래피를 소개해 드렸는데요, 한번 정리해 봅시다. (화면에 '작품1', '작품2', '작품3'을 한꺼번에 띄워 놓고) ⊙좀 전에 본 작품들은 타이포그래피의 어떤 기능에 중점을 둔 것일까요?

① '작품1'은 운전자가 쉽게 읽을 수 있도록 글자를 제작하였으므로 타이포그래피의 언어적 기능에 중점을 둔 것이라 할 수 있습니다.

② '작품2'는 글자가 나타내는 의미와 상관없이 글자를 작품의 재료로만 활용하고 있으므로 타이포그래피의 조형적 기능에 중점을 둔 것이라 할 수 있습니다.

③ '작품3'은 회화적 이미지를 활용하여 글자의 외형적 아름다움을 표현했으므로 타이포그래피의 언어적 기능에 중점을 둔 것이라 할 수 있습니다.

④ '작품1'과 '작품2'는 모두 글자의 색을 화려하게 사용하여 의미를 정확하게 전달하고 있으므로 타이포그래피의 언어적 기능에 중점을 둔 것이라 할 수 있습니다.

② '작품2'는 회화적 이미지를 첨가하여 외형적 아름다움뿐만 아니라 글자가 나타내는 의미까지 시각화하여 전달하였으므로 글자가 나타내는 의미와 상관없이 글자를 작품의 재료로만 활용하고 있다고 볼 수 없다.

③ '작품3'은 글자의 의미와는 무관하게 글자의 형태만을 활용하여 제작자의 신선한 발상을 전달하기 위한 작품으로 타이포그래피의 조형적 기능에 중점을 둔 것이라고 할 수 있다.

④ '작품1'은 가독성을 중시하였으며 타이포그래피의 언어적 기능에 중점을 둔 것이라고 할 수 있다. 그러나 '작품2'는 타이포그래피의 조형적 기능에 중점을 두면서 글자의 의미를 시각화해 전달한 작품이다.

Answer ↱ 95.①

96 다음 A, B 두 사람의 논쟁에 대한 분석으로 가장 적절한 것은?

> A1 : 최근 인터넷으로 대표되는 정보통신기술 혁명은 과거 유례를 찾을 수 없을 정도로 세상이 돌아가는 방식을 근본적으로 바꿔놓았다. 정보통신기술 혁명은 물리적 거리의 파괴로 이어졌고, 그에 따라 국경 없는 세계가 출현하면서 국경을 넘나드는 자본, 노동, 상품에 대한 규제가 철폐될 수밖에 없는 사회가 되었다. 이제 개인이나 기업 혹은 국가는 과거보다 훨씬 더 유연한 자세를 견지해야 하고, 이를 위해서는 강력한 시장 자유화가 필요하다.
>
> B1 : 변화를 인식할 때 우리는 가장 최근의 것을 가장 혁신적인 것으로 생각하는 경향이 있다. 인터넷 혁명의 경제적, 사회적 영향은 최소한 지금까지는 세탁기를 비롯한 가전제품만큼 크지 않았다. 가전제품은 집안일에 들이는 노동시간을 대폭 줄여줌으로써 여성들의 경제활동을 촉진했고, 가족 내의 전통적인 역학관계를 바꾸었다. 옛것을 과소평가해서도 안 되고 새것을 과대평가해서도 안 된다. 그렇게 할 경우 국가의 경제정책이나 기업의 정책은 물론이고 우리 자신의 직업과 관련해서도 여러 가지 잘못된 결정을 내리게 된다.
>
> A2 : 인터넷이 가져온 변화는 가전제품이 초래한 변화에 비하면 전 지구적인 규모이고 동시적이라는 점에 주목해야 한다. 정보통신기술이 초래한 국경 없는 세계의 모습을 보라. 국경을 넘어 자본, 노동, 상품이 넘나들게 됨으로써 각 국가의 행정 시스템은 물론 세계 경제 시스템에도 변화가 불가피하게 되었다. 그런 점에서 정보통신기술의 영향력은 가전제품의 영향력과 비교될 수 없다.
>
> B2 : 최근의 기술 변화는 100년 전에 있었던 변화만큼 혁명적 이라고 할 수 없다. 100년 전의 세계는 1960~1980년에 비해 통신과 운송 부문에서의 기술은 훨씬 뒤떨어졌으나 세계화는 오히려 월등히 진전된 상태였다. 사실 1960~1980년 사이에 강대국 정부가 자본, 노동, 상품이 국경을 넘어 들어오는 것을 엄격하게 규제했기에 세계화의 정도는 그리 높지 않았다. 이처럼 세계화의 정도를 결정하는 것은 정치이지 기술력이 아니다.

① 이 논쟁의 핵심 쟁점은 정보통신기술 혁명과 가전제품을 비롯한 제조분야 혁명의 영향력 비교이다.

② A1은 최근의 정보통신기술 혁명으로 말미암아 자본, 노동, 상품이 국경을 넘나드는 것이 보편적 현상이 되었다는 점을 근거로 삼고 있다.

③ B1은 A1이 제시한 근거가 다 옳다고 하더라도 A1의 주장을 받아들일 수 없다고 주장하고 있다.

④ B1과 A2는 인터넷의 영향력에 대한 평가에는 의견을 달리 하지만 가전제품의 영향력에 대한 평가에는 의견이 일치한다.

 ② A1에 따르면 정보통신기술 혁명은 물리적 거리의 파괴로 이어졌고, 그에 따라 국경 없는 세계가 출현하면서 자본, 노동, 상품이 국경을 넘나드는 것이 보편적 현상이 되었다.

① 정보통신기술 혁명과 가전제품을 비롯한 제조분야 혁명의 영향력 비교는 개인이나 기업, 국가의 결정에 임하는 자세에 대한 논의를 이끌어 내는 과정에서 언급된 것이지 핵심 쟁점이라고 볼 수는 없다.

③ B1은 A1이 제시한 근거가 과대평가되었다고 본다.
④ B1과 A2는 인터넷의 영향력에 대한 평가와 가전제품의 영향력에 대한 평가에서 모두
의견을 달리한다.

97 다음 글의 설명으로 옳지 않은 것은?

> 노르웨이는 북위 50°에서 71°에 걸쳐 있어 북부 지방에서는 4월 말에서 7월 말까지 해가 지지 않는 백야 현상이, 11월 말부터 1월 말까지는 해가 뜨지 않고 밤만 지속되는 극야 현상이 나타난다. 알래스카와 거의 비슷한 위도에 있으며 일본과 면적이 비슷한 노르웨이는 그러나 멕시코 만류의 영향으로 알래스카보다 따뜻하며 해안선의 길이는 약 1만 8,000km에 달한다. 이처럼 노르웨이가 좁은 국토 면적에 비해 긴 해안선을 가지게 된 이유는 '피오르'라는 빙하 지형 때문인데 이 지형은 특히 북해와 맞닿은 노르웨이 남서해안에 발달해 있다. 피오르는 노르웨이어로 '내륙 깊이 들어온 만'이라는 뜻이다. 즉, 빙하가 깎아 만든 U자 골짜기에 바닷물이 유입되어 형성된 좁고 기다란 만을 말하는 것이다. 중력에 의해 비탈 경사면을 따라 빙하가 이동하게 되면 지표의 바닥과 측면이 깎여 나가 U자형의 골짜기가 형성되고 이후 해수면이 상승하면서 바닷물이 들어와 과거 빙하가 흐르던 골짜기를 메우면 좁고 긴 협만이 생겨난다.
>
> 오늘날 노르웨이의 남서 해안선이 복잡한 것은 약 200만 년 전부터 이렇게 여러 번 빙하로 뒤덮이며 침식을 받아 형성된 피오르가 발달했기 때문이며 현재도 노르웨이에는 만년설을 포함하여 약 1,700여개의 빙하가 발달해 있다. 또한 피오르는 약 1,000 ~ 1,500m 높이의 절벽으로 이루어져 있어 수심도 깊은 편으로 노르웨이의 대표적인 피오르인 송네피오르는 가장 깊은 곳의 깊이가 1,300m에 달한다.
>
> 이 외에도 전 세계적으로 노르웨이와 같이 빙하에 의한 빙식곡에 바닷물이 들어와 형성된 피오르로는 알래스카 남부 해안, 캐나다 동부 해안, 그린란드 해안 등을 들 수 있다.

① 노르웨이는 알래스카와 비슷한 위도에 위치해 있지만 멕시코 만류의 영향으로 알래스카보다 따뜻하다.

② 노르웨이의 복잡한 남서 해안선은 약 200만 년 전부터 여러 차례 빙하의 침식으로 인해 피오르가 형성된 까닭이다.

③ 알래스카 남부해안, 캐나다 동부 해안, 그린란드 해안 등은 노르웨이처럼 빙식곡에 바닷물이 들어와 형성된 피오르로 대표적인 곳이다.

④ 노르웨이의 북부지방은 4월 말에서 7월 말까지 해가 뜨지 않고 밤만 지속되는 극야 현상이 나타난다.

> (Tip) ④ 노르웨이의 북부지방은 4월 말에서 7월 말까지 해가 지지 않는 백야 현상이, 11월 말부터 1월 말까지는 해가 뜨지 않고 밤만 지속되는 극야 현상이 나타난다.

Answer ↦ 96.② 97.④

다음 글에 나타난 아리스토텔레스의 견해에 대한 이해로 가장 적절한 것은?

자연에서 발생하는 모든 일은 목적 지향적인가? 자기 몸통보다 더 큰 나뭇가지나 잎 사귀를 허둥대며 운반하는 개미들은 분명히 목적을 가진 듯이 보인다. 그런데 가을에 지는 낙엽이나 한밤중에 쏟아지는 우박도 목적을 가질까? 아리스토텔레스는 모든 자연물이 목적을 추구하는 본성을 타고나며, 외적 원인이 아니라 내재적 본성에 따른 운동을 한다는 목적론을 제시한다. 그는 자연물이 단순히 목적을 갖는 데 그치는 것이 아니라 목적을 실현할 능력도 타고나며, 그 목적은 방해받지 않는 한 반드시 실현될 것이고, 그 본성적 목적의 실현은 운동 주체에 항상 바람직한 결과를 가져온다고 믿는다. 아리스토텔레스는 이러한 자신의 견해를 "자연은 헛된 일을 하지 않는다!"라는 말로 요약한다.

근대에 접어들어 모든 사물이 생명력을 갖지 않는 일종의 기계라는 견해가 강조되면서, 아리스토텔레스의 목적론은 비과학적이라는 이유로 많은 비판에 직면한다. 갈릴레이는 목적론적 설명이 과학적 설명으로 사용될 수 없다고 주장하며, 베이컨은 목적에 대한 탐구가 과학에 무익하다고 평가하고, 스피노자는 목적론이 자연에 대한 이해를 왜곡한다고 비판한다. 이들의 비판은 목적론이 인간 이외의 자연물도 이성을 갖는 것으로 의인화한다는 것이다. 그러나 이런 비판과는 달리 아리스토텔레스는 자연물을 생물과 무생물로, 생물을 식물·동물·인간으로 나누고, 인간만이 이성을 지닌다고 생각했다.

일부 현대 학자들은, 근대 사상가들이 당시 과학에 기초한 기계론적 모형이 더 설득력을 갖는다는 일종의 교조적 믿음에 의존했을 뿐, 아리스토텔레스의 목적론을 거부할 충분한 근거를 제시하지 못했다고 비판한다. 이런 맥락에서 볼로틴은 근대 과학이 자연에 목적이 없음을 보이지도 못했고 그렇게 하려는 시도조차 하지 않았다고 지적한다. 또한 우드필드는 목적론적 설명이 과학적 설명은 아니지만, 목적론의 옳고 그름을 확인할 수 없기 때문에 목적론이 거짓이라 할 수도 없다고 지적한다.

17세기의 과학은 실험을 통해 과학적 설명의 참·거짓을 확인할 것을 요구했고, 그런 경향은 생명체를 비롯한 세상의 모든 것이 물질로만 구성된다는 물질론으로 이어졌으며, 물질론 가운데 일부는 모든 생물학적 과정이 물리·화학 법칙으로 설명된다는 환원론으로 이어졌다. 이런 환원론은 살아 있는 생명체가 죽은 물질과 다르지 않음을 함축한다. 하지만 아리스토텔레스는 자연물의 물질적 구성 요소를 알면 그것의 본성을 모두 설명할 수 있다는 엠페도클레스의 견해를 반박했다. 이 반박은 자연물이 단순히 물질로만 이루어진 것이 아니며, 또한 그것의 본성이 단순히 물리·화학적으로 환원되지도 않는다는 주장을 내포한다.

첨단 과학의 발전에도 불구하고 생명체의 존재 원리와 이유를 정확히 규명하는 과제는 아직 진행 중이다. 자연물의 구성 요소에 대한 아리스토텔레스의 탐구는 자연물이 존재하고 운동하는 원리와 이유를 밝히려는 것이었고, 그의 목적론은 지금까지 이어지는 그러한 탐구의 출발점이라 할 수 있다.

① 자연물의 본성적 운동은 외적 원인에 의해 야기되기도 한다.

② 낙엽의 운동은 본성적 목적 개념으로는 설명되지 않는다.

③ 본성적 운동의 주체는 본성을 실현할 능력을 갖고 있다.

④ 자연물의 목적 실현은 때로는 그 자연물에 해가 된다.

 아리스토텔레스는 모든 자연물이 목적을 추구하는 본성을 타고나며, 외적 원인이 아니라 내재적 본성에 따른 운동을 한다는 목적론을 제시하였다. 아리스토텔레스에 따르면 이러한 본성적 운동의 주체는 단순히 목적을 갖는 데 그치는 것이 아니라 목적을 실현할 능력도 타고난다.

Answer → 98.③

다음 글에 대한 이해로 적절하지 않은 것은?

> 외국 통화에 대한 자국 통화의 교환 비율을 의미하는 환율은 장기적으로 한 국가의 생산성과 물가 등 기초 경제 여건을 반영하는 수준으로 수렴된다. 그러나 단기적으로 환율은 이와 괴리되어 움직이는 경우가 있다. 만약 환율이 예상과는 다른 방향으로 움직이거나 또는 비록 예상과 같은 방향으로 움직이더라도 변동 폭이 예상보다 크게 나타날 경우 경제 주체들은 과도한 위험에 노출될 수 있다. 환율이나 주가 등 경제 변수가 단기에 지나치게 상승 또는 하락하는 현상을 오버슈팅(overshooting)이라고 한다. 이러한 오버슈팅은 물가 경직성 또는 금융 시장 변동에 따른 불안 심리 등에 의해 촉발되는 것으로 알려져 있다. 여기서 물가 경직성은 시장에서 가격이 조정되기 어려운 정도를 의미한다.
>
> 물가 경직성에 따른 환율의 오버슈팅을 이해하기 위해 통화를 금융 자산의 일종으로 보고 경제 충격에 대해 장기와 단기에 환율이 어떻게 조정되는지 알아보자. 경제에 충격이 발생할 때 물가나 환율은 충격을 흡수하는 조정 과정을 거치게 된다. 물가는 단기에는 장기 계약 및 공공요금 규제 등으로 인해 경직적이지만 장기에는 신축적으로 조정된다. 반면 환율은 단기에서도 신축적인 조정이 가능하다. 이러한 물가와 환율의 조정 속도 차이가 오버슈팅을 초래한다. 물가와 환율이 모두 신축적으로 조정되는 장기에서의 환율은 구매력 평가설에 의해 설명되는데, 이에 의하면 장기의 환율은 자국 물가 수준을 외국 물가 수준으로 나눈 비율로 나타나며, 이를 균형 환율로 본다. 가령 국내 통화량이 증가하여 유지될 경우 장기에서는 자국 물가도 높아져 장기의 환율은 상승한다. 이때 통화량을 물가로 나눈 실질 통화량은 변하지 않는다.
>
> 그런데 단기에는 물가의 경직성으로 인해 구매력 평가설에 기초한 환율과는 다른 움직임이 나타나면서 오버슈팅이 발생할 수 있다. 가령 국내 통화량이 증가하여 유지될 경우, 물가가 경직적이어서 실질 통화량은 증가하고 이에 따라 시장 금리는 하락한다. 국가 간 자본 이동이 자유로운 상황에서, 시장 금리 하락은 투자의 기대 수익률 하락으로 이어져, 단기성 외국인 투자 자금이 해외로 빠져나가거나 신규 해외 투자 자금 유입을 위축시키는 결과를 초래한다. 이 과정에서 자국 통화의 가치는 하락하고 환율은 상승한다. 통화량의 증가로 인한 효과는 물가가 신축적인 경우에 예상되는 환율 상승에, 금리 하락에 따른 자금의 해외 유출이 유발하는 추가적인 환율 상승이 더해진 것으로 나타난다. 이러한 추가적인 상승 현상이 환율의 오버슈팅인데, 오버슈팅의 정도 및 지속성은 물가 경직성이 클수록 더 크게 나타난다. 시간이 경과함에 따라 물가가 상승하여 실질 통화량이 원래 수준으로 돌아오고 해외로 유출되었던 자금이 시장 금리의 반등으로 국내로 복귀하면서, 단기에 과도하게 상승했던 환율은 장기에는 구매력 평가설에 기초한 환율로 수렴된다.

① 환율의 오버슈팅이 발생한 상황에서 물가 경직성이 클수록 구매력 평가설에 기초한 환율로 수렴되는 데 걸리는 기간이 길어질 것이다.

② 환율의 오버슈팅이 발생한 상황에서 외국인 투자 자금이 국내 시장 금리에 민감하게 반응할수록 오버슈팅 정도는 커질 것이다.

③ 물가 경직성에 따른 환율의 오버슈팅은 물가의 조정 속도보다 환율의 조정 속도가 빠르기 때문에 발생하는 것이다.

④ 국내 통화량이 증가하여 유지될 경우 장기에는 실질 통화량이 변하지 않으므로 장기의 환율도 변함이 없을 것이다.

> (Tip) ④ 국내 통화량이 증가하여 유지될 경우 장기에는 자국의 물가도 높아져 장기의 환율은 상승한다.

100 다음 글의 주제로 가장 적절한 것을 고른 것은?

> 유럽의 도시들을 여행하다 보면 여기저기서 벼룩시장이 열리는 것을 볼 수 있다. 벼룩시장에서 사람들은 낡고 오래된 물건들을 보면서 추억을 되살린다. 유럽 도시들의 독특한 분위기는 오래된 것을 쉽게 버리지 않는 이런 정신이 반영된 것이다. 영국의 옥스팜(Oxfam)이라는 시민단체는 헌옷을 수선해 파는 전문 상점을 운영해, 그 수익금으로 제3세계를 지원하고 있다. 파리 시민들에게는 유행이 따로 없다. 서로 다른 시절의 옷들을 예술적으로 배합해 자기만의 개성을 연출한다.
>
> 땀과 기억이 배어 있는 오래된 물건은 실용적 가치만으로 따질 수 없는 보편적 가치를 지닌다. 선물로 받아서 10년 이상 써 온 손때 묻은 만년필을 잃어버렸을 때 느끼는 상실감은 새 만년필을 산다고 해서 사라지지 않는다. 그것은 그 만년필이 개인의 오랜 추억을 담고 있는 증거물이자 애착의 대상이 되었기 때문이다. 그러기에 실용성과 상관없이 오래된 것은 그 자체로 아름답다.

① 서양인들의 개성은 시대를 넘나드는 예술적 가치관으로부터 표현된다.

② 실용적 가치보다 보편적인 가치를 중요시해야 한다.

③ 만년필은 선물해준 사람과의 아름다운 기억과 오랜 추억이 담긴 물건이다.

④ 오래된 물건은 실용적 가치만으로 따질 수 없는 개인의 추억과 같은 보편적 가치를 지니기에 그 자체로 아름답다.

> (Tip) 작자는 오래된 물건의 가치를 단순히 기능적 편리함 등의 실용적인 면에 두지 않고 그것을 사용해온 시간, 그 동안의 추억 등에 두고 있으며 그렇기 때문에 오래된 물건이 아름답다고 하였다.

Answer ⟶ 99.④ 100.④

1 다음은 서식처별 현황파악 및 관련 예산에 대한 표이다. 이에 대한 설명으로 적합하지 않은 것은?

(단위 : 억 원)

항목 서식처	현형파악 비용	장기관찰 비용	연구 및 보안 비용	복구비용	기타 비용	합계
산림생태계	100	90	1,000	640	1,000	2,830
해양생태계	100	112	1,500	800	500	3,012
호소생태계	80	140	200	200	200	820
하천생태계	30	5	15	100	150	300
국립공원	10	198	30	50	300	588
농경생태계	50	100	950	750	100	1,950
도시 및 산업생태계	50	50	50	500	100	750
계	420	695	3,745	3,040	2,350	10,250

※ 서식처 크기는 현황자료 파악, 장기관찰비용, 복구비용의 합과 비례하며, 각 서식처의 생물 다양성 파악정도는 '현황파악 비용'에 대한 '연구 및 보전 비용'이 비율에 반비례한다.

① 서식처 크기는 해양생태계가 가장 크다.

② 비용합계에서 차지하는 장기관찰 비용의 비중이 가장 큰 서식처는 장기관찰비용 역시 가장 크다.

③ 생물다양성 파악정도가 가장 큰 것은 하천생태계로 산림생태계보다 20배나 크다.

④ 생물다양성 파악정도가 가장 낮은 서식처는 해양생태계이다.

(Tip) 생물다양성 파악정도가 가장 낮은 서식처는 농경생태계이다.
비용합계에서 차지하는 장기관찰 비용의 비중이 가장 큰 서식처는 국립공원이며, 장기관찰 비용이 가장 크다.

2 다음 표는 우리나라 대도시 인구와 화재 발생 건수의 관계를 정리한 것이다. 표를 보고 바르게 해석한 것으로 묶인 것은?

구분	화재건수	비율	인구수	비율
서울	7,058	48%	9,853,972	44%
부산	2,190	15%	3,655,437	16%
대구	596	4%	2,482,990	12%
인천	2,005	13%	2,466,338	11%
광주	726	5%	1,350,948	6%
대전	1,060	7%	1,356,961	6%
울산	1,160	8%	1,012,110	5%
합계	14,795	100%	22,178,756	100%

㉠ 표에서 주어진 도시 중 인구 대비 화재 건수가 7대 도시 평균보다 많은 도시는 4개이다.
㉡ 부산의 화재건수 비율보다 대구의 인구수 비율이 더 크다.
㉢ 평균적으로 인천에 비해 울산의 시민이 더 자주 화재를 경험한다.
㉣ 화재 1건당 인구가 천명 미만이 되는 도시는 2개이다.

① ㉠㉡
② ㉠㉢
③ ㉡㉢
④ ㉢㉣

 ㉡ 부산의 화재건수 비율보다 대구의 인구수 비율이 더 작다.
㉣ 화재 1건당 인구가 천명 미만이 되는 도시는 울산 1개이다.

Answer ➔ 1.④ 2.②

3 다음은 2009 ~ 2018년 5개 자연재해 유형별 피해금액에 관한 자료이다. 이에 대한 설명으로 옳은 것만을 모두 고른 것은?

5개 자연재해 유형별 피해금액

(단위 : 억 원)

유형＼연도	2009	2010	2011	2012	2013	2014	2015	2016	2017	2018
태풍	3,416	1,385	118	1,609	9	0	1,725	2,183	8,765	17
호우	2,150	3,520	19,063	435	581	2,549	1,808	5,276	384	1,581
대설	6,739	5,500	52	74	36	128	663	480	204	113
강풍	0	93	140	69	11	70	2	0	267	9
풍랑	0	0	57	331	0	241	70	3	0	0
전체	12,305	10,498	19,430	2,518	637	2,988	4,268	7,942	9,620	1,720

㉠ 2009 ~ 2018년 강풍 피해금액 합계는 풍랑 피해금액 합계보다 적다.
㉡ 2017년 태풍 피해금액은 2017년 5개 자연재해 유형 전체 피해금액의 90% 이상이다.
㉢ 피해금액이 매년 10억 원보다 큰 자연재해 유형은 호우뿐이다.
㉣ 피해금액이 큰 자연재해 유형부터 순서대로 나열하면 2015년과 2016년의 순서는 동일하다.

① ㉠㉡

② ㉠㉢

③ ㉢㉣

④ ㉠㉡㉡

㉠ 주어진 기간 동안 강풍 피해금액과 풍랑 피해금액의 합계를 각각 계산하여 비교하기 보다는 소거법을 이용하여 비교하는 것이 좋다. 비슷한 크기의 값들을 서로 비교하여 소거한 뒤 남은 값들의 크기를 비교해주는 것으로 2014년 강풍과 2015년 풍랑 피해금액이 70억 원으로 동일하고 2010, 2011, 2013년 강풍 피해금액의 합 244억 원과 2014년 풍랑 피해금액 241억 원이 비슷하다. 또한 2012, 2017년 강풍 피해금액의 합 336억 원과 2012년 풍랑 피해금액 331억 원이 비슷하다. 이 값들을 소거한 뒤 남은 값들을 비교해보면 강풍 피해금액의 합계가 풍랑 피해금액의 합계보다 더 작다는 것을 알 수 있다.

㉡ 2017년 태풍 피해금액이 2017년 5개 자연재해 유형 전체 피해금액의 90% 이상이라는 것은 즉, 태풍을 제외한 나머지 4개 유형 피해금액의 합이 전체 피해금액의 10% 미만이라는 것을 의미한다. 2017년 태풍을 제외한 나머지 4개 유형 피해금액의 합을 계산하면 전체 피해금액의 10% 밖에 미치지 못함을 알 수 있다.

㉢ 피해금액이 매년 10억 원보다 큰 자연재해 유형은 호우, 대설이 있다.

㉣ 피해금액이 큰 자연재해 유형부터 순서대로 나열하면 2015년 호우, 태풍, 대설, 풍랑, 강풍이며 이 순서는 2016년의 순서와 동일하다.

4 다음 표는 타이타닉 승선자의 생존율에 관한 자료이다. 이에 대한 설명으로 옳지 않은 것은?

	어린이				어른				생존율
	남자		여자		남자		여자		
	생존	사망	생존	사망	생존	사망	생존	사망	
1등실	5명	0명	1명	0명	57명	118명	140명	4명	62.2%
2등실	11명	0명	13명	0명	14명	154명	80명	13명	41.4%
3등실	13명	35명	14명	17명	75명	387명	76명	89명	25.2%
승무원	0명	0명	0명	0명	192명	670명	20명	3명	24.0%

① 3등실 어린이의 생존율이 3등실 어른의 생존율보다 높다.

② 남자 승무원의 생존율은 2등실 남자의 생존율보다 높다.

③ 남자 승무원과 여자 승무원의 생존율은 각각 3등실 남자와 3등실 여자의 생존율보다 높다.

④ 승선자 가운데 여성의 비율은 1등실에서 가장 높고 3등실, 2등실 그리고 승무원의 순서이다.

 여성의 비율은 $\dfrac{\text{여성}}{\text{남성}}$ 이므로 1등실이 가장 높고 2등실, 3등실 그리고 승무원의 순으로 낮아진다.

5 다음은 소정연구소에서 제습기 A ~ E의 습도별 연간소비전력량을 측정한 자료이다. 이에 대한 설명 중 옳은 것끼리 바르게 짝지어진 것은?

제습기 A ~ E이 습도별 연간소비전력량

(단위 : kWh)

제습기 \ 습도	40%	50%	60%	70%	80%
A	550	620	680	790	840
B	560	640	740	810	890
C	580	650	730	800	880
D	600	700	810	880	950
E	660	730	800	920	970

㉠ 습도가 70%일 때 연간소비전력량이 가장 적은 제습기는 A이다.
㉡ 각 습도에서 연간소비전력량이 많은 제습기부터 순서대로 나열하면, 습도 60%일 때와 습도 70%일 때의 순서를 동일하다.
㉢ 습도가 40%일 때 제습기 E의 연산소비전력량은 습도가 50%일 때 제습기 B의 연간소비전력량보다 많다.
㉣ 제습기 각각에서 연간소비전력량은 습도가 80%일 때가 40%일 때의 1.5배 이상이다.

① ㉠㉡
② ㉠㉢
③ ㉡㉣
④ ㉠㉢㉣

 ㉠ 습도가 70%일 때 연간소비전력량은 790으로 A가 가장 적다.
㉡ 60%와 70%를 많은 순서대로 나열하면 60%일 때 D-E-B-C-A, 70%일 때 E-D-B-C-A 이다.
㉢ 40%일 때 E=660, 50%일 때 B=640이다.
㉣ 40%일 때의 값에 1.5배를 구하여 80%와 비교해 보면 E는 1.5배 이하가 된다.

A= 550×1.5 = 825   840
B= 560×1.5 = 840   890
C= 580×1.5 = 870   880
D= 600×1.5 = 900   950
E= 660×1.5 = 990   970

6 다음 표는 통신사 A, B, C의 스마트폰 소매가격 및 평가점수 자료이다. 이에 대한 〈보기〉의 설명 중 옳은 것만을 모두 고른 것은?

통신사별 스마트폰의 소매가격 및 평가점수

(단위 : 달러, 점)

통신사	스마트폰	소매가격	평가항목					종합품질 점수
			화질	내비게이션	멀티미디어	배터리 수명	통화성능	
A	a	150	3	3	3	3	1	13
	b	200	2	2	3	1	2	10
	c	200	3	3	3	1	1	11
B	d	180	3	3	3	2	1	12
	e	100	2	3	3	2	1	11
	f	70	2	1	3	2	1	9
C	g	200	3	3	3	2	2	13
	h	50	3	2	3	2	1	11
	i	150	3	2	2	3	2	12

㉠ 소매가격이 200달러인 스마트폰 중 '종합품질점수'가 가장 높은 스마트폰은 c이다.
㉡ 소매가격이 가장 낮은 스마트폰은 '종합품질점수'도 가장 낮다.
㉢ 통신사 각각에 대해서 해당 통신사 스마트폰의 '통화성능' 평가점수의 평균을 계산하여 통신사별로 비교하면 C가 가장 높다.
㉣ 평가항목 각각에 대해서 스마트폰 a~i 평가점수의 합을 계산하여 평가항목별로 비교하면 '멀티미디어'가 가장 높다.

① ㉠
② ㉢
③ ㉠㉡
④ ㉢㉣

 ㉠ 200달러인 스마트폰 중 종합품질점수가 가장 높은 스마트폰은 g이다.
㉡ 소매가격이 가장 낮은 스마트폰은 h이며, 종합품질점수가 가장 낮은 스마트폰은 f이다.
㉢ A : $\dfrac{1+2+1}{3}=\dfrac{4}{3}$, B : $\dfrac{1+1+1}{3}=1$, C : $\dfrac{2+1+2}{3}=\dfrac{5}{3}$
㉣ 화질 : $3+2+3+3+2+2+3+3+3=24$
　내비게이션 : $3+2+3+3+3+1+3+2+2=22$
　멀티미디어 : $3+3+3+3+3+3+3+3+2=26$
　배터리 수명 : $3+1+1+2+2+2+2+2+3=18$
　통화성능 : $1+2+1+1+1+1+2+1+2=12$

Answer ↪ 5.② 6.④

7 다음은 2015년과 2018년 한국, 중국, 일본의 재화 수출액 및 수입액을 정리한 표와 무역수지와 무역특화지수에 대한 용어정리이다. 이에 대한 〈보기〉의 내용 중 옳은 것만 고른 것은?

(단위 : 억 달러)

연도	국가 수출입액 재화	한국		중국		일본	
		수출액	수입액	수출액	수입액	수출액	수입액
2015년	원자재	578	832	741	1,122	905	1,707
	소비재	117	104	796	138	305	847
	자본재	1,028	668	955	991	3,583	1,243
2018년	원자재	2,015	3,232	5,954	9,172	2,089	4,760
	소비재	138	375	4,083	2,119	521	1,362
	자본재	3,444	1,549	12,054	8,209	4,541	2,209

[용어정리]

- 무역수지＝수출액－수입액
- 우역수지 값이 양(+)이면 흑자, 음(-)이면 적자이다.
- 무역특화지수＝$\dfrac{수출액－수입액}{수출액＋수입액}$
- 무역특화지수의 값이 클수록 수출경쟁력이 높다.

〈보기〉

㉠ 2018년 한국, 중국, 일본 각각에서 원자재 무역수지는 적자이다.

㉡ 2018년 한국의 원자재, 소비재, 자본재 수출액은 2015년 비해 각각 50% 이상 증가하였다.

㉢ 2018년 자본재 수출경쟁력은 일본이 한국보다 높다.

① ㉠   ② ㉡

③ ㉠㉡   ④ ㉠㉢

 ㉠ 한국 $2,015 - 3,232 = -1,217$, 중국 $5,954 - 9,172 = -3,218$, 일본 $2,089 - 4,760 = -2,671$ 모두 적자이다.

㉡ 소비재는 50% 이상 증가하지 않았다.

	원자재	소비재	자본재
2018	2,015	138	3,444
2015	578	117	1,028

ⓒ 자본재 수출경쟁력을 구하면 한국이 일본보다 높다.

$$한국 = \frac{3,444 - 1,549}{3,444 + 1,549} = 0.38$$

$$일본 = \frac{12,054 - 8,209}{12,054 + 8,209} = 0.19$$

8 다음과 같이 지하층이 없고 건물마다 각 층의 바닥면적이 동일한 건물들이 있다. 이 건물들 중에서 층수가 가장 높은 것은?

건물명	건폐율	대지면적	연면적	건축비
A	60%	300m^2	$1,080\text{m}^2$	750만 원/m^2
B	60%	200m^2	720m^2	700만 원/m^2
C	50%	200m^2	800m^2	750만 원/m^2
D	70%	300m^2	$1,260\text{m}^2$	700만 원/m^2

※ 건폐율 = 건축면적/대지면적 × 100

※ 건축면적 : 건물 1층의 바닥면적

※ 연면적 : 건물의 각 층 바닥면적의 총합

① A   ② B
③ C   ④ D

 우선 건축면적을 구하면
건축면적 = 건폐율 × 대지면적이므로
A = 0.6 × 300 = 180
B = 0.6 × 200 = 120
C = 0.5 × 200 = 100
D = 0.7 × 300 = 210
연면적을 건축면적으로 나누면 건물의 층수를 계산할 수 있다.
A = 1,080 ÷ 180 = 6
B = 720 ÷ 120 = 6
C = 800 ÷ 100 = 8
D = 1,260 ÷ 210 = 6

Answer 7.① 8.③

9 다음은 주식회사 서원각의 팀별 성과급 지급 기준이다. Y팀의 성과평가결과가 다음과 같다면 지급되는 성과급의 1년 총액은?

〈성과급 지급 방법〉
(가) 성과급 지급은 성과평가 결과와 연계함.
(나) 성과평가는 유용성, 안전성, 서비스 만족도의 총합으로 평가함. 단, 유용성, 안전성, 서비스 만족도의 가중치를 각각 0.4, 0.4, 0.2로 부여함.
(다) 성과평가 결과를 활용한 성과급 지급 기준

성과평가 점수	성과평가 등급	분기별 성과급 지급액	비고
9.0 이상	A	100만 원	성과평가 등급이 A이면 직전분기 차감액의 50%를 가산하여 지급
8.0 이상 9.0 미만	B	90만 원 (10만 원 차감)	
7.0 이상 8.0 미만	C	80만 원 (20만 원 차감)	
7.0 미만	D	40만 원 (60만 원 차감)	

구분	1/4 분기	2/4 분기	3/4 분기	4/4 분기
유용성	8	8	10	8
안전성	8	6	8	8
서비스 만족도	6	8	10	8

① 350만 원
② 360만 원
③ 370만 원
④ 380만 원

 먼저 아래 표를 항목별로 가중치를 부여하여 계산하면,

구분	1/4 분기	2/4 분기	3/4 분기	4/4 분기
유용성	$8 \times \frac{4}{10} = 3.2$	$8 \times \frac{4}{10} = 3.2$	$10 \times \frac{4}{10} = 4.0$	$8 \times \frac{4}{10} = 3.2$
안전성	$8 \times \frac{4}{10} = 3.2$	$6 \times \frac{4}{10} = 2.4$	$8 \times \frac{4}{10} = 3.2$	$8 \times \frac{4}{10} = 3.2$
서비스 만족도	$6 \times \frac{2}{10} = 1.2$	$8 \times \frac{2}{10} = 1.6$	$10 \times \frac{2}{10} = 2.0$	$8 \times \frac{2}{10} = 1.6$
합계	7.6	7.2	9.2	8
성과평가 등급	C	C	A	B
성과급 지급액	80만 원	80만 원	110만 원	90만 원

성과평가 등급이 A이면 직전분기 차감액의 50%를 가산하여 지급한다고 하였으므로, 3/4분기의 성과급은 직전분기 차감액 20만 원의 50%인 10만 원을 가산하여 지급한다.
∴ 80 + 80 + 110 + 90 = 360(만 원)

10 다음 표는 어느 해 학교 급별 특수학급 현황을 나타낸 것이다. 표에 대한 설명으로 옳지 않은 것은?

학교 급	구분	학교 수	장애학생 배치학교 수	특수학급 설치학교 수
초등학교	국공립	5,868	4,596	3,688
	사립	76	16	4
중학교	국공립	2,581	1,903	1,360
	사립	571	309	52
고등학교	국공립	1,335	1,013	691
	사립	948	494	56
전체	국공립	9,784	7,512	5,719
	사립	1,595	819	112

※ 특수학급 설치율(%) = (특수학급 설치학교 수 / 장애학생 배치학교 수) × 100

① 모든 학교 급에서 국공립학교의 특수학급 설치율은 50% 이상이다.
② 학교 수에서 장애학생 배치학교 수가 차지하는 비율은 사립초등학교가 사립중학교보다 낮다.
③ 사립고등학교와 국공립고등학교의 특수학급 설치율은 50%p 이상 차이나지 않는다.
④ 전체 사립학교와 전체 국공립학교의 특수학급 설치율은 50%p 이상 차이난다.

> **(Tip)** 사립고등학교와 국공립고등학교의 특수학급 설치율은 50%p 이상 차이난다.
>
> 사립고등학교 특수학급 설치율 $= \dfrac{56}{494} \times 100 = 11.336 = 11.34\%$
>
> 국공립고등학교의 특수학급 설치율 $= \dfrac{691}{1,013} \times 100 = 68.213 = 68.21\%$

11 박○○ 사원의 5월 급여내역이 다음과 같고 전월과 동일하게 근무하였으며 차량지원금으로 100,000원을 받게 된다면, 6월에 받게 되는 급여는 얼마인가? (단, 원 단위 절삭)

〈근로소득에 대한 간이 세액표〉

월 급여액(천 원) [비과세 및 학자금 제외]		공제대상 가족 수				
이상	미만	1	2	3	4	5
2,500	2,520	38,960	29,280	16,940	13,570	10,190
2,520	2,540	40,670	29,960	17,360	13,990	10,610
2,540	2,560	42,380	30,640	17,790	14,410	11,040
2,560	2,580	44,090	31,330	18,210	14,840	11,460
2,580	2,600	45,800	32,680	18,640	15,260	11,890
2,600	2,620	47,520	34,390	19,240	15,680	12,310
2,620	2,640	49,230	36,100	19,900	16,110	12,730
2,640	2,660	50,940	37,810	20,560	16,530	13,160
2,660	2,680	52,650	39,530	21,220	16,960	13,580
2,680	2,700	54,360	41,240	21,880	17,380	14,010
2,700	2,720	56,070	42,950	22,540	17,800	14,430
2,720	2,740	57,780	44,660	23,200	18,230	14,850
2,740	2,760	59,500	46,370	23,860	18,650	15,280

※ 갑근세는 제시되어 있는 간이 세액표에 따름
※ 주민세＝갑근세의 10%
※ 국민연금＝급여액의 4.50%
※ 고용보험＝국민연금의 10%
※ 건강보험＝급여액의 2.90%
※ 교육지원금＝분기별 100,000원(매 분기별 첫 달에 지급)

(주) 서원플랜테크 5월 급여내역			
성명	박○○	지급일	5월 12일
기본급여	2,240,000	갑근세	39,530
직무수당	400,000	주민세	3,950
명절 상여금		고용보험	11,970
특별수당	20,000	국민연금	119,700
차량지원금		건강보험	77,140
교육지원		기타	
급여계	2,660,000	공제합계	252,290
		지급총액	2,407,710

① 2,443,910　　　　　　　② 2,453,910

③ 2,463,910　　　　　　　④ 2,473,910

기본 급여	2,240,000	갑근세	46,370
직무수당	400,000	주민세	4,630
명절 상여금		고용보험	12,330
특별수당		국민연금	123,300
차량 지원금	100,000	건강보험	79,460
교육 지원		기타	
급여계	2,740,000	공제합계	266,090
		지급총액	2,473,910

12 인터넷 쇼핑몰에서 회원가입을 하고 디지털캠코더를 구매하려고 한다. 다음은 구입하고자 하는 모델에 대하여 인터넷 쇼핑몰 세 곳의 가격과 조건을 제시한 표이다. 표에 있는 모든 혜택을 적용하였을 때 디지털캠코더의 배송비를 포함한 실제 구매가격을 바르게 비교한 것은?

구분	A 쇼핑몰	B 쇼핑몰	C 쇼핑몰
정상가격	129,000원	131,000원	130,000원
회원혜택	7,000원 할인	3,500원 할인	7% 할인
할인쿠폰	5% 쿠폰	3% 쿠폰	5,000원
중복할인여부	불가	가능	불가
배송비	2,000원	무료	2,500원

① A<B<C　　　　　　　② B<C<A

③ C<A<B　　　　　　　④ C<B<A

　　ㄱ A 쇼핑몰

　　　• 회원혜택을 선택한 경우 : $129,000-7,000+2,000=124,000$(원)

　　　• 5% 할인쿠폰을 선택한 경우 : $129,000\times0.95+2,000=124,550$(원)

　　ㄴ B 쇼핑몰 : $131,000\times0.97-3,500=123,570$(원)

　　ㄷ C 쇼핑몰

　　　• 회원혜택을 선택한 경우 : $130,000\times0.93+2,500=123,400$(원)

　　　• 5,000원 할인쿠폰을 선택한 경우 : $130,000-5,000+2,500=127,500$(원)

　　∴ C<B<A

▌13~14 ▌ 다음은 도로교통사고 원인을 나이별로 나타낸 표이다. 물음에 답하시오.

(단위 : %)

원인별	20~29세	30~39세	40~49세	50~59세	60세 이상
운전자의 부주의	24.5	26.3	26.4	26.2	29.1
보행자의 부주의	2.4	2.0	2.7	3.6	4.7
교통혼잡	15.0	14.3	13.0	12.6	12.7
도로구조의 잘못	3.0	3.5	3.1	3.3	2.3
교통신호체계의 잘못	2.1	2.5	2.4	2.1	1.7
운전자나 보행자의 질서의식 부족	52.8	51.2	52.3	52.0	49.3
기타	0.2	0.2	0.1	0.2	0.2
합계	100%	100%	100%	100%	100%

13 20~29세 인구가 10만 명이라고 할 때 도로구조의 잘못으로 교통사고가 발생하는 수는 몇 명인가?

① 1,000명　　　　　　　　　② 2,000명
③ 3,000명　　　　　　　　　④ 4,000명

 20~29세 인구에서 도로구조의 잘못으로 교통사고가 발생한 인구수를 x 라 하면,

$$\frac{x}{100,000} \times 100 = 3 \text{이므로}$$

$x = 3 \times 1,000 = 3,000$ 명

14 주어진 표에서 60세 이상의 인구 중 도로교통사고의 가장 높은 원인과 그 다음으로 높은 원인은 몇 %p 차이가 나는가?

① 20.1　　　　　　　　　② 20.2
③ 37.4　　　　　　　　　④ 37.5

 60세 이상의 인구 중 도로교통사고로 가장 높은 원인은 운전자나 보행자의 질서의식 부족으로 49.3%를 차지하고 있으며, 그 다음으로 높은 원인은 운전자의 부주의로 29.1%이다. 그러므로 49.3 − 29.1 = 20.2가 차이가 난다.

15 다음은 우체국 택배물 취급에 관한 기준표이다. 미영이가 서울에서 포항에 있는 보람이와 설희에게 각각 택배를 보내려고 한다. 보람이에게 보내는 물품은 10kg에 130cm이고, 설희에게 보내려는 물품은 4kg에 60cm이다. 미영이가 택배를 보내는 데 드는 비용은 모두 얼마인가?

(단위 : 원/개)

중량(크기)		2kg까지 (60cm까지)	5kg까지 (80cm까지)	10kg까지 (120cm까지)	20kg까지 (140cm까지)	30kg까지 (160cm까지)
동일지역		4,000원	5,000원	6,000원	7,000원	8,000원
타지역		5,000원	6,000원	7,000원	8,000원	9,000원
제주 지역	빠른(항공)	6,000원	7,000원	8,000원	9,000원	11,000원
	보통(배)	5,000원	6,000원	7,000원	8,000원	9,000원

※ 1) 중량이나 크기 중에 하나만 기준을 초과하여도 초과한 기준에 해당하는 요금을 적용한다.

2) 동일지역은 접수지역과 배달지역이 동일한 시/도이고, 타지역은 접수한 시/도지역 이외의 지역으로 배달되는 경우를 말한다.

3) 부가서비스(안심소포) 이용시 기본요금에 50% 추가하여 부가한다.

① 13,000원   ② 14,000원

③ 15,000원   ④ 16,000원

 중량이나 크기 중에 하나만 기준을 초과하여도 초과한 기준에 해당하는 요금을 적용한다고 하였으므로, 보람이에게 보내는 택배는 10kg지만 130cm로 크기 기준을 초과하였으므로 요금은 8,000원이 된다. 또한 설희에게 보내는 택배는 60cm이지만 4kg으로 중량기준을 초과하였으므로 요금은 6,000원이 된다.

Answer ↪ 13.③   14.②   15.②

16 다음 표는 E사의 복지제도 복지점수 계산방법에 대한 환산표이다. 정년퇴직한 김 부장은 23년 5개월 근무하였으며, 배우자 1명, 자녀 3명, 부모님을 모시고 살고 있다. 김 부장의 복지점수를 구하면 얼마인가?

기본 복지점수	근속 복지점수	가족 복지점수
정년퇴직 500P	근속년수 년간 10P 최고 20년까지 인정	배우자/자녀 100P 부모 50P 최고 300P까지 인정

① 500P

② 800P

③ 1,000P

④ 1,200P

 기본 복지점수 500P
근속 복지점수 200P(최고 20년까지 인정)
가족 복지점수 300P(최고 300P까지 인정)
∴ 500 + 300 + 200 = 1,000

17 표는 60갑자에 대한 것이다. 다음 중 옳지 않은 것은?

10천간	갑	을	병	정	무	기	경	신	임	계		
12지지	자	축	인	묘	진	사	오	미	신	유	술	해

① 1940년이 갑자년이면, 1999년은 계해년이다.

② 2010년이 정축년이라면, 2015년은 임오년이다.

③ 1972년이 기사년이라면, 1980년은 병인년이다.

④ 2000년이 갑자년이라면, 그 다음 갑자년은 2060년이다.

 ③ 1972년이 기사년이라면, 1980년은 8년 후이므로 정축년이다.

18 표는 PGA 골프대회에 참석하기 위해 미국 뉴욕으로 출발한 한국의 선수들의 출발시간, 비행시간과 동일 시점에서의 뉴욕의 현지시간을 나타낸 자료이다. 한국선수들이 도착했을 때 뉴욕의 시간은?

[표 1] 각국 선수들의 비행시간

출발지	출발시간	비행시간(출발지→뉴욕)
한국(서울)	2009.10.8(목) 00:10	14시간 20분

[표 2] 동일 시점에서 각국의 현지 시각

도시	날짜	현지시각
서울	2009.10.5(월)	06:40
뉴욕	2009.10.4(일)	16:40

① 10월 7일 19시 10분
② 10월 8일 00시 30분
③ 10월 6일 18시 50분
④ 10월 8일 19시 40분

 ② 비행시간이 14시간 20분 소요되고, 시차는 뉴욕이 서울보다 14시간이 느리다. 14시간 차이가 나므로 20분 후인 10월 8일 00시 30분에 도착한다.

| 19~20 | 다음 표는 주요 암의 5년 생존율을 국가별로 정리한 것이다. 각 물음에 답하시오.

구분	한국	미국	캐나다	일본
위암	61.2	25.7	22.0	62.1
간암	21.7	13.1	14.0	23.1
자궁경부암	80.5	70.6	75.0	71.5
대장암	68.7	65.2	60.0	65.2
유방암	79.5	89.1	87.0	85.5
폐암	16.7	15.6	15.0	25.6
전립선암	82.4	99.7	94.0	75.5
기타 암	57.1	66.1	60.0	54.3

19 다음 중 표에 대한 해석으로 옳지 않은 것은?

① 한국의 위암, 간암, 자궁경부암의 5년 생존율은 미국과 캐나다보다 높다.

② 한국은 주요 암 중 전립선암의 5년 생존율이 가장 높다.

③ 전립선암의 5년 생존율이 가장 낮은 국가는 한국이다.

④ 미국은 주요 암 중 간암의 5년 생존율이 가장 낮다.

(Tip) ③ 전립선암의 5년 생존율이 가장 낮은 국가는 일본이다.

20 현재 한국의 전체 대장암 환자가 3만 명이라면, 5년 후 대장암 사망환자는 몇 명인가?

① 7,561명　　　　　　② 8,135명

③ 9,324명　　　　　　④ 9,390명

$$30,000 \times \frac{687}{1,000} = 20,610$$

$$30,000 - 20,610 = 9,390$$

| 21~22 | E사는 직원들의 명함을 다음과 같이 제작한다. 각 물음에 답하시오.

	100장	50장 추가 시
국문 명함	10,000원	3,000원
영문 명함	15,000원	5,000원

* 고급종이로 만들 경우 정가의 10% 가격 추가

21 올해 신입사원이 입사해서 국문 명함을 만들었다. 명함은 1인당 200장씩 지급하며, 일반 종이로 만들어 총 제작 비용은 400,000원이다. 신입사원은 총 몇 명인가?

① 15명   ② 20명

③ 25명   ④ 25명

> (Tip) 100장까지는 10,000원, 50장 추가 시 3,000원이므로
> $16,000 \times x = 400,000$
> $\therefore x = 25$

22 신입사원 중 해외영업 부서로 배치 받은 사원이 있다. 해외영업부 사원들에게는 고급종이로 영문 명함을 150장씩 만들어 주려고 한다. 총 인원이 12명일 때 총 가격은 얼마인가?

① 235,000원   ② 240,000원

③ 255,000원   ④ 264,000원

> (Tip) $\left\{20,000 + \left(20,000 \times \dfrac{10}{100}\right)\right\} \times 12 = 22,000 \times 12 = 264,000 \,(원)$

Answer → 19.③ 20.④ 21.④ 22.④

┃ 23~24 ┃ 다음 표는 15개 종목이 개최된 2018 평창 동계올림픽 참가국 A~D의 메달 획득 결과를 나타낸 자료이다. 각 물음에 답하시오.

(단위 : 개)

종목 \ 메달	A국 금	A국 은	A국 동	B국 금	B국 은	B국 동	C국 금	C국 은	C국 동	D국 금	D국 은	D국 동
노르딕복합	3	1	1					1				
루지	3	1	2	1							1	1
바이애슬론	3	1	3				1	3	2			
봅슬레이	3	1		1						1		1
쇼트트랙				1						1	1	3
스노보드		1	1	4	2	1				1	2	1
스켈레톤		1										
스키점프	1	3					2	1	2			
스피드스케이팅						1	2	1	1	1		
아이스하키		1		1							1	1
알파인스키				1	1	1	4	2				
컬링				1				1	1			
크로스컨트리				1		7	4	3				
프리스타일스키				1	2	1				4	1	1
피겨스케이팅	1					2				2		2

23 다음 중 메달을 획득 수가 가장 적은 국가는?

① A ② B

③ C ④ D

(Tip) ① A = 31 ② B = 30 ③ C = 31 ④ D = 27

24 획득한 은메달 수가 가장 많은 국가부터 순서대로 나열한 것은?

① A −D − B − C
② B − C − A − D
③ C − A − B − D
④ C − D − B − A

 A = 10, B = 8, C = 14, D = 7이므로
가장 많은 국가부터 순서대로 나열하면 'C − A − B − D'이다.

┃25~26┃ 각 도시별 인구 및 인구 1,000명당 자동차 대수를 나타낸 것이다. 물음에 답하시오.

도시	인구	인구 1,000명당 자동차 대수
A	106만 명	210
B	82만 명	120
C	61만 명	500
D	41만 명	340

25 자동차 대수가 가장 많은 도시는?

① A
② B
③ C
④ D

⑦ A : $\dfrac{210 \times 1,060,000}{1,000} = 222,600$대

ⓛ B : $\dfrac{120 \times 820,000}{1,000} = 98,400$대

ⓒ C : $\dfrac{500 \times 610,000}{1,000} = 305,000$대

ⓔ D : $\dfrac{340 \times 410,000}{1,000} = 139,400$대

Answer ⤷ 23.④ 24.③ 25.③

26 한 가구당 구성인구수를 평균 4명이라 할 때, 가구당 평균 한 대 이상의 자동차를 보유하고 있는 도시는?

① A와 B
② B와 D
③ C와 D
④ A와 D

 (Tip)

㉠ $A = \dfrac{210}{1,000} \times 4 = 0.84$

㉡ $B = \dfrac{120}{1,000} \times 4 = 0.48$

㉢ $C = \dfrac{500}{1,000} \times 4 = 2$

㉣ $D = \dfrac{340}{1,000} \times 4 = 1.36$

27 다음은 A 지역의 남성 성인병과 비만에 대한 그래프이다. 이 지역의 남성 중 30%가 성인병을 앓고 있다고 할 때 비만인 남성 중 성인병을 앓고 있는 남성의 비율은?

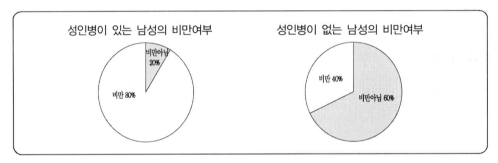

① 약 31%
② 약 36%
③ 약 41%
④ 약 46%

 (Tip)

성인병이 있는 남성 수 $0.3x$, 성인병 없는 남성 수 $0.7x$

성인병이 있고 비만인 남성 수 $0.24x$, 성인병이면서 비만은 아닌 남성 수 $0.06x$

성인병이 없고 비만인 남성 수 $0.28x$, 성인병이 없고 비만도 아닌 남성 수 $0.42x$

비만인 남성 중 성인병이 있는 남성의 비율은 $\dfrac{0.24x}{0.24x + 0.28x} ≒ 46\%$

28 다음 표는 준수네 학급의 100m 달리기와 오래 매달리기 기록을 상관표로 나타낸 것이다. 100m 달리기는 18초 미만이 만점이고, 오래 매달리기는 1분 이상이 만점이라고 할 때, 두 종목에서 모두 만점을 받은 학생은 몇 명인가? (단, 빈칸은 실격을 의미한다.)

달리기 \ 매달리기	20초 미만	20~30초 미만	30~40초 미만	50~60초 미만	60~70초 미만	70초 이상
14초 미만	3					
14~15초 미만		2	7			4
15~16초 미만			6	9		
17~18초 미만				4	3	
18~19초 미만		5			4	2
19초 이상			3			3

① 4 ② 5

③ 6 ④ 7

 조건에 따르면 100m 달리기와 오래 매달리기 두 종목에서 모두 만점을 받은 학생은 7명이다.

	60~70초 미만	70초 이상
14초 미만		
14~15초 미만		4
15~16초 미만		
17~18초 미만	3	

|29~30| 다음은 지방자치단체별 재정지수에 관한 표이다. 물음에 답하시오.

(단위 : 십억 원)

자치 단체명	기준재정 수입액	기준재정 수요액	재정자립도
A	4,520	3,875	92%
B	1,342	1,323	79%
C	892	898	65%
D	500	520	72%
E	2,815	1,620	69%
F	234	445	18%
G	342	584	29%
H	185	330	30%
I	400	580	35%
J	82	164	31%

※ 재정력지수 = $\dfrac{기준재정\ 수입액}{기준재정\ 수요액}$

29 다음 설명 중 옳지 않은 것은?

① 자치단체 F의 재정력지수는 자치단체 I보다 작다.

② 표에서 재정자립도가 가장 낮은 자치단체는 F이다.

③ 기준재정 수입액과 기준재정 수요액이 가장 높은 자치단체의 재정자립도가 가장 높다.

④ 자치단체 A, B, D, E의 재정력지수는 모두 1보다 크다.

> (Tip)
> ① F의 재정력지수 = $\dfrac{234}{445} ≒ 0.53$, I의 재정력지수 = $\dfrac{400}{580} ≒ 0.69$
>
> ④ A의 재정력지수 = $\dfrac{4,520}{3,875} ≒ 1.17$, B의 재정력지수 = $\dfrac{1,342}{1,323} ≒ 1.01$
>
> D의 재정력지수 = $\dfrac{500}{520} ≒ 0.96$, E의 재정력지수 = $\dfrac{2,815}{1,620} ≒ 1.74$

30 다음 중 재정자립도가 가장 높은 곳은?

① A   ② B

③ C   ④ D

> (Tip) A = 92%, B = 79%, C = 65%, D = 72%

31 다음은 2008년 인구 상위 10개국과 2058년 예상 인구 상위 10개국에 대한 자료이다. 이에 대한 보기의 설명 중 옳지 않은 것을 모두 고른 것은?

〈표〉 2008년 인구 상위 10개국과 2058년 예상 인구 상위 10개국

(단위 : 백만 명)

순위＼구분	2008년		2058년	
	국가	인구	국가	인구
1위	중국	1,311	인도	1,628
2위	인도	1,122	중국	1,437
3위	미국	299	미국	420
4위	인도네시아	225	나이지리아	299
5위	브라질	187	파키스탄	295
6위	파키스탄	166	인도네시아	285
7위	방글라데시	147	브라질	260
8위	러시아	146	방글라데시	231
9위	나이지리아	135	콩고	196
10위	일본	128	에티오피아	145

〈보기〉
㉠ 2008년 대비 2058년 인도의 인구는 중국의 인구보다 증가율이 낮을 것으로 예상된다.
㉡ 2008년 대비 2058년 미국의 인구는 중국의 인구보다 증가율이 낮을 것으로 예상된다.
㉢ 2008년 대비 2058년 콩고의 인구는 50% 이상 증가할 것으로 예상된다.
㉣ 2008년 대비 2058년 러시아의 인구는 감소할 것으로 예상된다.

① ㉠㉡
② ㉠㉣
③ ㉡㉣
④ ㉢㉣

 ㉠ 2008년 대비 2058년 인도의 인구는 45% 증가율을 보인다. 중국의 인구는 2008년 대비 2058년 약 9%의 증가율을 보이기 때문에 인도의 인구 증가율이 높을 것으로 예상된다.
㉡ 2008년 대비 2058년의 미국의 인구는 약 40%의 증가율을 보인다. 때문에 미국의 인구 증가율이 중국보다 높을 것으로 예상된다.

Answer ➡ 29.④ 30.① 31.①

| 32~33 | 다음 표는 초혼 부부의 연령차별 혼인 건수 및 구성비에 관한 표이다. 물음에 답하시오.

초혼 부부의 연령차별 혼인 건수 및 구성비

초혼부부의 연령차별 혼인 건수													
		2003	2004	2005	2006	2007	2008	2009	2010	2011	2012	2013	전년대비 증감률
	계*	233.9	231.3	232.0	255.2	265.5	249.4	236.7	254.6	258.6	257.0	255.6	−0.6
남자연상	소계	172.0	169.8	168.9	183.4	189.6	175.7	164.8	175.9	176.8	175.3	172.8	−1.4
	1~2세	62.8	61.3	61.0	66.0	69.6	65.0	62.4	66.4	67.9	67.6	66.7	−1.3
	3~5세	73.1	71.8	69.4	73.8	76.4	69.6	65.5	69.4	70.3	69.9	69.4	−0.7
	6~9세	28.0	27.6	27.0	28.4	29.2	26.3	24.6	25.7	25.9	25.9	25.9	0.0
	10세 이상	8.2	9.1	11.5	15.1	14.4	14.7	12.3	14.4	12.7	11.8	10.7	−9.6
	동갑	34.4	33.9	35.0	39.3	41.4	39.5	38.1	40.8	42.3	41.7	41.4	−0.6
여자연상	소계	27.4	27.6	28.2	32.6	34.5	34.2	33.8	37.9	39.5	40.0	41.3	3.3
	1~2세	21.0	20.9	21.2	24.6	25.9	25.6	25.1	27.8	28.8	29.0	29.6	2.2
	3~5세	5.1	5.3	5.6	6.3	6.8	6.9	7.0	8.0	8.5	8.8	9.4	6.3
	6~9세	1.1	1.1	1.2	1.4	1.5	1.5	1.5	1.7	1.8	1.9	1.9	3.6
	10세 이상	0.2	0.2	0.2	0.2	0.3	0.3	0.3	0.3	0.3	0.3	0.3	20.0

구성비													
		2003	2004	2005	2006	2007	2008	2009	2010	2011	2012	2013	전년대비 증감
	계*	100.0	100.0	100.0	100.0	100.0	100.0	100.0	100.0	100.0	100.0	100.0	−
남자연상	소계	73.6	73.4	72.8	71.8	71.4	70.4	69.6	69.1	68.4	68.2	67.6	−0.6
	1~2세	26.8	26.5	26.3	25.9	26.2	26.0	26.4	26.1	26.3	26.3	26.1	−0.2
	3~5세	31.3	31.0	29.9	28.9	28.8	27.9	27.7	27.3	27.2	27.2	27.2	0.0
	6~9세	12.0	11.9	11.7	11.1	11.0	10.6	10.4	10.1	10.0	10.1	10.2	0.1
	10세 이상	3.5	4.0	4.9	5.9	5.4	5.9	5.2	5.7	4.9	4.6	4.2	−0.4
	동갑	14.7	14.7	15.1	15.4	15.6	15.9	16.1	16.0	16.4	16.2	16.2	0.0
여자연상	소계	11.7	11.9	12.1	12.8	13.0	13.7	14.3	14.9	15.3	15.6	16.2	0.6
	1~2세	9.0	9.0	9.1	9.6	9.7	10.2	10.6	10.9	11.1	11.3	11.6	0.3
	3~5세	2.2	2.3	2.4	2.5	2.6	2.8	3.0	3.2	3.3	3.4	3.7	0.2
	6~9세	0.5	0.5	0.5	0.5	0.6	0.6	0.6	0.7	0.7	0.7	0.8	0.0
	10세 이상	0.1	0.1	0.1	0.1	0.1	0.1	0.1	0.1	0.1	0.1	0.1	0.0

* 연령미상 제외

190 » PART Ⅲ. 직무적성검사

32 다음 자료에 대한 설명으로 바르지 않은 것은?

① 2013년 남녀 모두 초혼 부부 중 남자 연상부부는 67.6%, 동갑부부는 16.2%, 여자연 상부부는 16.2%이다.

② 남자연상부부 비중은 지속적으로 감소 추세이고 여자 연상부부 비중은 지속적으로 증가추세이다.

③ 동갑부부 비중은 등락을 보이다가 전년과 유사하다.

④ 연령차 남자3~5세 연상 비중이 27.2%로 가장 많고 이는 꾸준히 증가추세이다.

 남자 3~5세 연상 비중이 가장 많으나 이는 꾸준히 감소 추세이다. 반면 여자연상 부부 비중은 모든 연령에서 꾸준히 증가 추세이다.

33 빈칸에 들어갈 알맞은 숫자로 짝지어진 것은?

> 전년대비 남자 연상 부부 비중은 _____하고, 동갑 부부 비중은 전년과 유사하 며 여자 연상 부부 비중은 _____함.

① 0.5%p 감소, 0.6%p 증가

② 0.5%p 감소, 0.5%p 증가

③ 0.6%p 증가, 0.6%p 감소

④ 0.6%p 감소, 0.6%p 증가

 2012년 남자 연상부부 : 68.2%
2013년 남자 연상부부 : 67.6%
∴ 0.6%p 감소
2012년 여자 연상부부 : 15.6%
2013년 여자 연상부부 : 16.2%
∴ 0.6%p 증가

Answer → 32.④ 33.④

┃34~35┃ 다음 표는 혼인 건수 및 조혼인율에 관한 표이다. 물음에 답하시오.

혼인 건수 및 조혼인율

	2003	2004	2005	2006	2007	2008	2009	2010	2011	2012	2013
혼인 건수(천 건)	302.5	308.6	314.3	330.6	343.6	327.7	309.8	326.1	329.1	327.1	322.8
증감(천 건)	-2.4	6.1	5.7	16.3	12.9	-15.8	-18.0	16.3	3.0	-2.0	-4.3
증감률(%)	-0.8	2.0	1.8	5.2	3.9	-4.6	-5.5	5.3	0.9	-0.6	-1.3
조혼인율*	6.3	6.4	6.5	6.8	7.0	6.6	6.2	6.5	6.6	6.5	6.4

* 인구 1천 명당 건

34 2013년 혼인은 전년 대비 몇 % 감소하였는가?

① 1.1% ② 1.2%

③ 1.3% ④ 1.4%

 2013년 혼인은 32만 2천 8백 건으로 전년(32만 7천 1백 건)보다 4천 3백 건, 1.3% 감소하였다.

35 다음 표를 바르게 설명한 것을 고르시오.

① 조혼인율(인구 1천 명당 혼인 건수)은 6.4건으로 전년(6.5건)에 비해 0.1건 감소하였다.

② 조혼인율(인구 1천 명단 혼인 건수)가 두번째로 높은 해는 2008년이다.

③ 전년대비 증가세가 가장 두드러진 해는 2009년이다.

④ 혼인 건수가 많이 감소한 해는 2003년이다.

 ② 2006년이 6.8로 두번째로 높다.
③ 2009년은 전년대비 가장 크게 감소한 해이고 가장 크게 증가한 해는 2006년이다.
④ 혼인 건수가 많이 감소한 해는 2009년이다. 2003년은 혼인건수가 가장 적은 해이다.

36~37 다음은 최근 5년간 우리나라 사람들이 명절연휴를 어떻게 보냈는지 조사한 자료이다. 물음에 답하시오.

〈유형별 최근 5년간 명절을 보낸 사람들의 비율〉

(단위 : %)

	2009년	2010년	2011년	2012년	2013년
제사	67.3	65.7	62.8	60.5	59.2
해외여행	23.1	24.8	26.2	28.5	30.6
직장근무	3.2	2.9	3.7	2.5	1.1
집에서 휴식	6.4	6.6	7.3	8.5	9.1
합계	100	100	100	100	100

〈연령별 명절을 보내는 방법〉

(단위 : %)

	10대	20대	30대	40대	50대 이상
제사	60.9	31.2	37.4	63.3	92.8
해외여행	2.8	45.8	43.6	4.1	3.2
직장근무	·	1.4	3.1	2.5	0.4
집에서 휴식	36.3	21.6	15.9	30.1	3.6
합계	100	100	100	100	100

※ 2014년 9월 현재

Answer → 34.③ 35.①

36 다음 중 옳지 않은 것은?

① 2013년 해외여행을 떠난 사람들과 집에서 휴식을 취하는 사람들의 합의 비율은 2009년 해외여행을 떠난 사람들과 집에서 휴식을 취하는 사람들의 합의 비율보다 10.3%p 늘었다.

② 사람들에게 명절은 이제 친지들을 만나 조상을 모신다는 의미에서 벗어나 단순히 쉬는 날로 인식되고 있다.

③ 이 추세로 간다면 조만간 명절에 제사를 지내는 사람들보다 단순히 여행을 떠나거나 집에서 휴식을 취하는 사람들의 비율이 더 높아질 가능성이 있다.

④ 2009년 제사를 지낸 사람들의 비율에서 해외여행을 떠난 사람들과 집에서 휴식을 취한 사람들의 합의 비율을 뺀 값과 2013년 제사를 지낸 사람들의 비율에서 해외여행을 떠난 사람들과 집에서 휴식을 취한 사람들의 합의 비율을 뺀 값과의 차이는 18.3이다.

 ① 39.7−29.5=10.2

37 위의 자료를 통해 추론할 수 있는 사실이 아닌 것은?

① 명절에 50대 이상이 대부분 제사를 지내는 것과는 달리 2,30대는 해외여행을 떠나는 것으로 보아 노년층과 장년층 간의 명절에 대한 인식이 서로 다름을 알 수 있다.

② 최근 5년간 명절에 해외여행을 떠난 사람들의 상당수 연령은 20대, 30대일 것이다.

③ 명절에 집에서 휴식을 취하는 10대들 중 상당수는 명절에 공부를 하기위해 남아있는 것이라 할 수 있다.

④ 현재 명절에 제사를 지내러 가는 10대들이 20대, 30대가 되는 시대에는 명절에 해외여행을 떠나거나 집에서 휴식을 취하는 사람들의 비율이 지금보다 훨씬 높아질 것이다.

 10대들이 명절에 집에서 공부를 하는지 단순히 휴식을 취하는지는 위의 자료를 통해 알 수 없다.

▌38~39▐ 〈표 1〉은 대재이상 학력자의 3개월간 일반도서 구입량에 대한 표이고 〈표 2〉는 20대 이하 인구의 3개월간 일반도서 구입량에 대한 표이다. 물음에 답하시오.

〈표 1〉 대재이상 학력자의 3개월간 일반도서 구입량

	2006년	2007년	2008년	2009년
사례 수	255	255	244	244
없음	41%	48%	44%	45%
1권	16%	10%	17%	18%
2권	12%	14%	13%	16%
3권	10%	6%	10%	8%
4~6권	13%	13%	13%	8%
7권 이상	8%	8%	3%	5%

〈표 2〉 20대 이하 인구의 3개월간 일반도서 구입량

	2006년	2007년	2008년	2009년
사례 수	491	545	494	481
없음	31%	43%	39%	46%
1권	15%	10%	19%	16%
2권	13%	16%	15%	17%
3권	14%	10%	10%	7%
4~6권	17%	12%	13%	9%
7권 이상	10%	8%	4%	5%

Answer⤷ 36.① 37.③

38 2008년 대재이상 학력자의 3개월간 일반도서 구입량이 7권 이상인 경우의 사례는 몇 건인가? (소수 둘째 자리에서 반올림할 것)

① 7.3건   ② 7.4건

③ 7.5건   ④ 7.6건

 244 × 0.03 = 7.32건

39 주어진 표에 대한 설명으로 옳지 않은 것은?

① 20대 이하 인구가 3개월간 1권 이상 구입한 일반도서량은 해마다 증가하고 있다.

② 20대 이하 인구가 3개월간 일반도서 7권 이상 읽은 비중이 가장 낮다.

③ 20대 이하 인구가 3권 이상 6권 이하로 일반도서 구입하는 량은 해마다 감소하고 있다.

④ 내재이싱 힉럭지가 3개월간 일반도서 1권 구입하는 것보다 한 번도 구입한 적이 없는 경우가 더 많다.

 ① 20대 이하 인구가 3개월간 1권 이상 구입한 일반도서량은 2007년과 2009년 전년에 비해 감소했다.

PLUS tip ··

자료 해석에 있어 구별해야 할 용어

㉠ 대체로/일반적으로 증가(감소)한다
㉡ 해마다/지속적으로/꾸준히 증가(감소)한다
㉢ 증감이 반복된다/경향성을 예측할 수 없다
㉣ 자료를 통하여 판단하기 어렵다/알 수 없다

▌40~43▐ 다음은 농업총수입과 농작물수입을 영농형태와 지역별로 나타낸 표이다. 표를 보고 물음에 답하시오.

영농형태	농업총수입(천 원)	농작물수입(천 원)
논벼	20,330	18,805
과수	34,097	32,382
채소	32,778	31,728
특용작물	45,534	43,997
화훼	64,085	63,627
일반밭작물	14,733	13,776
축산	98,622	14,069
기타	28,499	26,112

행정지역	농업총수입(천 원)	농작물수입(천 원)
경기도	24,785	17,939
강원도	27,834	15,532
충청북도	23,309	17,722
충청남도	31,583	18,552
전라북도	26,044	21,037
전라남도	23,404	19,129
경상북도	28,690	22,527
경상남도	28,478	18,206
제주도	29,606	28,141

40 제주도의 농업총수입은 경기도 농업총수입과 얼마나 차이나는가?

① 4,821천 원

② 4,930천 원

③ 5,860천 원

④ 6,896천 원

 29,606 − 24,785 = 4,821천 원

41 앞의 표에 대한 설명으로 옳지 않은 것은?

① 화훼는 과수보다 약 2배의 농업총수입을 얻고 있다.

② 축산의 농업총수입은 다른 영농형태보다 월등히 많은 수입을 올리고 있다.

③ 경기도는 농업총수입과 농작물수입이 충청남도보다 높다.

④ 강원도의 농작물수입은 다른 지역에 비해 가장 낮은 수입이다.

 ③ 경기도는 농업총수입과 농작물수입이 충청남도보다 낮다.

42 특용작물의 농업총수입은 일반밭작물의 몇 배인가? (소수점 둘째 자리까지 구하시오)

① 1.26배

② 2.95배

③ 3.09배

④ 4.21배

 45,534 ÷ 14,733 = 3.09배

43 농업총수입이 가장 높은 영농형태와 농작물수입이 가장 낮은 영농형태로 이어진 것은?

① 일반밭작물 − 축산

② 축산 − 일반밭작물

③ 특용작물 − 축산

④ 과수 − 채소

 ② 축산(98,622천 원), 일반밭작물(13,776천 원)

	부인 주도	부인 전적	부인 주로	공평 분담	남편 주도	남편 주로	남편 전적
15~29세	40.2	12.6	27.6	17.1	1.3	0.9	0.3
30~39세	49.1	11.8	27.3	9.4	1.2	1.1	0.1
40~49세	48.8	15.2	23.5	9.1	1.9	1.6	0.3
50~59세	47.0	17.6	20.4	10.6	2.0	2.2	0.2
60세 이상	47.2	18.2	18.3	9.3	3.5	2.3	1.2
65세 이상	47.2	11.2	25.2	9.2	3.6	2.2	1.4

	부인 주도	부인 전적	부인 주로	공평 분담	남편 주도	남편 주로	남편 전적
맞벌이	55.9	14.3	21.5	5.2	1.9	1.0	0.2
비맞벌이	59.1	12.2	20.9	4.8	2.1	0.6	0.3

44 위 표에 대한 설명으로 옳은 것은?

① 맞벌이 부부가 공평하게 가사 분담하는 비율이 부인이 주로 가사 담당하는 비율보다 높다.
② 비맞벌이 부부는 가사를 부인이 주도하는 경우가 가장 높은 비율을 차지하고 있다.
③ 60세 이상은 비맞벌이 부부가 대부분이기 때문에 부인이 가사를 주도하는 경우가 많다.
④ 대체로 부인이 가사를 전적으로 담당하는 경우가 가장 높은 비율을 차지하고 있다.

① 맞벌이 부부가 공평하게 가사 분담하는 비율이 부인이 주로 가사 담당하는 비율보다 낮다.
③ 60세 이상이 비맞벌이 부부가 대부분인지는 알 수 없다.
④ 대체로 부인이 가사를 주도하는 경우가 가장 높은 비율을 차지하고 있다.

45 50세에서 59세의 부부의 가장 높은 비율을 차지하는 가사분담 형태는 가장 낮은 비율을 차지하는 형태의 몇 배인가?

① 235배
② 215배
③ 195배
④ 185배

부인 주도 ÷ 남편 전적 = 47 ÷ 0.2 = 235(배)

Answer 40.① 41.③ 42.③ 43.② 44.② 45.①

┃ 다음은 암 발생률에 대한 통계표이다. 표를 보고 물음에 답하시오.

암종	발생자수(명)	상대빈도(%)
위	25,809	18.1
대장	17,625	12.4
간	14,907	10.5
쓸개 및 기타담도	4,166	2.9
췌장	3,703	2.6
후두	1,132	0.8
폐	16,949	11.9
유방	9,898	6.9
신장	2,299	1.6
방광	2,905	2.0
뇌 및 중추신경계	1,552	1.1
갑상샘	12,649	8.9
백혈병	2,289	1.6
기타	26,727	18.7

46 기타를 제외하고 상대적으로 발병 횟수가 가장 높은 암은 가장 낮은 암의 몇 배나 발병하는가? (소수 첫째 자리에서 반올림하시오.)

① 23배   ② 24배

③ 25배   ④ 26배

 기타를 제외하고 위암이 18.1%로 가장 높고 후두암이 0.8%로 가장 낮다.
따라서 $18.1 ÷ 0.8 = 22.625 ≒ 23$배

47 폐암 발생자수는 백혈병 발생자수의 몇 배인가? (소수 첫째 자리까지 구하시오)

① 6.8   ② 7.2

③ 7.4   ④ 8.2

 $16,949 ÷ 2,289 = 7.4$배

│48~49│ 다음은 인터넷 쇼핑몰 상품별 거래액에 관한 표이다. 물음에 답하시오.

(단위 : 백만 원)

	1월	2월	3월	4월	5월	6월	7월	8월	9월
컴퓨터	200,078	195,543	233,168	194,102	176,981	185,357	193,835	193,172	183,620
소프트웨어	13,145	11,516	13,624	11,432	10,198	10,536	45,781	44,579	42,249
가전 · 전자	231,874	226,138	251,881	228,323	239,421	255,383	266,013	253,731	248,474
서적	103,567	91,241	130,523	89,645	81,999	78,316	107,316	99,591	93,486
음반 · 비디오	12,727	11,529	14,408	13,230	12,473	10,888	12,566	12,130	12,408
여행 · 예약	286,248	239,735	231,761	241,051	288,603	293,935	345,920	344,391	245,285
아동 · 유아용	109,344	102,325	121,955	123,118	128,403	121,504	120,135	111,839	124,250
음 · 식료품	122,498	137,282	127,372	121,868	131,003	130,996	130,015	133,086	178,736

48 1월 컴퓨터 상품 거래액의 다음 달 거래액과 차이는?

① 4,455백만 원   ② 4,535백만 원

③ 4,555백만 원   ④ 4,655백만 원

 200,078 − 195,543 = 4,535백만 원

49 1월 서적 상품 거래액은 음반 · 비디오 상품의 몇 배인가? (소수 둘째 자리까지 구하시오)

① 8.13   ② 8.26

③ 9.53   ④ 9.75

 103,567 ÷ 12,727 = 8.13배

50 다음 〈표〉는 임신과 출산 관련 항목별 진료건수 및 진료비에 관한 자료이다. 이에 대한 설명 중 옳은 것은?

〈표 1〉 연도별 임신과 출산 관련 진료건수

(단위 : 천 건)

진료항목 \ 연도	2008	2009	2010	2011	2012	2013
분만	668	601	517	509	483	451
검사	556	2,490	3,308	3,715	3,754	3,991
임신장애	583	814	753	709	675	686
불임	113	254	297	374	422	466
기타	239	372	266	251	241	222
전체	2,159	4,531	5,141	5,558	5,575	5,816

〈표 2〉 연도별 임신과 출산 관련 진료비

(단위 : 억 원)

진료항목 \ 연도	2008	2009	2010	2011	2012	2013
분만	3,295	3,008	2,716	2,862	2,723	2,909
검사	97	395	526	594	650	909
임신장애	607	639	590	597	606	619
불임	43	74	80	105	132	148
기타	45	71	53	52	54	49
전체	4,087	4,187	3,965	4,210	4,165	4,634

① 2008년 대비 2013년에 진료건수와 진료비 모두 가장 높은 증가율을 보인 항목은 '검사'이다.

② 2013년에 진료건당 진료비가 가장 큰 두 항목은 '분만'과 '불임'이다.

③ 2009~2013년에 임신과 출산 관련 항목 전체의 진료건당 진료비는 지속적으로 감소하였다.

④ 2008~2013년에 매년 '분만' 항목의 진료비는 다른 모든 항목들의 진료비를 합한 금액의 2배 이상이었다.

　② 2005년에 진료건당 진료비가 가장 큰 두 항목은 '분만'과 '임신장애'이다.
　③ 2013년에는 전년 대비 임신과 출산 관련 항목 전체의 진료건당 진료비가 증가하였다.
　④ '분만' 항목의 진료비가 다른 모든 항목들의 진료비를 합한 금액의 2배 이상인 해는 2008~2011년까지이다.

51 다음은 특수교육대상자들의 학교 종류별 사교육여부에 대한 조사기록이다. 2014년 전체 특수교육대상자들 중 일반학교의 일반학급에 다니며 사교육을 받고 있는 학생의 비율은?

(단위 : 명)

구분		2014		2011	
		있음	없음	있음	없음
특수학교		7,900	13,300	8,900	12,600
일반학교	특수학급	22,500	23,200	24,000	20,500
	일반학급	9,600	5,800	8,500	6,200

① 약 9.6%

② 약 11.7%

③ 약 19.8%

④ 약 22.1%

(Tip)
$$\frac{9,600}{7,900+13,300+22,500+23,200+9,600+5,800} \times 100 ≒ 11.7\%$$

Answer ⤵ 50.① 51.②

52 다음은 세계 초고층 건물의 층수와 실제높이를 나타낸 것이다. 건물의 층수에 따른 예상높이를 계산하는 식이 '예상높이(m) = 2 × 층수 + 200'과 같이 주어질 때, 예상높이와 실제높이의 차이가 큰 건물을 순서대로 바르게 나열한 것은?

건물 이름	층수	실제높이(m)
시어스 타워	108	442
엠파이어 스테이트 빌딩	102	383
타이페이 101	101	509
페트로나스 타워	88	452
진 마오 타워	88	421

① 페트로나스 타워 > 타이페이 101 > 진 마오 타워 > 엠파이어 스테이트 빌딩 > 시어스 타워
② 페트로나스 타워 > 타이페이 101 > 시어스 타워 > 진 마오 타워 > 엠파이어 스테이트 빌딩
③ 타이페이 101 > 페트로나스 타워 > 시어스 타워 > 엠파이어 스테이트 빌딩 > 진 마오 타워
④ 타이페이 101 > 페트로나스 타워 > 진 마오 타워 > 시어스 타워 > 엠파이어 스테이트 빌딩

(Tip) 계산식에 따라 각 건물의 예상높이를 구하면 다음과 같다.

건물 이름	층수	실제높이(m)	예상높이(m)	예상높이와 실제높이의 차(m)
시어스 타워	108	442	416	26
엠파이어 스테이트 빌딩	102	383	404	21
타이페이 101	101	509	402	107
페트로나스 타워	88	452	376	76
진 마오 타워	88	421	376	45

53 다음은 어느 여행사의 관광 상품 광고이다. 갑동이 부부가 주중에 여행을 갈 경우, 하루 평균 가격이 가장 저렴한 관광 상품은?

관광지	일정	일인당 가격	비고
백두산	5일	599,000원	·
일본	6일	799,000원	주중 20% 할인
호주	10일	1,999,000원	동반자 50% 할인

① 백두산 ② 일본

③ 호주 ④ 모두 같다

> (Tip) 백두산 : 599,000원×2명÷5일=239,600원/일
> 일본 : (799,000원×2명×0.8)÷6일≒213,067원/일
> 호주 : (1,999,000×1.5)÷10일=299,850원/일

54 다음은 IQ검사와 직무적성검사를 바탕으로 D기업의 사원을 분류하여 평가한 결과이다. IQ검사에 높은 점수를 받은 집단을 A, 직무적성검사에서 높은 점수를 받은 집단을 B라 하며 A와 B에 동시에 속하는 사람은 제외한다고 할 때 다음 중 옳지 않은 것은?

평가항목＼집단	A	B	사원 전체 평균
업무의욕	50.3	52.6	30.7
승진시험 성적	85.2	80.3	81.0
인사담당자 평가	52.6	54.2	50.1
IQ	151.0	130.2	131.5

① A집단의 승진시험 성적이 가장 높은 것은 IQ와 관련이 있다.

② 인사담당자는 IQ가 높은 사람들보다 직무적성검사 성적이 높은 사람에게 더 높은 평가를 하는 경향이 있다.

③ 업무의욕과 승진시험성적은 비례관계를 보인다.

④ 직무적성검사에서 높은 점수를 받은 사람이 IQ도 높을 것이라 말할 수는 없다.

> (Tip) B집단의 업무의욕이 가장 높지만 승진시험 성적이 가장 낮으므로 업무의욕과 승진시험성적은 비례한다고 말할 수는 없으나 인사담당자 평가에서는 업무의욕에 비례하여 좋은 평가를 받는다.

Answer ⤷ 52.④ 53.② 54.③

55 어느 통신회사가 A, B, C, D, E 5개 건물을 전화선으로 연결하려고 한다. 여기서 A와 B가 연결되고, B와 C가 연결되면 A와 C도 연결된 것으로 간주한다. 다음은 두 건물을 전화선으로 직접 연결하는 데 드는 비용을 나타낸 것이다. A, B, C, D, E를 모두 연결하는 데 드는 비용은 얼마인가?

(단위 : 억 원)

	A	B	C	D	E
A		10	8	7	9
B	10		5	7	8
C	8	5		4	6
D	7	7	4		4
E	9	8	6	4	

① 19억 원　　　　　　　　　② 20억 원
③ 21억 원　　　　　　　　　④ 24억 원

 가장 적은 비용인 C, D, E부터 연결하면 C, D, E가 각각 연결되면 C와 E가 연결된 것으로 간주되므로 이때 비용은 8억이 든다. 그리고 B에서 C를 연결하면 5억, A에서 D를 연결할 때 7억의 비용이 들기 때문에 총 20억의 비용이 든다.

56 다음은 어떤 가정의 전년대비 소득증가율을 나타낸 그래프이다. 다음 설명 중 가장 옳은 것은?

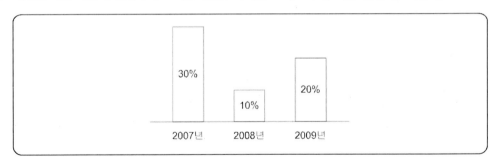

① 2009년의 소득은 2006년에 비해 60% 증가했다.
② 전년대비 2009년 소득증가액이 전년대비 2007년의 소득증가액보다 크다.
③ 전년대비 2007년 소득증가액이 전년대비 2008년의 소득증가액보다 크다.
④ 2008년의 소득은 2006년에 비해 20% 증가했다.

 2006년 소득을 100으로 두면, 2007년 소득은 30% 증가하여 130, 2008년 소득은 2007년 소득보다 10% 증가하였으므로 143, 2009년 소득은 여기에서 20% 증가하였으므로 171.6이 된다.

기간	제품 X(개)	제품 Y(개)
1월	254	343
2월	340	390
3월	541	505
4월	465	621

57 Y제품 한 개를 3,500원에 출하하다가 재고정리를 목적으로 4월에만 한시적으로 20% 인하하여 출하하였다. 1월부터 4월까지 총 출하액은 얼마인가?

① 5,274,500원 　　　　　② 5,600,000원

③ 6,071,800원 　　　　　④ 6,506,500원

 (343 + 390 + 505)×3,500원 + 621×(3,500원 × 0.8) = 6,071,800원

58 다음 중 틀린 것을 고르면?

① 3월을 제외하고는 제품 Y의 출하량이 제품 X의 출하량보다 많다.

② 1월부터 4월까지 제품 X의 총 출하량은 제품 Y의 총 출하량보다 적다.

③ 제품 X 한 개를 3,000원에 출하하고 제품 Y 한 개를 2,700원에 출하한다고 할 때, 1월부터 4월까지 총 출하액은 제품 X가 더 많다.

④ 제품 X를 3월에 한 개당 1,000원에 출하하고 4월에 1,200원에 출하한다고 할 때, 제품 X의 4월 출하액이 3월 출하액보다 많다.

 ② 1월부터 4월까지 제품 X의 총 출하량은 254 + 340 + 541 + 465 = 1,600개이고, 제품 Y의 총 출하량은 343 + 390 + 505 + 621 = 1,859개이다.

③ 제품 X : 3,000원 × 1,600개 = 4,800,000원, 제품 Y : 2,700원 × 1,859개 = 5,019,300원. 따라서 제품 Y의 출하액이 더 많다.

④ 3월의 출하액은 1,000원 × 541개 = 541,000원이고 4월의 출하액은 1,200원 × 465개 = 558,000원으로, 4월의 출하액이 더 많다.

Answer ↱ 55.② 56.③ 57.③ 58.③

59 다음은 2013년 처리주체별 감염성 폐기물의 처리현황에 대한 자료이다. 이 자료를 통해 알 수 없는 것은?

(단위 : 톤)

폐기물 종류	2012년 이월량	발생지 자체처리	위탁 처리					미처리
			소계	소각	멸균 분쇄	재활용	화장장	
합계	70	2,929	31,088	16,108	14,659	226	95	33
조직물류	4	45	877	575	0	226	76	1
폐합성 수지류 등	66	2,884	30,211	15,533	14,659	0	19	32

※ 1) 감염성 폐기물은 위탁 처리되거나 발생지에서 자체 처리되며, 미처리량은 그 다음 해로 이월됨.
   2) 감염성 폐기물 처리방식에는 소각, 멸균분쇄, 재활용, 화장장이 있음.
   3) 전년도로부터 이월된 폐기물은 당해년도에 모두 처리됨.

① 2013년에 발생한 감염성 폐기물의 양
② 2013년 감염성 폐기물의 처리율
③ 2013년 감염성 폐기물의 소각 처리율
④ 2013년 조직물류 폐기물의 위탁 처리율

 ③ 2012년 이월량과 발생지 자체처리량 중 소각 처리된 량을 알 수 없으므로 2013년 감염성 폐기물의 소각 처리율은 알 수 없다.

60 연구원 A은 학생들의 연습횟수가 수행평가의 결과에 미치는 영향을 알아보기 위하여 甲~丁 학급 전원을 대상으로 연구하였다. 다음 〈표〉는 〈작성요령〉에 따라 연구 결과를 학급별로 작성한 것이다. 이에 대한 설명으로 옳은 것은?

〈작성요령〉

(가)~(바)에는 조건에 해당하는 인원수를 기입한다. 예를 들어, 연습횟수가 1회인 학생 중, 수행평가를 통과한 학생수는 (가)에, 실패한 학생수는 (라)에 기입한다.

		연습횟수		
		1회	2회	3회
수행 평가	통과	(가)	(나)	(다)
	실패	(라)	(마)	(바)

〈표〉 학급별 수행평가 결과

(단위 : 명)

학급	(가)	(나)	(다)	(라)	(마)	(바)	총 인원
甲	6	6	6	3	9	10	40
乙	8	7	10	2	6	8	41
丙	7	8	9	6	5	3	38
丁	3	6	7	6	8	10	40

① 甲반의 경우 연습횟수가 많은 집단일수록 집단별 수행평가 통과율이 낮아진다.
② 甲반의 전체 수행평가 통과율은 丁반의 전체 수행평가 통과율보다 낮다.
③ 전체 수행평가 통과율이 가장 높은 학급은 乙반이다.
④ 丁반의 경우 연습횟수가 많은 집단일수록 집단별 수행평가 통과율이 높아진다.

① 甲반의 경우 연습횟수가 1회인 집단의 통과율은 $\frac{2}{3}$ 이고, 2회인 집단의 통과율은 $\frac{2}{5}$, 3회인 집단의 통과율은 $\frac{3}{8}$ 로 연습횟수가 많은 집단일수록 수행평가 통과율이 낮아진다.

② 甲반의 전체 수행평가 통과율은 $\frac{9}{20}$ 이고, 丁반의 전체 수행평가 통과율은 $\frac{2}{5}$ 로 甲반의 통과율이 더 높다.

③ 전체 수행평가 통과율이 가장 높은 학급은 丙반이다.

④ 丁반의 경우 연습횟수가 1회인 집단의 통과율은 $\frac{1}{3}$, 2회인 집단의 통과율은 $\frac{3}{7}$, 3회인 집단의 통과율은 $\frac{7}{17}$ 로, 2회인 집단의 통과율이 가장 높고 1회인 집단의 통과율이 가장 낮다.

Answer ⟶ 59.③ 60.①

61 다음은 행복시의 교육여건을 나타낸 자료이다. 옳지 않은 것은?

교육여건 / 학교급	전체 학교수	학교당 학급수	학급당 주간 수업시수(시간)	학급당 학생수	학급당 교원수	교원당 학생수
초등학교	150	30	28	32	1.3	25
중학교	70	36	34	35	1.8	19
고등학교	60	33	35	32	2.1	15

① 모든 초등학교와 중학교의 총 학생수 차이는 모든 중학교와 고등학교의 총 학생수 차이보다 크다.

② 모든 초등학교의 총 교원수는 모든 중학교와 고등학교의 총 교원수의 합보다 크다.

③ 모든 초등학교의 주간 수업시수의 합은 모든 중학교의 주간 수업시수의 합보다 많다.

④ 고등학교의 교원당 주간 수업시수는 17시간 이하이다.

(Tip) ② 모든 초등학교의 총 교원수는 모든 중학교와 고등학교의 총 교원수의 합보다 작다.

62 다음은 서울 및 수도권 지역의 가구를 대상으로 난방방식 현황 및 난방연료 사용현황에 대해 조사한 자료이다. 이에 대한 설명 중 옳은 것을 모두 고르면?

〈표 1〉 난방방식 현황

(단위 : %)

종류	서울	인천	경기남부	경기북부	전국평균
중앙난방	22.3	13.5	6.3	11.8	14.4
개별난방	64.3	78.7	26.2	60.8	58.2
지역난방	13.4	7.8	67.5	27.4	27.4

〈표 2〉 난방연료 사용현황

(단위 : %)

종류	서울	인천	경기남부	경기북부	전국평균
도시가스	84.5	91.8	33.5	66.1	69.5
LPG	0.1	0.1	0.4	3.2	1.4
등유	2.4	0.4	0.8	3.0	2.2
열병합	12.6	7.4	64.3	27.1	26.6
기타	0.4	0.3	1.0	0.6	0.3

> ㉠ 경기북부지역의 경우, 도시가스를 사용하는 가구수가 등유를 사용하는 가구수의 20배 이상이다.
> ㉡ 서울과 인천지역에서는 다른 난방연료보다 도시가스를 사용하는 비율이 높다.
> ㉢ 지역난방을 사용하는 가구수는 서울이 인천의 2배 이하이다.
> ㉣ 경기지역은 남부가 북부보다 지역난방을 사용하는 비율이 낮다.

① ㉠㉡   ② ㉠㉢
③ ㉠㉣   ④ ㉡㉣

 ㉢ 자료에서는 서울과 인천의 가구 수를 알 수 없다.
㉣ 남부가 북부보다 지역난방을 사용하는 비율이 높다.

Answer☞ 61.② 62.①

63 다음은 어떤 지역의 연령층 · 지지 정당별 사형제 찬반에 대한 설문조사 결과이다. 이에 대한 설명 중 옳은 것을 고르면?

(단위 : 명)

연령층	지지정당	사형제에 대한 태도	빈도
청년층	A	찬성	90
		반대	10
	B	찬성	60
		반대	40
장년층	A	찬성	60
		반대	10
	B	찬성	15
		반대	15

① 청년층은 장년층보다 시형제에 반대하는 사람의 수가 적다.

② B당 지지자의 경우, 청년층은 장년층보다 사형제 반대 비율이 높다.

③ A당 지지자의 사형제 찬성 비율은 B당 지지자의 사형제 찬성 비율보다 낮다.

④ 사형제 찬성 비율의 지지 정당별 차이는 청년층보다 장년층에서 더 크다.

(Tip) ① 청년층 중 사형제에 반대하는 사람 수(50명) > 장년층에서 반대하는 사람 수(25명)

② B당을 지지하는 청년층에서 사형제에 반대하는 비율 : $\frac{40}{40+60}=40\%$

B당을 지지하는 장년층에서 사형제에 반대하는 비율 : $\frac{15}{15+15}=50\%$

③ A당은 찬성 150, 반대 20, B당은 찬성 75, 반대 55의 비율이므로 A당의 찬성 비율이 높다.

④ 청년층에서 A당 지지자의 찬성 비율 : $\frac{90}{90+10}=90\%$

청년층에서 B당 지지자의 찬성 비율 : $\frac{60}{60+40}=60\%$

장년층에서 A당 지지자의 찬성 비율 : $\frac{60}{60+10}≒86\%$

장년층에서 B당 지지자의 찬성 비율 : $\frac{15}{15+15}=50\%$

따라서 사형제 찬성 비율의 지지 정당별 차이는 청년층보다 장년층에서 더 크다.

64 다음은 A기업에서 승진시험을 시행한 결과이다. 시험을 치른 200명의 국어와 영어의 점수 분포가 다음과 같을 때 국어에서 30점 미만을 얻은 사원의 영어 평균 점수의 범위는?

(단위 : 명)

국어(점) 영어(점)	0~9	10~19	20~29	30~39	40~49	50~59	60~69	70~79	80~89	90~100
0~9	3	2	3							
10~19	5	7	4							
20~29			6	5	5	4				
30~39				10	6	3	1	3	3	
40~49				2	9	10	2	5	2	
50~59				2	5	4	3	4	2	
60~69				1	3	9	24	10	3	
70~79					2	18				
80~89						10				
90~100										

① 9.3~18.3

② 9.5~17.5

③ 10.2~12.3

④ 11.6~15.4

 국어점수 30점 미만인 사원의 수는 3 + 2 + 3 + 5 + 7 + 4 + 6 = 30명

점수가 구간별로 표시되어 있으므로 구간별로 가장 작은 수와 가장 큰 수를 고려하여 구한다.

영어 평균 점수 최저는 $\dfrac{0 \times 8 + 10 \times 16 + 20 \times 6}{30}$ ≒ 9.3이고 영어 평균 점수 최고는

$\dfrac{9 \times 8 + 19 \times 16 + 29 \times 6}{30}$ ≒ 18.3이다.

65 다음은 어떤 회사에서 직원을 상대로 실시한 설문 조사의 결과이다. 이를 통해 알 수 있는 것은?

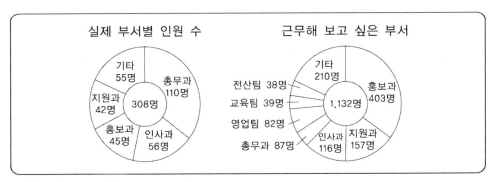

① 홍보과에 근무해 보고 싶다고 대답한 직원보다 지원과, 인사과, 총무과, 영업팀에 근무해 보고 싶다고 대답한 직원의 수가 더 많다.

② 4명 중 1명은 홍보과에 근무해 보고 싶다고 생각하지만, 실제로 홍보과에 근무해 본 직원은 실제로 총무과에 근무해 본 직원의 50%보다 적다.

③ 현재 지원과에 근무하고 있는 직원은 홍보과에 근무해 보고 싶어 한다.

④ 홍보과에 근무해 보고 싶은 직원이 많은 것은 실제로 홍보과에 근무한 직원들이 많기 때문이다.

> **Tip** ① 홍보과에 근무해 보고 싶다고 대답한 직원은 403명이고, 지원과, 인사과, 총무과, 영업팀에 근무해 보고 싶다고 대답한 직원은 442명으로 39명 더 많다.

| 66~67 | 다음은 A, B, C, D시의 지난해 남성과 미성년자의 비율을 나타낸 것이다.

구분	A시	B시	C시	D시
인구(만명)	45	62	47	28
남성비율(%)	52	48	55	43
미성년자 비율(%)	19	18	21	10

66 올해 A시의 작년 미성년자의 3%가 성인이 되었다. 올해 성인이 된 사람은 몇 명인가?

① 2,525명   ② 2,545명

③ 2,565명   ④ 2,575명

     $450,000 \times 0.19 \times 0.03 = 2,565$ (명)

67 위 표에 대한 설명으로 옳은 것은?

① A시의 남성 수는 B시의 여성 수와 같다.

② 남성 수가 가장 많은 곳은 C시이다.

③ B시가 여성 미성년자가 가장 많다.

④ B시의 미성년자가 C시의 미성년자보다 많다.

 ① A시의 남성 비율은 B시의 여성 비율과 같으나 인구수가 다르므로 남성수와 여성수는 다르다.
② 남성 비율이 가장 높은 곳은 C시이나, 실제의 남성수는 A시가 23,400명, B시가 297,600명, C시가 258,500명, D시가 120,400명으로 B시가 가장 많다.
③ 미성년자중 여성의 비율은 알 수 없다.
④ 각 시의 미성년자 수는 A시가 85,500명, B시가 111,600명, C시가 98,700명, D시가 28,000명이다.

Answer ➝ 65.①   66.③   67.④

│68~69│ 다음 표는 전자제품 생산공장 X, Y, Z 세 공장의 종업원 1인당 1일 제품생산량과 공장 전체의 1일 총 생산량을 정리한 것이다.

구분	종업원 1인의 1일 생산량(개)	총 생산량(개)
X	16	2,000
Y	15	2,100
Z	( )	840

68 다음 중 공장 X, Y의 종업원 수로 옳은 것은?

① X : 125, Y : 130　　　　　　　② X : 125, Y : 140

③ X : 130, Y : 130　　　　　　　④ X : 130, Y : 140

　　ⓐ X공장의 종업원 수
　　　$16 \times X = 2,000$
　　　$X = 125$(명)
　　ⓑ Y공장의 종업원 수
　　　$15 \times Y = 2,100$
　　　$Y = 140$(명)

69 Y의 종업원 수와 Z의 종업원 수의 비가 2 : 1일 때 표의 빈칸에 들어갈 수치는?

① 9　　　　　　　　　　　　　② 10

③ 11　　　　　　　　　　　　　④ 12

　　Y의 종업원 수와 Z의 종업원 수의 비율이 2 : 1이면 Z의 종업원 수는 70명이 된다. 총 생산량을 종업원 수로 나누면 1인당 생산량을 알 수 있다.
　　$840 \div 70 = 12$(개)

행성명	태양에서의 평균거리(억km)	공전주기(년)	자전주기(일)
수성	0.58	0.24	58.6
금성	1.08	0.62	243.0
지구	1.50	1.00	1.0
화성	2.28	1.88	1.0
목성	7.9	11.9	0.41
토성	14.3	29.5	0.44
천왕성	28.7	84.0	0.56
해왕성	45	165	0.77

70 다음 중 위 표에서 알 수 있는 사실은?

> ㉠ 태양계에서의 평균 거리가 먼 행성일수록 공전주기가 길다.
> ㉡ 태양에서의 평균 거리가 먼 행성일수록 자전주기가 짧다.
> ㉢ 공전주기와 자전주기는 반비례 관계이다.

① ㉠ ② ㉡
③ ㉢ ④ ㉠㉡㉢

 ㉡ 금성은 수성보다 태양에서의 평균 거리는 머나 자전주기는 길다.
㉢ 공전주기와 자전주기 간의 관계를 찾기 힘들다.

71 어떤 행성 X와 태양과의 거리를 a, 행성 X의 바로 안쪽을 공전하는 행성과 태양과의 거리를 b라 할 때, $(a - b) \div a$를 계산하고 그 몫을 반올림하여 소수점 첫째 자리까지 구하면 0.5이다. 행성 X는?

① 금성 ② 화성
③ 천왕성 ④ 해왕성

 a가 b의 2배가 됨을 알 수 있다. 표의 '태양에서의 평균 거리' 항목을 살펴보면 토성이 14.3, 천왕성이 28.7로 2에 가장 가깝다. 따라서 행성 X는 천왕성이다.

Answer ➥ 68.② 69.④ 70.① 71.③

다음은 어느 회사의 직종별 직원 비율을 나타낸 것이다. 물음에 답하시오.

직종	2006년	2007년	2008년	2009년	2010년
판매 · 마케팅	19.0	27.0	25.0	30.0	20.0
고객서비스	20.0	16.0	12.5	21.5	25.0
생산	40.5	38.0	30.0	25.0	22.0
재무	7.5	8.0	5.0	6.0	8.0
기타	13.0	11.0	27.5	17.5	25.0
계	100	100	100	100	100

72 2010년에 직원 수가 1,800명이었다면 재무부서의 직원은 몇인가?

① 119명 ② 123명
③ 144명 ④ 150명

 2010년도 재무부서의 직원비율은 8.0%이므로
직원수는 $1,800 \times 0.08 = 144$(명)

73 2008년 통계에서 생산부나 기타 부서에 속하지 않는 직원의 비율은?

① 42.5% ② 45.5%
③ 52.5% ④ 53.5%

 2008년도 생산부서와 기타부서에 속하는 직원의 비율은
$30.0 + 27.5 = 57.5$(%)
생산부서와 기타부서에 속하지 않는 직원의 비율은 $100 - 57.5 = 42.5$(%)

74 다음은 7월부터 12월까지 서울과 파리의 월평균 기온과 강수량을 나타낸 것이다. 보기 중 옳은 것은?

구분		7월	8월	9월	10월	11월	12월
서울	기온(℃)	24.6	25.4	20.6	14.3	6.6	−0.4
	강수량(mm)	369.1	293.9	168.9	49.4	53.1	21.7
파리	기온(℃)	18.6	17.9	14.2	10.8	7.4	4.3
	강수량(mm)	79	84	79	59	71	67

① 서울과 파리 모두 7월에 월평균 강수량이 가장 적다.

② 7월부터 12월까지 월평균기온은 매월 서울이 파리보다 높다.

③ 파리의 월평균 기온은 7월부터 12월까지 점점 낮아진다.

④ 서울의 월평균 강수량은 7월부터 12월까지 감소한다.

 ① 서울은 7월에, 파리는 8월에 월평균 강수량이 가장 많다.

② 월평균기온은 7~10월까지는 서울이 높고, 11월과 12월은 파리가 높다.

④ 서울의 월평균 강수량은 대체적으로 감소하는 경향을 보인다.

|75~76| 다음은 어느 가구회사의 판매량을 그래프로 나타낸 것이다. 물음에 답하시오. (단, 소수점 둘째 자리에서 반올림한다)

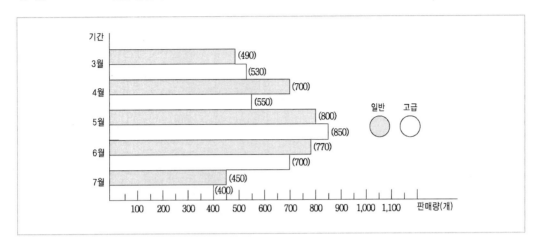

75 6월의 고급가구 판매량이 고급가구 전체 판매량에서 차지하는 비율은 몇 %인가?

① 22.5%

② 23.1%

③ 23.5%

④ 24.1%

 고급가구의 총 판매량은 3,030개

6월의 고급가구 판매량이 차지하는 비율은 $\frac{700}{3,030} \times 100 = 23.1\%$

76 다음 설명 중 옳지 않은 것은?

① 전체 일반가구 판매 수는 3,210개이다.

② 고급가구의 경우 5월 판매량이 가장 많다.

③ 6월에는 고급가구 판매 비율보다 일반가구 판매 비율이 더 높다.

④ 5월 고급가구 판매 수는 고급가구 판매 수의 25.4%이다.

 총 고급가구 판매 수는 530 + 550 + 850 + 700 + 400 = 3,030개이다.

5월의 고급가구 판매 수는 850이기 때문에 $\frac{850}{3,030} \times 100 = 28.05\%$이다.

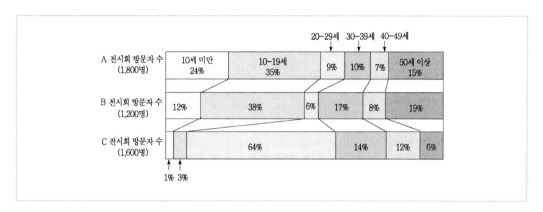

77 C 전시회 방문자 수 중에 30대 이상인 사람은 A 전시회의 같은 계층의 몇 배인가? (단, 소수점 둘째 자리까지 계산한다)

① 0.65%　　　　　　　　　　　② 0.78%

③ 0.84%　　　　　　　　　　　④ 0.89%

㉠ C 전시회 30대 이상 방문자 수 : $\dfrac{32}{100} \times 1{,}600 = 512$명

㉡ A 전시회 30대 이상 방문자 수 : $\dfrac{32}{100} \times 1{,}800 = 576$명

∴ $512 \div 576 = 0.888 \fallingdotseq 0.89$

78 다음 설명 중 옳은 것은?

① 20대의 방문자 수가 가장 많은 전시회는 A 전시회이다.

② 미성년의 방문자 수가 가장 많은 곳은 A 전시회이다.

③ C 전시회의 20대 방문자 수는 A 전시회 미성년자 방문자 수보다 많다.

④ 50대 이상의 방문자 수가 가장 많은 곳은 B 전시회이다.

① 20대 방문자 수는 A : 162명, B : 72명, C : 1,024명

③ A전시회 미성년자 방문자 수 : $\dfrac{59}{100} \times 1{,}800 = 1{,}062$명

④ 50대 이상 방문자 수 A : 270명, B : 228명, C : 96명

Answer⤵ 75.② 76.④ 77.④ 78.②

메뉴	2005년(%)	2006년(%)	2007년(%)	2008년(%)
A	17.0	26.5	31.5	36.0
B	24.0	28.0	27.0	29.5
C	38.5	30.5	23.5	15.5
D	14.0	7.0	12.0	11.5
E	6.5	8.0	6.0	7.5

79 2008년 메뉴 판매개수가 1,500개라면 A 메뉴의 판매개수는 몇 개인가?

① 500개   ② 512개
③ 535개   ④ 540개

 2008년 A메뉴 판매비율은 36.0%이므로
판매개수는 $1,500 \times 0.36 = 540$(개)

80 다음 중 옳지 않은 것은?

① A 메뉴의 판매비율은 꾸준히 증가하고 있다.
② C 메뉴의 판매비율은 4년 동안 50% 이상 감소하였다.
③ 2005년과 비교할 때 E 메뉴의 2008년 판매비율은 3% 증가하였다.
④ 2005년 C 메뉴의 판매비율이 2008년 A 메뉴 판매비율보다 높다.

 ③ 2005년 E 메뉴 판매비율 6.5%, 2008년 E 메뉴 판매비율 7.5%이므로 1% 증가하였다.

▌81~82▐ 다음은 최근 5년간 5개 도시의 지하철 분실물개수와 분실물 중 핸드폰 비율을 조사한 결과이다. 물음에 답하시오.

〈표 1〉 도시별 분실물 습득현황

(단위 : 개)

도시 \ 연도	2006	2007	2008	2009	2010
A	49	58	45	32	28
B	23	25	27	28	24
C	19	24	31	39	48
D	30	52	48	54	61
E	31	28	29	24	19

〈표 2〉 도시별 분실물 중 핸드폰 비율

(단위 : %)

도시 \ 연도	2006	2007	2008	2009	2010
A	40	41	44	49	50
B	78	60	55	71	83
C	47	45	74	58	54
D	60	61	62	61	57
E	48	39	48	50	68

81 다음 중 옳지 않은 것은?

① A 도시는 분실물 중 핸드폰의 비율이 꾸준히 증가하고 있다.

② 분실물이 매년 가장 많이 습득되는 도시는 D이다.

③ 2010년 A 도시에서 발견된 핸드폰 개수는 14개이다.

④ D 도시의 2010년 분실물개수는 2006년과 비교하여 50% 이상 증가하였다.

 ② D 도시는 2006년, 2007년 A 도시보다 분실물이 더 적게 발견되었다.

Answer ↪ 79.④ 80.③ 81.②

82 다음 중 분실물로 핸드폰이 가장 많이 발견된 도시와 연도는?

① D 도시, 2010년

② B 도시, 2010년

③ D 도시, 2009년

④ C 도시, 2009년

① 2010년 D 도시 분실물 개수 : 61개

2010년 D 도시 분실물 중 핸드폰 비율 : 57% $61 \times 0.57 = 34.77$(개)

② 2010년 B 도시 분실물 개수 : 24개

2010년 B 도시 분실물 중 핸드폰 비율 : 83% $24 \times 0.83 = 19.92$(개)

③ 2009년 D 도시 분실물 개수 : 54개

2009년 D 도시 분실물 중 핸드폰 비율 : 61% $54 \times 0.61 = 32.94$(개)

④ 2009년 C 도시 분실물 개수 : 39개

2009년 C 도시 분실물 중 핸드폰 비율 : 58% $39 \times 0.58 = 22.62$(개)

PLUS tip ···

퍼센트와 퍼센트포인트

㉠ 퍼센트(percent) : 양으로 표시할 수 있는 어떤 현상을 백분율을 나타내는 지표. 총량을 100으로 두었을 때 차지하는 정도를 말한다. 기호는 %.

㉡ 퍼센트포인트(percent point) : 퍼센트 값 사이의 차이 내지는 변화를 나타내는 지표이다. 기호는 %p.

예 작년 실업률이 4%, 올해 실업률이 6%라고 할 때, 올해의 실업률은 작년에 비해 50% 증가하였고, 2%p 증가하였다.

83 다음은 이혼건수 통계 그래프이다. 다음 중 옳지 않은 것은?

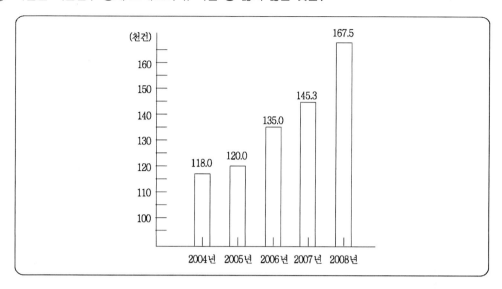

① 2004년부터 이혼건수는 꾸준히 증가하였다.

② 전년대비 이혼건수가 가장 많이 증가한 해는 2008년이다.

③ 2005년 이혼건수는 전년대비 약 1.7% 증가하였다.

④ 2008년은 전년에 비해 이혼건수가 2만건 증가하였다.

(Tip)   ④ 2008년은 2007년 대비 이혼율이 21,800건 증가하였다.

84~85 다음은 A, B, C, D 도시의 인구 및 총인구에 대한 여성의 비율과 독신여성 비율을 나타낸 표이다. 물음에 답하시오. (단, 각각의 비율은 총 인구에 대한 비율을 나타낸 것이다)

구분	A 도시	B 도시	C 도시	D 도시
인구(만 명)	25	39	42	56
여성비율(%)	42	53	47	57
여성 독신자비율(%)	42	31	28	32

84 올해 A 도시의 여성 독신자의 7%가 결혼을 하였다면 올해 결혼한 독신여성은 몇 명인가?

① 6,850명 ② 6,940명

③ 7,350명 ④ 7,490명

 $250,000 \times 0.42 \times 0.07 = 7,350$(명)

85 다음 설명으로 옳지 않은 것은?

① B 도시는 여성인구는 206,700명이다.

② 여성인구가 가장 많은 곳은 D 도시이다.

③ 여성독신인구가 가장 많은 곳은 B 도시이다.

④ D 도시의 여성독신자 인구는 179,200명이다.

 ③ 각 도시의 여성독신인구는 A 도시가 105,000명, B 도시가 120,900명, C 도시가 117,600명, D 도시가 179,200명이다.

86 다음은 어느 한 학교의 과목별 사교육비 지출액 현황을 나타낸 표이다. 다음 표에 대한 설명으로 옳은 것은?

과목	사교육비(만 원)				
	2011년	2010년	2009년	2008년	2007년
국어	190	210	270	170	150
영어	810	860	1080	750	490
수학	700	810	960	630	400
사회·과학	130	140	170	120	120
제2외국어	40	40	50	40	30
논술	70	80	100	60	40
음악	210	200	310	200	170
미술	70	80	90	70	50
체육	150	160	200	140	130
합계	2370	2580	3230	2180	1580

① 2010년 이 학교의 사교육비는 전 년 대비 약 20% 정도 감소하였다.

② 이 학교의 사교육비는 꾸준히 증가하고 있다.

③ 사교육비의 가장 많은 비중을 차지하는 과목은 수학이다.

④ 2007년에는 다른 해 대비 미술 과목에 들어간 사교육비 비중이 높았다.

 ② 2007년부터 2009년까지는 증가하다가 2009년부터 2011년까지는 감소하였다.
③ 사교육비의 가장 많은 비중을 차지하는 과목은 영어이다.
④ 다른 해 대비 미술 과목에 들어간 사교육비 비중이 높은 해는 2008년이다.

|87~89| 다음은 어느 대학 컴퓨터공학과의 졸업논문 통과율과 졸업시험 합격률을 나타낸 표이다. 물음에 답하시오. (단, 소수점 둘째 자리에서 반올림한다.)

〈표 1〉 졸업논문

(단위 : 명, %)

졸업연도	접수인원	응시인원	합격자 수	합격률
2012년		4,197	1,120	26.7
2011년	3,251	2,468	1,422	(㉠)
2010년	1,808	(㉡)	605	43.1
2009년	2,013	1,422	(㉢)	34.0
2008년	1,148	852	540	63.4

〈표 2〉 졸업시험

(단위 : 명, %)

졸업연도	접수인원	응시인원	합격자수	합격률
2012년		932	171	18.3
2011년	1,769	1,559	209	13.4
2010년	1,258	1,027	345	33.6
2009년	1,103	868	106	12.2
2008년	992	767	32.6	42.5

87 ㉠, ㉡, ㉢에 들어갈 숫자로 옳은 것은?

① 55.8, 1,301, 513
② 57.6, 1,404, 483
③ 58.4, 1,398, 673
④ 59.2, 1,432, 527

 합격률 $= \dfrac{\text{합격자수}}{\text{응시인원}} \times 100$

㉠ : $\dfrac{1,422}{2,468} \times 100 = 57.6$ $\quad \therefore$ 57.6%

㉡ : $\dfrac{605}{(\text{나})} \times 100 = 43.1$ (나) $= 1,403.71$ $\quad \therefore 1,404$명

㉢ : $\dfrac{(\text{다})}{1,422} \times 100 = 34.0$ (다) $= 483.48$ $\quad \therefore$ 483명

88 졸업논문 통과와 졸업시험 합격을 모두 해야 졸업이 가능하다고 할 때, 최종 합격률이 가장 높았던 시험은?

① 2012년   ② 2011년

③ 2010년   ④ 2009년

 최종합격률 = 필기합격률 × 실기합격률이므로
2012년 최종합격률 = 4.9%, 2011년 최종 합격률 = 7.7%
2010년 최종합격률 = 14.5%, 2009년 최종 합격률 = 4.1%

89 2012년 졸업논문, 졸업시험 응시율이 각각 83%, 87%일 때 각각의 접수인원을 구하면?

① 5,055명, 1,069명

② 5,057명, 1,071명

③ 5,062명, 1,082명

④ 5,068명, 1,083명

 접수인원 = $\frac{응시인원}{응시율}$ 이므로

㉠ 졸업논문 접수인원 = $\frac{4,197}{0.83}$ = 5,056.62   ∴ 5,057(명)

㉡ 졸업시험 접수인원 = $\frac{932}{0.87}$ = 1,071.26   ∴ 1,071(명)

Answer ↪ 87.② 88.③ 89.②

90 다음은 A지역 출신 210명의 학력을 조사한 표이다. A지역 여성 중 중졸 이하 학력의 비율은 얼마인가?

성별＼학력	초졸(명)	중졸(명)	고졸(명)	대졸(명)	합계(명)
남성	10	35	45	30	120
여성	10	25	35	20	90
합계	20	60	80	50	210

① $\dfrac{11}{24}$ ② $\dfrac{7}{18}$

③ $\dfrac{8}{9}$ ④ $\dfrac{5}{8}$

(Tip) $\dfrac{초졸 + 중졸수}{여성수} = \dfrac{10 + 25}{90} = \dfrac{35}{90} = \dfrac{7}{18}$

91 다음은 서울특별시가 추진하는 사업의 비용 – 편익분석을 수행해본 잠정적 결과를 표로 나타낸 것이다. 사업의 기대이익은 얼마인가? (단, 손해가 예상되는 사업은 시행하지 않는다)

사업명	예상이익	확률
청계천 복원사업	1000억 원	0.1
한강 수질개선사업	300억 원	0.3
아리수 홍보사업	250억 원	0.2
여의도 요트장 건설	−500억 원	0.4

① 24억 원 ② 40억 원
③ 240억 원 ④ 400억 원

 여의도 요트장 건설 사업은 손해가 예상되므로 시행하지 않는다. 따라서 나머지 세 사업의 예상이익과 확률의 곱을 모두 더한 값을 구하면 된다.
(1,000억 원 × 0.1)+(300억 원 × 0.3)+(250억 원 × 0.2) = 240억 원

┃92~93┃ 다음은 강도, 절도 발생현황이다. 표를 보고 물음에 답하시오.

구분	2002년	2003년	2004년	2005년	2006년	2007년	2008년
강도	5,580	5,627	5,978	6,359	6,855	6,751	6,119
절도	1,446	1,440	1,868	2,206	1,920	2,750	3,325
계	7,026	7,067	7,846	8,565	8,775	9,501	9,444

92 위 표에서 알 수 있는 내용은?

① 강도 범죄는 해마다 증가하고 있다.

② 절도범의 대부분은 남자이다.

③ 절도 범죄는 대체로 증가하는 추세이다.

④ 강도 범죄는 주로 낮에 발생하며 절도 범죄는 밤에 발생한다.

 ① 2007년, 2008년도에는 전년도에 비해 발생 빈도가 줄어들었다.
② 절도범의 성별에 관해서는 알 수 없다.
③ 절도는 2003년, 2006년에는 전년도에 비해 줄었으나 대체로 증가하고 있다.
④ 강도, 절도의 범죄가 행해지는 시간은 알 수 없다.

93 강도 및 절도의 발생 빈도의 합이 9,000건 이상인 해의 발생 건수를 모두 더하면?

① 9,444

② 9,501

③ 12,870

④ 18,945

 강도와 절도의 발생빈도 합계가 9,000건 이상인 해는 2007년과 2008년이다.
9,501 + 9,444 = 18,945

Answer ┌→ 90.② 91.③ 92.③ 93.④

94 다음은 인구 1,000명을 대상으로 실시한 미래의 에너지원의 수요예측에 대한 여론조사 자료이다. 이 자료를 통해 미래의 에너지 수요를 평가할 때 가장 옳은 설명에 해당하는 것은?

에너지원 수요 예상 정도	원자력	석유	석탄
많음	51%	30%	25%
적음	40%	65%	68%
모름	9%	5%	7%

① 미래에는 석유를 많이 사용할 것이다.

② 미래에는 석탄을 많이 사용할 것이다.

③ 미래에는 석유보다 원자력의 사용이 늘어날 것이다.

④ 미래에는 원자력, 석유, 석탄 모두를 많이 사용할 것이다.

 ① 석유를 많이 사용해야 한다는 사람보다 적게 사용해야 한다는 사람의 수가 더 많다.
② 석탄을 많이 사용해야 한다는 사람보다 적게 사용해야 한다는 사람의 수가 더 많다.
④ 원자력을 많이 사용해야 한다는 사람이 많고 석유, 석탄은 적게 사용해야 한다는 사람이 많다.

95 다음은 A극장의 입장객 분포를 조사한 것이다. 도표의 내용과 다른 것은?

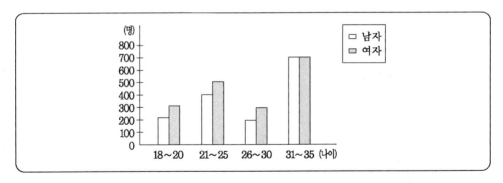

① 18~20세 사이의 전체 입장객은 500명이다.

② 18~20세 사이의 남자 200명은 극장에 갔다.

③ 여자보다 남자가 더 적게 극장에 갔다.

④ 31~35세 사이의 남성은 여성보다 더 많이 극장에 갔다.

 31~35세 사이의 남자와 여자의 입장객 수는 같다.

∎96~98∎ 다음은 A, B, C 대학 졸업생들 중 국내 대기업 ㈎, ㈏, ㈐, ㈑에 지원한 사람의 비율을 나타낸 것이다. 물음에 답하시오. (단, ( )안은 지원자 중 취업한 사람의 비율을 나타낸다)

학교 \ 그룹	㈎ 그룹	㈏ 그룹	㈐ 그룹	㈑ 그룹	취업 희망자수
A 대학	60%(50%)	15%(80%)	㉠%(60%)	5%(90%)	800명
B 대학	55%(40%)	20%(65%)	12%(75%)	13%(90%)	700명
C 대학	75%(65%)	10%(70%)	4%(90%)	11%(㉡%)	400명

96 다음 중 ㉠에 해당하는 수는?

① 15%　　　　　　　　　② 20%

③ 30%　　　　　　　　　④ 35%

 $100 - (60 + 15 + 5) = 20\%$

97 C 대학 졸업생 중 ㈑그룹에 지원하여 취업한 사람이 모두 30명이라 할 때 ㉡에 알맞은 수는?

① 24%　　　　　　　　　② 30%

③ 45%　　　　　　　　　④ 68%

 지원자 수 $= 400 \times 0.11 = 44$ 명

44명 중 30명이 취업했으므로 그 비율은 $\dfrac{30}{44} \times 100 \fallingdotseq 68\%$

98 B 대학 졸업생 중 ㈐그룹에 지원하여 취업한 사람은 모두 몇 명인가?

① 60명　　　　　　　　　② 63명

③ 74명　　　　　　　　　④ 84명

 지원자수 $= 700 \times 0.12 = 84$ 명
지원자 중 취업한 사람수 $= 84 \times 0.75 = 63$ 명

Answer ⟶ 94.③　95.④　96.②　97.④　98.②

99 다음은 2010년 기초노령연금 수급 현황에 관한 조사결과 보고서이다. 보고서의 내용과 부합하지 않는 자료는?

> 보건복지부의 자료에 의하면 2010년 12월 말 현재 65세 이상 노인 중 약 373만 명에게 기초노령연금이 지급된 것으로 나타났다.
> 시도별 기초노령연금 수급률은 전남이 85.5%로 가장 높았고 그 다음이 경북(80.4%), 전북(79.3%), 경남(77.8%) 순이며, 서울(51.3%)이 가장 낮았다. 시군구별 기초노령연금 수급률은 전남 완도군이 94.1%로 가장 높았고 서울 서초구는 26.5%로 가장 낮았다. 특히 농어촌의 57개 지역과 대도시의 14개 지역은 기초노령연금 수급률이 80%를 넘었다.
> 여성(65.1%)이 남성(34.9%)보다 기초노령연금 혜택을 더 많이 받는 것으로 나타났는데, 이는 여성의 평균수명이 남성보다 더 길기 때문인 것으로 보인다. 기초노령연금을 받는 노인 중 70대가 수급자의 49.7%를 차지해 가장 비중이 높았다. 연령대별 수급자 비율을 큰 것부터 나열하면 80대, 90대, 70대 순이고, 80대의 경우 82.3%가 기초노령연금을 수령하였다.

① 2010년 시도별 기초노령연금 수급률

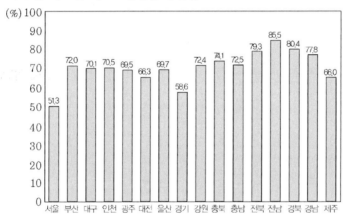

② 2010년 기초노령연금 수급자의 연령대별 구성비율

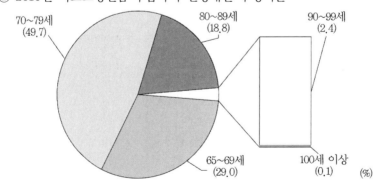

③ 2010년 시군구별 기초노령연금 수급률(상위 5개 및 하위 5개)

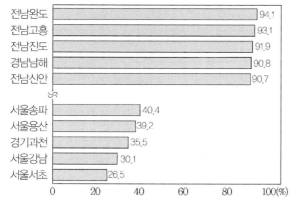

④ 2010년 기초노령연금 수급률별·도시규모별 지역 수

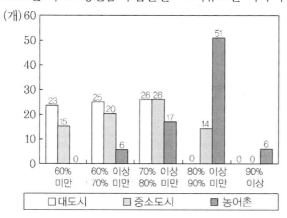

 ④ 보고서에 따르면 농어촌의 57개 지역과 대도시의 14개 지역은 기초노령연금 수급률이 80%를 넘었다고 하였다. 그러나 그래프 상에서 기초노령연금 수급률이 80%를 넘는 대도시는 없는 것으로 나타났다.

Answer → 99.④

100 다음 〈표〉는 2002년부터 2006년까지 우리나라가 미국, 호주와 유럽에 투자한 금융자산과 환율을 나타낸 자료이다. 〈표〉를 정리한 것 중 옳지 않은 것은?

〈표1〉 지역별 금융자산 투자규모

연도 \ 지역	미국(억 US$)	호주(억 AU$)	유럽(억 €)
2002	80	70	70
2003	100	65	75
2004	105	60	85
2005	120	80	90
2006	110	85	100

〈표2〉 외국 통화에 대한 환율

연도 \ 환율	₩/US$	₩/AU$	₩/€
2002	1,000	900	800
2003	950	950	850
2004	900	1,000	900
2005	850	950	1,100
2006	900	1,000	1,000

※ ₩/US$는 1미국달러당 원화, ₩/AU$는 1호주달러당 원화, ₩/€는 1유로당 원화

① €/AU$의 변화 추이

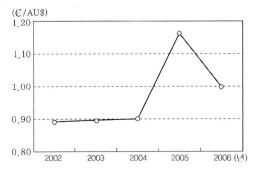

② 원화로 환산한 대호주 금융자산 투자규모 추이

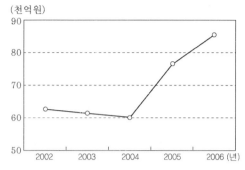

③ 원화로 환산한 2006년 각 지역별 금융자산 투자비중

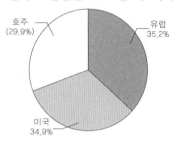

④ 원화로 환산한 대미 금융자산 투자규모 추이

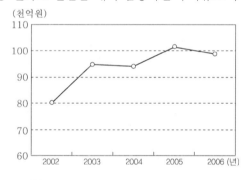

 〈표2〉에 따르면 2002년부터 2004년까지는 1호주달러당 원화가 1유로당 원화보다 금액이 컸다. 즉, 호주달러의 가치가 유로의 가치보다 큰 것이다. 그런데 2005년에는 호주달러보다 유로의 가치가 커졌다가 2006년에 동일해졌다. 따라서 ①번 그래프가 잘못 표현되었다.

Answer⌐→ 100.①

PART

IV

상황판단능력

상황판단능력

상황판단능력

※ 상황판단능력 검사는 정답이 없습니다.

┃1~40┃ 주어진 상황에서 자신이라면 어떻게 행동할지 가장 가까운 번호를 고르시오.

1 친구에게 송금을 해준다는 것을 실수로 친하지 않은 다른 지인의 계좌로 입금을 하였다. 그런데 입금 받은 사람이 돌려주고 싶어 하지 않는 눈치이다. 어떻게 대처하겠는가?

① 내 잘못이긴 하지만 일단 경찰에 신고한다.

② 전화를 해서 사정을 말하며 돌려줄 것을 요구한다.

③ 파렴치한이라고 화를 내며 따지고 돈을 돌려줄 것을 요구한다.

④ 주변 사람에게 이러한 일이 있었다며 넌지시 소문을 낸다.

2 같은 팀 동료의 컴퓨터를 잠깐 사용하는 동안에 우연히 그 동료가 메신저를 통해 자신의 친한 동기의 험담을 하고 있는 것을 발견하였다. 어떻게 대처하겠는가?

① 보지 못한 척 넘어간다.

② 그 동기에게 누군가 너의 험담을 하니 행동을 조심하라 일러준다.

③ 팀 동료에게 험담은 옳지 않으니 하지 않는 것이 좋겠다고 충고한다.

④ 상사에게 이러한 상황은 어찌 해야 좋을지 상담한다.

3 할머니의 팔순잔치와 회사의 중요한 미팅이 겹쳤다. 당신의 행동은?

① 잔치에 참석해 인사만 하고 바로 미팅에 참석한다.

② 미팅에 참석하여 간단하게 보고 후, 잔치에 참석한다.

③ 미팅을 다른 동료에게 부탁하고 팔순잔치에 참석한다.

④ 할머니께 전화로 사정을 설명하고 미팅에 참석한다.

4 나는 평소 개인적으로 외국인 노동자에 대해서 부정적인 견해를 갖고 있는데 이웃집 아주
  머니가 외국인 노동자권익을 위한 서명을 받으러 우리집에 찾아오셨다. 당신의 행동은?

① 이웃끼리 껄끄러워질 수도 있으니 일단은 서명을 해준다.
② 화를 내면서 이런 것은 서명 할 수 없다며 문전박대한다.
③ 아주머니께 서명을 하고 싶지 않다고 서명을 강요하지 말라고 말한다.
④ 더이상 말을 하고 싶지 않으니 말없이 문을 닫아버린다.

5 출근길에 떨어진 만원을 발견했다. 경찰서에 가기엔 빠듯한 시간인데 어떻게 처리할 것인가?

① 근처의 가게에 돈이 떨어져 있었다며 설명하고 맡긴다.
② 상사에게 전화해 사정을 설명하고 경찰서에 돈을 맡긴다.
③ 출근시간과 양심을 모두 지키기 위해 무시하고 지나간다.
④ 액수가 크지 않으므로 가까운 편의점에 들려 전부 써버린다.

6 상사가 항상 작게 음악을 틀어놓거나 흥얼거리면서 일을 한다. 조용한 환경에서 효율이 올
  라가는 당신은 그 소리가 매우 신경 쓰인다. 당신의 행동은?

① 상사에게 직접 시끄럽다고 건의한다.
② 상사에게 이어폰과 마스크를 선물한다.
③ 동료들에게 상사의 험담을 하여 소문이 퍼지게 한다.
④ 상사의 상사에게 상담한다.

7 당신이 배치 받은 부서는 일주일에 4일 이상을 지방출장을 다녀와야 한다. 집에는 일주일
  에 한번 가서 옷만 갈아입고 올 수 있는 상황의 반복이다. 어떻게 대처하겠는가?

① 회사일이니 어쩔 수 없다.
② 다른 직원에게 부탁하여 교대로 출장을 갈 것을 요구한다.
③ 팔도여행을 할 수 있는 기회라 생각하고 즐긴다.
④ 회사를 그만둔다.

8   당신은 오늘 해야 할 업무를 다 끝마쳤다. 그런데 퇴근시간이 지나도 대부분의 동료들과 상사가 퇴근을 하지 않고 있다. 그렇다면 당신은?

① 그냥 말없이 퇴근한다.

② 인터넷 등을 하며 상사가 퇴근할 때까지 기다린다.

③ 상사나 동료들에게 도와줄 업무가 있는지 물어보고 없다면 먼저 퇴근한다.

④ 퇴근시간이 되었다고 크게 말한 후 동료들을 이끌고 함께 퇴근하도록 한다.

9   당신은 신입사원이다. 신입사원 교육의 일환으로 간부회의에 참석하게 되었다. 회의 중 간부 A가 설명하고 있는 내용이 틀렸다. 그 어떤 누구도 그것이 틀린 내용인지 모르는 것 같다. 당신은 그것이 명백히 틀렸다는 것을 알고 있다. 그렇다면 당신은?

① 그냥 모르는 척 한다.

② 나중에 간부를 찾아가 아까 말한 내용이 틀렸다고 말해준다.

③ 옆에 있는 동료에게 틀렸다고 귓속말을 해준다.

④ 회의 도중 손을 들고 그 내용이 틀렸다고 말한다.

10   당신의 동료 A가 당신에게 또 다른 동료인 B의 업무처리 능력에 관하여 불만을 토로하였다. 속도도 느리고 정보역시 정확하지 않아 일을 진행하는데 문제가 많다고 하소연을 하는데 이 상황에서 당신은 어떻게 하겠는가?

① 상사에게 말한다.

② A와 같이 험담한다.

③ B에게 가서 객관적으로 말을 전달한다.

④ A에게 직접 가서 이야기 하라고한다.

11 유능한 인재였던 후배가 집안의 사정으로 점점 회사 일에 집중을 못하고 있는 상태이다. 주변사람들에게 알리는 것을 싫어하여 그 후배의 사정을 알고 있는 사람은 당신뿐, 점점 사람들이 안좋게 평가를 내리고 있는 상황이다. 이때 당신은 어떻게 하겠는가?

① 사람들에게 알린다.

② 조용히 혼자 방법을 연구한다.

③ 후배를 설득하여 마음을 바꾸도록 한다.

④ 사람들과 이야기하여 방법을 연구한다.

12 평상시 일과 결혼한 사람처럼 일을 해오던 상사가 있다. 당신은 능력 있는 그 사람의 모습에 이성적인 매력보다는 일처리 능력을 존경하고 친하게 지내길 원했다. 여느 때와 다름없이 회식이 끝나고 같은 방향이라 동행하던 중 그 상사가 갑자기 고백을 해온다면 당신은 어떻게 할 것인가?

① 정중하게 거절한다.

② 상관이므로 어쩔 수 없이 만난다.

③ 거절 후 다른 부서로 이동한다.

④ 퇴사한다.

13 중요한 회의를 하고 있다. 그런데 점심에 먹은 것이 잘못되었는지 배에서 요동이 친다. 배가 아파 화장실이 너무 급한 상황이다. 당신은 어떻게 하겠는가?

① 회의가 끝날 때까지 최대한 참기 위해 노력한다.

② 잠시 회의의 중단을 요구하고 화장실을 다녀온다.

③ 회의의 진행에 방해가 되지 않게 조용히 화장실을 다녀온다.

④ 옆의 동료에게 말하고 화장실을 다녀온다.

14 성실하고 모든 일에 열심이라 생각했던 후배의 행동이 이상해졌다. 업무시간에도 눈치를 살피는가 하면 부르면 화들짝 놀라기도 한다. 회의시간엔 멍하니 있다가 혼나기도 여러 번. 이 상황에서 당신은 어떻게 할 것인가?

① 따끔하게 혼을 낸다.

② 조용하게 불러서 사정을 물어본다.

③ 모르는척한다.

④ 상사에게 알린다.

15 당신이 존경하는 상사가 회사를 위한 일이라며 회계장부의 조작 및 회사 자료의 허위조작 등을 요구한다면 당신은 어떻게 하겠는가?

① 회사를 위한 것이므로 따르도록 한다.

② 일 자체가 불법적이므로 할 수 없다고 한다.

③ 불법적 행위에 대하여 경찰에 고소하고 회사를 그만 둔다.

④ 존경하는 상사의 지시이므로 일단 하고 대가를 요구한다.

16 당신이 입사한 기업이 새로운 경영전략으로 해외시장진출을 목표로 하고 있다. 이 해외시 장진출목표의 일환으로 중국 회사와의 합작사업추진을 위한 프로젝트팀을 구성하게 되었다. 당신은 이 팀의 리더로 선발되었으며, 2년 이상 중국에서 근무를 해야만 한다. 그러나 당신은 집안 사정 및 자신의 경력 계획 실현을 위하여 중국 발령을 원하지 않고 있다. 당신의 상사는 당신이 꼭 가야만 한다고 당신을 밤낮으로 설득하고 있다. 당신은 어떻게 하겠는가?

① 중국에 가고 싶지 않은 이유를 설명한 후 발령을 취소해 줄 것을 끝까지 요구한다.

② 회사를 그만둔다.

③ 해외발령을 가는 대신 그에 상응하는 대가를 요구한다.

④ 가기 싫지만 모든 것을 받아들이고 간다.

17 당신은 입사한 지 일주일도 안 된 신입사원이다. 당신이 속해 있는 팀과 팀원들은 현재 진행중인 프로젝트의 마무리로 인하여 매우 바쁜 상태에 있다. 그러나 신입사원인 당신은 자신이 해야 할 업무가 불명확하여 무엇을 해야 할지 모르고, 자신만 아무 일을 하지 않는 것 같아 다른 사람들에게 미안함을 느끼고 있다. 이런 경우 당신은 어떻게 하겠는가?

① 명확한 업무가 책정될 때까지 기다린다.

② 내가 해야 할 일이 무엇인지 스스로 찾아 한다.

③ 현재의 팀에는 내가 할 일이 없으므로 다른 부서로 옮겨줄 것을 요구한다.

④ 팀장에게 요구하여 빠른 시간 내에 자신의 역할이 할당되도록 한다.

18 당신은 현재 공장에서 근무를 하고 있다. 오랜 기간 동안 일을 하면서 생산비를 절감할 수 있는 좋은 아이디어 몇 가지를 생각하게 되었다. 그러나 이 공장에는 제안제도라는 것이 없고 당신의 직속상관은 당신의 제안을 하찮게 생각하고 있다. 당신은 막연히 회사의 발전을 위하여 여러 제안들을 생각한 것이지만 아무도 당신의 진심을 알지 못한다. 그렇다면 당신은 어떻게 행동할 것인가?

① 나의 제안을 알아주는 사람도 없고 이 제안을 알리기 위해 이리저리 뛰어 다녀봤자 심신만 피곤할 뿐이니 그냥 앞으로 제안을 생각하지도 않는다.

② 제안제도를 만들 것을 회사에 건의한다.

③ 좋은 제안을 받아들일 줄 모르는 회사는 발전 가능성이 없으므로 이번 기회에 회사를 그만 둔다.

④ 제안이 받아들여지지 않더라도 내가 할 수 있는 한도 내에서 제안할 내용을 일에 적용한다.

19 당신은 현재 부서에서 약 2년간 근무를 하였다. 그런데 이번 인사를 통하여 기획실로 발령이 났다. 그런데 기획실은 지금까지 일해오던 부서와는 달리 부서원들이 아주 공격적이며 타인에게 무관심하고 부서원들 간 인간적 교류도 거의 없다. 또한 새로운 사람들에게 대단히 배타적이라 당신이 새로운 부서에 적응하는 것을 어렵게 하고 있다. 그렇다면 당신은 어떻게 행동할 것인가?

① 기획실의 분위기를 바꾸기 위해 노력한다.

② 다소 힘이 들더라도 기획실의 분위기에 적응하도록 노력한다.

③ 회사를 그만 둔다.

④ 다른 부서로 바꿔 줄 것을 강력하게 상사에게 요구한다.

20 친하게 지내던 동기가 갑자기 당신의 인사를 무시하기 시작하였다. 뿐만 아니라 회사의 사람들이 당신을 보고 수군거리거나 자리를 피하는 것 같다. 이 상황에서 당신은 어떻게 할 것인가?

① 친하게 지내던 동기에게 먼저 다가가 인사한다.

② 적극적으로 무슨 일인지 알아본다.

③ 아무렇지 않은 척 태연하게 회사를 다닌다.

④ 평소보다 더 잘 웃으며 즐겁게 회사를 다닌다.

21 당신은 입사한지 세 달이 되어가는 신입사원이다. 어느 날 상사가 일을 맡기고는 알아서하라는 말만 남기고 가버렸다. 당신은 아직 업무에 익숙하지도 않은 상태. 이럴 때 당신은 어떻게 하겠는가?

① 시험이라고 생각하면서 지금까지 배운 것을 총동원하여 스스로 해결해본다.

② 평소 친하게 지냈던 선배들에게 물어본다.

③ 상사에게 모르는 것을 질문하면서 도와달라고 요청한다.

④ 더 높은 상사에게 알린다.

22 당신은 서울본사에서 10년째 근무를 하고 있다. 그런데 이번 인사에서 전혀 연고가 없는 지방으로 발령이 났다. 이번의 발령은 좌천식 발령이 아닌 회사에서 당신의 능력을 인정하여 그 지방의 시장 확보를 위하여 가는 것이다. 그러나 가족 및 친구들과 떨어져 생활한다는 것이 쉽지않고 가족 전체가 지방으로 가는 것도 아이들의 학교 때문에 만만치가 않다. 이 경우 당신은 어떻게 할 것인가?

① 가족들과 모두 지방으로 이사 간다.

② 가족들의 양해를 구하고 힘들더라도 지방으로 혼자 옮겨 생활한다.

③ 회사 측에 나의 사정을 이야기하고 인사발령의 취소를 권유한다.

④ 현재의 회사를 그만두고 계속 서울에서 근무할 수 있는 다른 회사를 찾아본다.

23 당신은 이제 갓 일주일이 된 신입사원이다. 이 회사에 들어오기 위해 열심히 공부하였지만 영어만큼은 잘 되지 않아 주변의 도움으로 간신히 평균을 넘어서 입사를 하게 되었다. 그런데 갑자기 당신의 상사가 영어로 된 보고서를 주며 내일까지 정리해 오라고 하였다. 여기서 못한다고 한다면 영어실력이 허위인 것이 발각되어 입사가 취소될 지도 모를 상황이다. 그렇다면 당신은 어떻게 할 것인가?

① 솔직히 영어를 못한다고 말한다.

② 동료에게 도움을 요청하여 일을 하도록 한다.

③ 아르바이트를 고용하여 보고서를 정리하도록 한다.

④ 회사를 그만둔다.

24 어제 오랜만이 동창들과의 모임에서 과음을 한 당신, 회사에서 힘든 몸을 이끌고 해장을 할 점심시간까지 잘 견디고 있다. 그런데 갑자기 당신의 상사가 오늘 점심시간에 모든 팀원들과 함께 자신의 친구가 회사 앞에 개업한 피자집에서 먹자고 한다. 당신은 어떻게 하겠는가?

① 그냥 상사의 말에 따른다.

② 상사에게 자신의 사정을 이야기하고 혼자 해장국집으로 간다.

③ 상사에게 오늘은 약속이 있어서 안 되므로 다음에 가자고 한다.

④ 동료에게 말하고 몰래 해장하러 간다.

25 식사를 거르면 저혈당 증세가 와서 정신을 잃고 쓰러진다. 그런데 최근 들어서 점심을 먹을 시간이 없을 정도로 일이 바쁘다. 당신은 어떻게 하겠는가?

① 쓰러지면 안되니 밥을 먹으러간다.

② 회사에 이러한 어려움이 있다고 사실대로 말하고 양해를 구한다.

③ 쓰러지더라도 일을 한다.

④ 회사를 그만둔다.

26 당신은 휴가를 맞아 가족들과 여행을 나왔다. 숙소도 예약하고 일정도 다 짜놓은 상태이다. 그런데 휴가지에서 직장상사를 만나게 되었다. 인사를 하고 헤어지려는데 상사가 같이 다닐 것을 제안한다. 이럴 때 당신은 어떻게 하겠는가?

① 사정을 잘 말씀드리고 양해를 구한다.

② 그냥 상사의 말에 따른다.

③ 이곳은 경유지일 뿐이라며 거절한 후 상사를 피해 다닌다.

④ 숙소와 일정을 이야기하며 합의를 한다.

27 당신은 친하게 지내는 입사동기가 있다. 승진의 기회가 달린 업무를 두고 선의의 경쟁을 하는데 주변에서 라이벌관계라며 부추긴다. 결국 당신이 승진을 하였고 둘 사이는 서먹해졌다. 이때 당신은 어떻게 하겠는가?

① 동기와 식사라도 하면서 속마음을 털어 놓는다

② 경쟁사회이기 때문에 어쩔 수 없다고 생각한다.

③ 묵묵히 일에만 더 열중한다.

④ 또 다른 친한 동료를 만든다.

28 친한 친구가 소개팅을 해줬다. 외모와 말투 그리고 분위기까지 모든 것이 평소 내가 이상형으로 생각했던 것에 맞는 완벽한 사람이었다. 그런데 정치적인 이야기를 하다가 나오는 정 반대의 견해를 가지고 있다는 것을 알게 되었다. 당신은 어떻게 하겠는가?

① 정치적인 것은 연애하는데 문제가 되지 않으니 만난다.
② 정치코드가 맞지 않으면 앞으로도 마찰이 있을 것 같으니 다시 만나지 않는다.
③ 일단 만나보고 싶으니 내 쪽 정당의 장점을 어필하여 포섭한다.
④ 어떻게 그런 생각을 가질 수 있냐면서 소개팅 자리에서 정치 토론을 한다.

29 당신이 가장 자신 있는 분야를 당신과 사이가 좋지 않은 사람이 맡게 되었다. 소문을 들어보니 그 분야에서 문제가 생겨 일의 진척이 매우 더디다는 애기를 들었다. 그러나 그 사람은 당신에게 조언을 구하러 오지 않았다. 이럴 때 당신은 어떻게 하겠는가?

① 그 분야의 문제점을 알아본 후 그 사람에게 넌지시 해결방법을 알려준다.
② 회사에 건의하여 그 일을 맡는다.
③ 무시한다.
④ 그 사람의 험담을 하고 다닌다.

30 당신은 새로운 기획 프로젝트를 맡아 팀을 이끌어 가고 있다. 그런데 아이디어 회의를 하는 도중 부하 직원이 모호한 말과 표현으로 회의진행을 일관하고 있다. 당신은 어떻게 할 것인가?

① 구체적인 아이디어 주제로 전환한다.
② 부하 직원에게 구체적으로 전개하라고 명령한다.
③ 회의 후 자신의 구체적인 생각을 서면으로 제출하라고 한다.
④ 회의 후 개인적으로 불러 부하의 정확한 아이디어 내용을 듣는다.

31 마트에서 물건을 구입한 후 현금을 내고 거스름돈을 받았다. 집에 와서 영수증을 확인하여 보니 당신이 받아야 할 거스름돈 보다 더 많이 거슬러 받았다. 이런 상황에서 당신은 어떻게 하겠는가?

① 다시 돌아가는 것은 시간적, 경제적 손실이 있으므로 그냥 내버려 둔다.
② 사소한 것이라고 하더라도 정직함을 지키기 위해 마트에 돌아가 돈을 돌려준다.
③ 내가 잘못한 것이 아니므로 편한 마음으로 그냥 돈을 갖는다.
④ 마트에 전화를 걸고 다시 마트에 갈 일이 생기면 돌려주겠다고 메모를 남긴다.

32 당신은 조용한 환경에서 일을 해야 업무의 효율성이 높다. 그러나 옆자리의 A는 항상 작게 음악이나 라디오를 틀어놓고 업무를 본다. 당신은 그 음악소리가 대단히 신경 쓰인다. 그렇다면 당신은?

① A보다 더 크게 음악을 틀어 A가 스스로 깨닫게 한다.
② 다른 동료들에게 불만을 이야기하여 A의 귀에 들어가게 한다.
③ 이어폰을 구입하여 A에게 준다.
④ 상사에게 불편함을 이야기한다.

33 당신은 갓 입사한 신입사원이다. 오늘 절친한 친구를 3년 만에 만나기로 하였다. 그런데 갑자기 상사가 신입사원 환영회를 하자며 팀회식을 제안하였다. 평소 상사는 단체행동을 중요시하고, 회식 자리에 빠지는 것을 대단히 싫어한다. 그렇다면 당신은?

① 친구와의 약속을 미룬다.
② 약속시간을 조금 늦추고 회식장소에 갔다가 몰래 빠져나온다.
③ 친구와의 약속이 있어 회식에 불참하겠다고 이야기한다.
④ 집안에 중요한 일이 있다고 거짓말을 한 후 회식을 다른 날로 미룬다.

34 한창 업무에 열중하고 있던 당신이 동료 사원이 회사 자료를 허위로 조작하는 것을 우연히 목격하였다. 당신은 어떻게 하겠는가?

① 동료 사원이 조작한 자료를 몰래 원래대로 복원시켜 놓는다.

② 나와 관계없는 일이므로 모른척 한다.

③ 동료 사원에게 내가 다 봤으니 돈을 내놓으라고 협박한다.

④ 상사에게 바로 보고한다.

35 친구들과 계모임을 하여 큰돈을 모았는데 계원 중 한명의 부모님이 위독하여 병원비가 필요하다. 친구에게 돈을 준다고 하여도 친구는 갚을 능력이 없다. 당신은 어떻게 하겠는가?

① 친구의 일이니 돈을 다 준다.

② 공과 사는 구분해야하니 도울 수 없다.

③ 일부만 돈을 변통 해준다.

④ 일단 빌려주고 갚으라고 차용증을 받아둔다.

36 지금 다니고 있는 직장은 다 마음에 드는데 출퇴근에 왕복 5시간이 걸린다. 그렇다고 회사 근처에 방을 얻을 여력은 없다. 당신은 어떻게 하겠는가?

① 집 가까운 회사로 이직한다.

② 회사근처에 고시원을 얻어서 생활한다.

③ 회사 동료의 집에 하숙을 한다.

④ 회사를 그만둔다.

37 당신은 여러 번 확인해야 안심이 되는 성격인데 회사에서는 무조건 빨리빨리 일처리를 하는 것을 요구한다. 빠르게 일을 하면 늘 실수가 하나씩은 생겨서 마음이 불안하다. 당신은 어떻게 하겠는가?

① 회사에서 요구하는 사항이니 빠르게 일처리를 한다.

② 조금 느려도 실수하는 것보다는 나으니 하던 대로 천천히 한다.

③ 상부에 이 방식은 나와 맞지 않는다고 항의한다.

④ 회사를 그만둔다.

38 거래처에서 항상 퇴근 10분 전에 문서를 보낸다. 일처리를 하다보면 퇴근시간이 항상 2~3시간 늦어진다. 당신은 어떻게 하겠는가?

① 회사일이니 어쩔 수 없다.

② 거래처에 전화해서 항의한다.

③ 상부에 거래처로 인한 어려움을 토로한다.

④ 회사를 그만둔다.

39 당신은 기획부의 막내이자 신입사원이다. 그런데 갑자기 여자 친구가 아프다는 연락이 왔다. 하지만 엎친 데 덮친 격으로 상사의 부모님 부고소식이 들린다. 당신이 사랑하는 여자 친구에게 안가면 여자 친구와 헤어질 수 있으며, 상사의 부모님 장례식장에 안가면 회사일이 고단해 질 것이다. 당신은 어떻게 하겠는가?

① 여자 친구에게 전화를 걸어 사정을 이야기한 후 장례식장에 간다.

② 상사에게 사정을 이야기한 후 여자 친구에게 간다.

③ 여자 친구에게 잠깐 들렸다가 장례식장으로 간다.

④ 장례식장에 잠깐 들렸다가 여자친구에게 간다.

40 당신은 후배 B를 많이 아끼고 키워주고 싶다. 그래서 업무를 많이 맡겼다. 하루는 지나가다가 B가 동료들에게 당신이 자기만 일을 시킨다고 불평하는 것을 우연히 듣게 되었다. 이에 대한 당신의 반응은?

① 일을 더 많이 시킨다.

② 일을 시키지 않는다.

③ 불러서 혼낸다.

④ 아예 무시한다.

PART

V

면접

01 면접의 기본

1 면접준비

(1) 면접의 기본 원칙

① **면접의 의미** ⋯ 면접이란 다양한 면접기법을 활용하여 지원한 직무에 필요한 능력을 지원자가 보유하고 있는지를 확인하는 절차라고 할 수 있다. 즉, 지원자의 입장에서는 채용 직무 수행에 필요한 요건들과 관련하여 자신의 환경, 경험, 관심사, 성취 등에 대해 기업에 직접 어필할 수 있는 기회를 제공받는 것이며, 기업의 입장에서는 서류전형만으로 알 수 없는 지원자에 대한 정보를 직접적으로 수집하고 평가하는 것이다.

② **면접의 특징** ⋯ 면접은 기업의 입장에서 서류전형이나 필기전형에서 드러나지 않는 지원자의 능력이나 성향을 볼 수 있는 기회로, 면대면으로 이루어지며 즉흥적인 질문들이 포함될 수 있기 때문에 지원자가 완벽하게 준비하기 어려운 부분이 있다. 하지만 지원자 입장에서도 서류전형이나 필기전형에서 모두 보여주지 못한 자신의 능력 등을 기업의 인사담당자에게 어필할 수 있는 추가적인 기회가 될 수도 있다.

[서류 · 필기전형과 차별화되는 면접의 특징]

> • 직무수행과 관련된 다양한 지원자 행동에 대한 관찰이 가능하다.
> • 면접관이 알고자 하는 정보를 심층적으로 파악할 수 있다.
> • 서류상의 미비한 사항과 의심스러운 부분을 확인할 수 있다.
> • 커뮤니케이션 능력, 대인관계 능력 등 행동 · 언어적 정보도 얻을 수 있다.

③ **면접의 유형**
  ㉠ **구조화 면접**: 구조화 면접은 사전에 계획을 세워 질문의 내용과 방법, 지원자의 답변 유형에 따른 추가 질문과 그에 대한 평가 역량이 정해져 있는 면접 방식으로 표준화 면접이라고도 한다.
    • 표준화된 질문이나 평가요소가 면접 전 확정되며, 지원자는 편성된 조나 면접관에 영향을 받지 않고 동일한 질문과 시간을 부여받을 수 있다.

- 조직 또는 직무별로 주요하게 도출된 역량을 기반으로 평가요소가 구성되어, 조직 또는 직무에서 필요한 역량을 가진 지원자를 선발할 수 있다.
- 표준화된 형식을 사용하는 특성 때문에 비구조화 면접에 비해 신뢰성과 타당성, 객관성이 높다.

ⓛ 비구조화 면접 : 비구조화 면접은 면접 계획을 세울 때 면접 목적만을 명시하고 내용이나 방법은 면접관에게 전적으로 일임하는 방식으로 비표준화 면접이라고도 한다.
- 표준화된 질문이나 평가요소 없이 면접이 진행되며, 편성된 조나 면접관에 따라 지원자에게 주어지는 질문이나 시간이 다르다.
- 면접관의 주관적인 판단에 따라 평가가 이루어져 평가 오류가 빈번히 일어난다.
- 상황 대처나 언변이 뛰어난 지원자에게 유리한 면접이 될 수 있다.

④ 경쟁력 있는 면접 요령

㉠ 면접 전에 준비하고 유념할 사항
- 예상 질문과 답변을 미리 작성한다.
- 작성한 내용을 문장으로 외우지 않고 키워드로 기억한다.
- 지원한 회사의 최근 기사를 검색하여 기억한다.
- 지원한 회사가 속한 산업군의 최근 기사를 검색하여 기억한다.
- 면접 전 1주일간 이슈가 되는 뉴스를 기억하고 자신의 생각을 반영하여 정리한다.
- 찬반토론에 대비한 주제를 목록으로 정리하여 자신의 논리를 내세운 예상답변을 작성한다.

㉡ 면접장에서 유념할 사항
- 질문의 의도 파악 : 답변을 할 때에는 질문 의도를 파악하고 그에 충실한 답변이 될 수 있도록 질문사항을 유념해야 한다. 많은 지원자가 하는 실수 중 하나로 답변을 하는 도중 자기 말에 심취되어 질문의 의도와 다른 답변을 하거나 자신이 알고 있는 지식만을 나열하는 경우가 있는데, 이럴 경우 의사소통능력이 부족한 사람으로 인식될 수 있으므로 주의하도록 한다.
- 답변은 두괄식 : 답변을 할 때에는 두괄식으로 결론을 먼저 말하고 그 이유를 설명하는 것이 좋다. 미괄식으로 답변을 할 경우 용두사미의 답변이 될 가능성이 높으며, 결론을 이끌어 내는 과정에서 논리성이 결여될 우려가 있다. 또한 면접관이 결론을 듣기 전에 말을 끊고 다른 질문을 추가하는 예상치 못한 상황이 발생될 수 있으므로 답변은 자신이 전달하고자 하는 바를 먼저 밝히고 그에 대한 설명을 하는 것이 좋다.

- 지원한 회사의 기업정신과 인재상을 기억 : 답변을 할 때에는 회사가 원하는 인재라는 인상을 심어주기 위해 지원한 회사의 기업정신과 인재상 등을 염두에 두고 답변을 하는 것이 좋다. 모든 회사에 해당되는 두루뭉술한 답변보다는 지원한 회사에 맞는 맞춤형 답변을 하는 것이 좋다.
- 나보다는 회사와 사회적 관점에서 답변 : 답변을 할 때에는 자기중심적인 관점을 피하고 좀 더 넓은 시각으로 회사와 국가, 사회적 입장까지 고려하는 인재임을 어필하는 것이 좋다. 자기중심적 시각을 바탕으로 자신의 출세만을 위해 회사에 입사하려는 인상을 심어줄 경우 면접에서 불이익을 받을 가능성이 높다.
- 난처한 질문은 정직한 답변 : 난처한 질문에 답변을 해야 할 때에는 피하기보다는 정면 돌파로 정직하고 솔직하게 답변하는 것이 좋다. 난처한 부분을 감추고 드러내지 않으려 회피하려는 지원자의 모습은 인사담당자에게 입사 후에도 비슷한 상황에 처했을 때 회피할 수도 있다는 우려를 심어줄 수 있다. 따라서 직장생활에 있어 중요한 덕목 중 하나인 정직을 바탕으로 솔직하게 답변을 하도록 한다.

(2) 면접의 종류 및 준비 전략

① 인성면접

  ㉠ 면접 방식 및 판단기준

- 면접 방식 : 인성면접은 면접관이 가지고 있는 개인적 면접 노하우나 관심사에 의해 질문을 실시한다. 주로 입사지원서나 자기소개서의 내용을 토대로 지원동기, 과거의 경험, 미래 포부 등을 이야기하도록 하는 방식이다.
- 판단기준 : 면접관의 개인적 가치관과 경험, 해당 역량의 수준, 경험의 구체성·진실성 등

  ㉡ 특징 : 인성면접은 그 방식으로 인해 역량과 무관한 질문들이 많고 지원자에게 주어지는 면접질문, 시간 등이 다를 수 있다. 또한 입사지원서나 자기소개서의 내용을 토대로 하기 때문에 지원자별 질문이 달라질 수 있다.

ⓒ 예시 문항 및 준비전략

• 예시 문항

> • 3분 동안 자기소개를 해 보십시오.
> • 자신의 장점과 단점을 말해 보십시오.
> • 학점이 좋지 않은데 그 이유가 무엇입니까?
> • 최근에 인상 깊게 읽은 책은 무엇입니까?
> • 회사를 선택할 때 중요시하는 것은 무엇입니까?
> • 일과 개인생활 중 어느 쪽을 중시합니까?
> • 10년 후 자신은 어떤 모습일 것이라고 생각합니까?
> • 휴학 기간 동안에는 무엇을 했습니까?

• 준비전략 : 인성면접은 입사지원서나 자기소개서의 내용을 바탕으로 하는 경우가 많으므로 자신이 작성한 입사지원서와 자기소개서의 내용을 충분히 숙지하도록 한다. 또한 최근 사회적으로 이슈가 되고 있는 뉴스에 대한 견해를 묻거나 시사상식 등에 대한 질문을 받을 수 있으므로 이에 대한 대비도 필요하다. 자칫 부담스러워 보이지 않는 질문으로 가볍게 대답하지 않도록 주의하고 모든 질문에 입사 의지를 담아 성실하게 답변하는 것이 중요하다.

② 발표면접

㉠ 면접 방식 및 판단기준

• 면접 방식 : 지원자가 특정 주제와 관련된 자료를 검토하고 그에 대한 자신의 생각을 면접관 앞에서 주어진 시간 동안 발표하고 추가 질의를 받는 방식으로 진행된다.

• 판단기준 : 지원자의 사고력, 논리력, 문제해결력 등

㉡ 특징 : 발표면접은 지원자에게 과제를 부여한 후, 과제를 수행하는 과정과 결과를 관찰·평가한다. 따라서 과제수행 결과뿐 아니라 수행과정에서의 행동을 모두 평가할 수 있다.

ⓒ 예시 문항 및 준비전략

• 예시 문항

[신입사원 조기 이직 문제]

※ 지원자는 아래에 제시된 자료를 검토한 뒤, 신입사원 조기 이직의 원인을 크게 3가지로 정리하고 이에 대한 구체적인 개선안을 도출하여 발표해 주시기 바랍니다.

※ 본 과제에 정해진 정답은 없으나 논리적 근거를 들어 개선안을 작성해 주십시오.

• A기업은 동종업계 유사기업들과 비교해 볼 때, 비교적 높은 재무안정성을 유지하고 있으며 업무강도가 그리 높지 않은 것으로 외부에 알려져 있음.

• 최근 조사결과, 동종업계 유사기업들과 연봉을 비교해 보았을 때 연봉 수준도 그리 나쁘지 않은 편이라는 것이 확인되었음.

• 그러나 지난 3년간 1~2년차 직원들의 이직률이 계속해서 증가하고 있는 추세이며, 경영진 회의에서 최우선 해결과제 중 하나로 거론되었음.

• 이에 따라 인사팀에서 현재 1~2년차 사원들을 대상으로 개선되어야 하는 A기업의 조직문화에 대한 설문조사를 실시한 결과, '상명하복식의 의사소통'이 36.7%로 1위를 차지했음.

• 이러한 설문조사와 함께, 신입사원 조기 이직에 대한 원인을 분석한 결과 파랑새 증후군, 셀프홀릭 증후군, 피터팬 증후군 등 3가지로 분류할 수 있었음.

〈동종업계 유사기업들과의 연봉 비교〉　〈우리 회사 조직문화 중 개선되었으면 하는 것〉

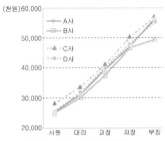

〈신입사원 조기 이직의 원인〉

• 파랑새 증후군
- 현재의 직장보다 더 좋은 직장이 있을 것이라는 막연한 기대감으로 끊임없이 새로운 직장을 탐색함.
- 학력 수준과 맞지 않는 '하향지원', 전공과 적성을 고려하지 않고 일단 취업하고 보자는 '묻지마 지원'이 파랑새 증후군을 초래함.

• 셀프홀릭 증후군
- 본인의 역량에 비해 가치가 낮은 일을 주로 하면서 갈등을 느낌.

• 피터팬 증후군
- 기성세대의 문화를 무조건 수용하기보다는 자유로움과 변화를 추구함.
- 상명하복, 엄격한 규율 등 기성세대가 당연시하는 관행에 거부감을 가지며 직장에 답답함을 느낌.

- 준비전략 : 발표면접의 시작은 과제 안내문과 과제 상황, 과제 자료 등을 정확하게 이해하는 것에서 출발한다. 과제 안내문을 침착하게 읽고 제시된 주제 및 문제와 관련된 상황의 맥락을 파악한 후 과제를 검토한다. 제시된 기사나 그래프 등을 충분히 활용하여 주어진 문제를 해결할 수 있는 해결책이나 대안을 제시하며, 발표를 할 때에는 명확하고 자신 있는 태도로 전달할 수 있도록 한다.

③ 토론면접

　㉠ 면접 방식 및 판단기준

- 면접 방식 : 상호갈등적 요소를 가진 과제 또는 공통의 과제를 해결하는 내용의 토론 과제를 제시하고, 그 과정에서 개인 간의 상호작용 행동을 관찰하는 방식으로 면접이 진행된다.
- 판단기준 : 팀워크, 적극성, 갈등 조정, 의사소통능력, 문제해결능력 등

　㉡ 특징 : 토론을 통해 도출해 낸 최종안의 타당성도 중요하지만, 결론을 도출해 내는 과정에서의 의사소통능력이나 갈등상황에서 의견을 조정하는 능력 등이 중요하게 평가되는 특징이 있다.

　㉢ 예시 문항 및 준비전략

- 예시 문항

> • 군 가산점제 부활에 대한 찬반토론
> • 담뱃값 인상에 대한 찬반토론
> • 비정규직 철폐에 대한 찬반토론
> • 대학의 영어 강의 확대 찬반토론
> • 워크숍 장소 선정을 위한 토론

- 준비전략 : 토론면접은 무엇보다 팀워크와 적극성이 강조된다. 따라서 토론과정에 적극적으로 참여하며 자신의 의사를 분명하게 전달하며, 갈등상황에서 자신의 의견만 내세울 것이 아니라 다른 지원자의 의견을 경청하고 배려하는 모습도 중요하다. 갈등상황을 일목요연하게 정리하여 조정하는 등의 의사소통능력을 발휘하는 것도 좋은 전략이 될 수 있다.

④ 상황면접

　㉠ 면접 방식 및 판단기준

- 면접 방식 : 상황면접은 직무 수행 시 접할 수 있는 상황들을 제시하고, 그러한 상황에서 어떻게 행동할 것인지를 이야기하는 방식으로 진행된다.
- 판단기준 : 해당 상황에 적절한 역량의 구현과 구체적 행동지표

ⓒ 특징 : 실제 직무 수행 시 접할 수 있는 상황들을 제시하므로 입사 이후 지원자의 업무 수행능력을 평가하는 데 적절한 면접 방식이다. 또한 지원자의 가치관, 태도, 사고방식 등의 요소를 통합적으로 평가하는 데 용이하다.

ⓒ 예시 문항 및 준비전략

• 예시 문항

> 당신은 생산관리팀의 팀원으로, 생산팀이 기한에 맞춰 효율적으로 제품을 생산할 수 있도록 관리하는 역할을 맡고 있습니다. 3개월 뒤에 제품A를 정상적으로 출시하기 위해 생산팀의 생산 계획을 수립한 상황입니다. 그러나 원가가 곧 실적으로 이어지는 구매팀에서는 최대한 원가를 줄여 전반적 단가를 낮추려고 원가절감을 위한 제안을 하였으나, 연구개발팀에서는 구매팀이 제안한 방식으로 제품을 생산할 경우 대부분이 구매팀의 실적으로 산정될 것이므로 제대로 확인도 해보지 않은 채 적합하지 않은 방식이라고 판단하고 있습니다. 당신은 어떻게 하겠습니까?

• 준비전략 : 상황면접은 먼저 주어진 상황에서 핵심이 되는 문제가 무엇인지를 파악하는 것에서 시작한다. 주질문과 세부질문을 통하여 질문의 의도를 파악하였다면, 그에 대한 구체적인 행동이나 생각 등에 대해 응답할수록 높은 점수를 얻을 수 있다.

⑤ 역할면접

㉠ 면접 방식 및 판단기준

• 면접 방식 : 역할면접 또는 역할연기 면접은 기업 내 발생 가능한 상황에서 부딪히게 되는 문제와 역할을 가상적으로 설정하여 특정 역할을 맡은 사람과 상호작용하고 문제를 해결해 나가도록 하는 방식으로 진행된다. 역할연기 면접에서는 면접관이 직접 역할연기를 하면서 지원자를 관찰하기도 하지만, 역할연기 수행만 전문적으로 하는 사람을 투입할 수도 있다.

• 판단기준 : 대처능력, 대인관계능력, 의사소통능력 등

㉡ 특징 : 역할면접은 실제 상황과 유사한 가상 상황에서의 행동을 관찰함으로서 지원자의 성격이나 대처 행동 등을 관찰할 수 있다.

㉢ 예시 문항 및 준비전략

• 예시 문항

> [금융권 역할면접의 예]
> 당신은 ○○은행의 신입 텔러이다. 사람이 많은 월말 오전 한 할아버지(면접관 또는 역할담당자)께서 ○○은행을 사칭한 보이스피싱으로 500만 원을 피해 보았다며 소란을 일으키고 있다. 실제 업무상황이라고 생각하고 상황에 대처해 보시오.

- 준비전략 : 역할연기 면접에서 측정하는 역량은 주로 갈등의 원인이 되는 문제를 해결하고 제시된 해결방안을 상대방에게 설득하는 것이다. 따라서 갈등해결, 문제해결, 조정·통합, 설득력과 같은 역량이 중요시된다. 또한 갈등을 해결하기 위해서 상대방에 대한 이해도 필수적인 요소이므로 고객 지향을 염두에 두고 상황에 맞게 대처해야 한다. 역할면접에서는 변별력을 높이기 위해 면접관이 압박적인 분위기를 조성하는 경우가 많기 때문에 스트레스 상황에서 불안해하지 않고 유연하게 대처할 수 있도록 시간과 노력을 들여 충분히 연습하는 것이 좋다.

2 면접 이미지 메이킹

(1) 성공적인 이미지 메이킹 포인트

① 복장 및 스타일
   ㉠ 남성

- 양복 : 양복은 단색으로 하며 넥타이나 셔츠로 포인트를 주는 것이 효과적이다. 짙은 회색이나 감청색이 가장 단정하고 품위 있는 인상을 준다.
- 셔츠 : 흰색이 가장 선호되나 자신의 피부색에 맞추는 것이 좋다. 푸른색이나 베이지색은 산뜻한 느낌을 줄 수 있다. 양복과의 배색도 고려하도록 한다.
- 넥타이 : 의상에 포인트를 줄 수 있는 아이템이지만 너무 화려한 것은 피한다. 지원자의 피부색은 물론, 정장과 셔츠의 색을 고려하며, 체격에 따라 넥타이 폭을 조절하는 것이 좋다.
- 구두 & 양말 : 구두는 검정색이나 짙은 갈색이 어느 양복에나 무난하게 어울리며 깔끔하게 닦아 준비한다. 양말은 정장과 동일한 색상이나 검정색을 착용한다.
- 헤어스타일 : 머리스타일은 단정한 느낌을 주는 짧은 헤어스타일이 좋으며 앞머리가 있다면 이마나 눈썹을 가리지 않는 선에서 정리하는 것이 좋다.

ⓒ 여성

- 의상 : 단정한 스커트 투피스 정장이나 슬랙스 슈트가 무난하다. 블랙이나 그레이, 네이비, 브라운 등 차분해 보이는 색상을 선택하는 것이 좋다.
- 소품 : 구두, 핸드백 등은 같은 계열로 코디하는 것이 좋으며 구두는 너무 화려한 디자인이나 굽이 높은 것을 피한다. 스타킹은 의상과 구두에 맞춰 단정한 것으로 선택한다.
- 액세서리 : 액세서리는 너무 크거나 화려한 것은 좋지 않으며 과하게 많이 하는 것도 좋은 인상을 주지 못한다. 착용하지 않거나 작고 깔끔한 디자인으로 포인트를 주는 정도가 적당하다.
- 메이크업 : 화장은 자연스럽고 밝은 이미지를 표현하는 것이 좋으며 진한 색조는 인상이 강해 보일 수 있으므로 피한다.
- 헤어스타일 : 커트나 단발처럼 짧은 머리는 활동적이면서도 단정한 이미지를 줄 수 있도록 정리한다. 긴 머리의 경우 하나로 묶거나 단정한 머리망으로 정리하는 것이 좋으며, 짙은 염색이나 화려한 웨이브는 피한다.

② 인사

ⓐ 인사의 의미 : 인사는 예의범절의 기본이며 상대방의 마음을 여는 기본적인 행동이라고 할 수 있다. 인사는 처음 만나는 면접관에게 호감을 살 수 있는 가장 쉬운 방법이 될 수 있기도 하지만 제대로 예의를 지키지 않으면 지원자의 인성 전반에 대한 평가로 이어질 수 있으므로 각별히 주의해야 한다.

ⓑ 인사의 핵심 포인트

- 인사말 : 인사말을 할 때에는 밝고 친근감 있는 목소리로 하며, 자신의 이름과 수험번호 등을 간략하게 소개한다.
- 시선 : 인사는 상대방의 눈을 보며 하는 것이 중요하며 너무 빤히 쳐다본다는 느낌이 들지 않도록 주의한다.
- 표정 : 인사는 마음에서 우러나오는 존경이나 반가움을 표현하고 예의를 차리는 것이므로 살짝 미소를 지으며 하는 것이 좋다.
- 자세 : 인사를 할 때에는 가볍게 목만 숙인다거나 흐트러진 상태에서 인사를 하지 않도록 주의하며 절도 있고 확실하게 하는 것이 좋다.

③ 시선처리와 표정, 목소리

　㉠ **시선처리와 표정** : 표정은 면접에서 지원자의 첫인상을 결정하는 중요한 요소이다. 얼굴 표정은 사람의 감정을 가장 잘 표현할 수 있는 의사소통 도구로 표정 하나로 상대방에게 호감을 주거나, 비호감을 사기도 한다. 호감이 가는 인상의 특징은 부드러운 눈썹, 자연스러운 미간, 적당히 볼록한 광대, 올라간 입 꼬리 등으로 가볍게 미소를 지을 때의 표정과 일치한다. 따라서 면접 중에는 밝은 표정으로 미소를 지어 호감을 형성할 수 있도록 한다. 시선은 면접관과 고르게 맞추되 생기 있는 눈빛을 띠도록 하며, 너무 빤히 쳐다본다는 인상을 주지 않도록 한다.

　㉡ **목소리** : 면접은 주로 면접관과 지원자의 대화로 이루어지므로 목소리가 미치는 영향이 상당하다. 답변을 할 때에는 부드러우면서도 활기차고 생동감 있는 목소리로 하는 것이 면접관에게 호감을 줄 수 있으며 적당한 제스처가 더해진다면 상승효과를 얻을 수 있다. 그러나 적절한 답변을 하였음에도 불구하고 콧소리나 날카로운 목소리, 자신감 없는 작은 목소리는 답변의 신뢰성을 떨어뜨릴 수 있으므로 주의하도록 한다.

④ 자세

　㉠ **걷는 자세**

　　• 면접장에 입실할 때에는 상체를 곧게 유지하고 발끝은 평행이 되게 하며 무릎을 스치듯 11자로 걷는다.

　　• 시선은 정면을 향하고 턱은 가볍게 당기며 어깨나 엉덩이가 흔들리지 않도록 주의한다.

　　• 발바닥 전체가 닿는 느낌으로 안정감 있게 걸으며 발소리가 나지 않도록 주의한다.

　　• 보폭은 어깨넓이만큼이 적당하지만, 스커트를 착용했을 경우 보폭을 줄인다.

　　• 걸을 때도 미소를 유지한다.

　㉡ **서있는 자세**

　　• 몸 전체를 곧게 펴고 가슴을 자연스럽게 내민 후 등과 어깨에 힘을 주지 않는다.

　　• 정면을 바라본 상태에서 턱을 약간 당기고 아랫배에 힘을 주어 당기며 바르게 선다.

　　• 양 무릎과 발뒤꿈치는 붙이고 발끝은 11자 또는 V형을 취한다.

　　• 남성의 경우 팔을 자연스럽게 내리고 양손을 가볍게 쥐어 바지 옆선에 붙이고, 여성의 경우 공수자세를 유지한다.

ⓒ 앉은 자세

• 남성

> • 의자 깊숙이 앉고 등받이와 등 사이에 주먹 1개 정도의 간격을 두며 기대듯 앉지 않도록 주의한다. (남녀 공통 사항)
> • 무릎 사이에 주먹 2개 정도의 간격을 유지하고 발끝은 11자를 취한다.
> • 시선은 정면을 바라보며 턱은 가볍게 당기고 미소를 짓는다. (남녀 공통 사항)
> • 양손은 가볍게 주먹을 쥐고 무릎 위에 올려놓는다.
> • 앉고 일어날 때에는 자세가 흐트러지지 않도록 주의한다. (남녀 공통 사항)

• 여성

> • 스커트를 입었을 경우 왼손으로 뒤쪽 스커트 자락을 누르고 오른손으로 앞쪽 자락을 누르며 의자에 앉는다.
> • 무릎은 붙이고 발끝을 가지런히 하며, 다리를 왼쪽으로 비스듬히 기울이면 여성스러워 보이는 효과가 있다.
> • 양손을 모아 무릎 위에 모아 놓으며 스커트를 입었을 경우 스커트 위를 가볍게 누르듯이 올려놓는다.

(2) 면접 예절

① 행동 관련 예절

ⓐ **지각은 절대금물** : 시간을 지키는 것은 예절의 기본이다. 지각을 할 경우 면접에 응시할 수 없거나, 면접 기회가 주어지더라도 불이익을 받을 가능성이 높아진다. 따라서 면접 장소가 결정되면 교통편과 소요시간을 확인하고 가능하다면 사전에 미리 방문해 보는 것도 좋다. 면접 당일에는 서둘러 출발하여 면접 시간 20~30분 전에 도착하여 회사를 둘러보고 환경에 익숙해지는 것도 성공적인 면접을 위한 요령이 될 수 있다.

ⓑ **면접 대기 시간** : 지원자들은 대부분 면접장에서의 행동과 답변 등으로만 평가를 받는다고 생각하지만 그렇지 않다. 면접관이 아닌 면접진행자 역시 대부분 인사실무자이며 면접관이 면접 후 지원자에 대한 평가에 있어 확신을 위해 면접진행자의 의견을 구한다면 면접진행자의 의견이 당락에 영향을 줄 수 있다. 따라서 면접 대기 시간에도 행동과 말을 조심해야 하며, 면접을 마치고 돌아가는 순간까지도 긴장을 늦춰서는 안 된다. 면접 중 압박적인 질문에 답변을 잘 했지만, 면접장을 나와 흐트러진 모습을 보이거나 욕설을 한다면 면접 탈락의 요인이 될 수 있으므로 주의해야 한다.

ⓒ 입실 후 태도 : 본인의 차례가 되어 호명되면 또렷하게 대답하고 들어간다. 만약 면접장 문이 닫혀 있다면 상대에게 소리가 들릴 수 있을 정도로 노크를 두세 번 한 후 대답을 듣고 나서 들어가야 한다. 문을 여닫을 때에는 소리가 나지 않게 조용히 하며 공손한 자세로 인사한 후 성명과 수험번호를 말하고 면접관의 지시에 따라 자리에 앉는다. 이 경우 착석하라는 말이 없는데 먼저 의자에 앉으면 무례한 사람으로 보일 수 있으므로 주의한다. 의자에 앉을 때에는 끝에 앉지 말고 무릎 위에 양손을 가지런히 얹는 것이 예절이라고 할 수 있다.

ⓔ 옷매무새를 자주 고치지 마라. : 일부 지원자의 경우 옷매무새 또는 헤어스타일을 자주 고치거나 확인하기도 하는데 이러한 모습은 과도하게 긴장한 것 같아 보이거나 면접에 집중하지 못하는 것으로 보일 수 있다. 남성 지원자의 경우 넥타이를 자꾸 고쳐 맨다거 나 정장 상의 끝을 너무 자주 만지작거리지 않는다. 여성 지원자는 머리를 계속 쓸어 올리지 않고, 특히 짧은 치마를 입고서 신경이 쓰여 치마를 끌어 내리는 행동은 좋지 않다.

ⓜ 다리를 떨거나 산만한 시선은 면접 탈락의 지름길 : 자신도 모르게 다리를 떨거나 손가락 을 만지는 등의 행동을 하는 지원자가 있는데, 이는 면접관의 주의를 끌 뿐만 아니라 불안하고 산만한 사람이라는 느낌을 주게 된다. 따라서 가능한 한 바른 자세로 앉아 있 는 것이 좋다. 또한 면접관과 시선을 맞추지 못하고 여기저기 둘러보는 듯한 산만한 시 선은 지원자가 거짓말을 하고 있다고 여겨지거나 신뢰할 수 없는 사람이라고 생각될 수 있다.

② 답변 관련 예절

㉠ 면접관이나 다른 지원자와 가치 논쟁을 하지 않는다. : 질문을 받고 답변하는 과정에서 면 접관 또는 다른 지원자의 의견과 다른 의견이 있을 수 있다. 특히 평소 지원자가 관심 이 많은 문제이거나 잘 알고 있는 문제인 경우 자신과 다른 의견에 대해 이의가 있을 수 있다. 하지만 주의할 것은 면접에서 면접관이나 다른 지원자와 가치 논쟁을 할 필요 는 없다는 것이며 오히려 불이익을 당할 수도 있다. 정답이 정해져 있지 않은 경우에는 가치관이나 성장배경에 따라 문제를 받아들이는 태도에서 답변까지 충분히 차이가 있을 수 있으므로 굳이 면접관이나 다른 지원자의 가치관을 지적하고 고치려 드는 것은 좋 지 않다.

ⓛ 답변은 항상 정직해야 한다. : 면접이라는 것이 아무리 지원자의 장점을 부각시키고 단점을 축소시키는 것이라고 해도 절대로 거짓말을 해서는 안 된다. 거짓말을 하게 되면 지원자는 불안하거나 꺼림칙한 마음이 들게 되어 면접에 집중을 하지 못하게 되고 수많은 지원자를 상대하는 면접관은 그것을 놓치지 않는다. 거짓말은 그 지원자에 대한 신뢰성을 떨어뜨리며 이로 인해 다른 스펙이 아무리 훌륭하다고 해도 채용에서 탈락하게 될 수 있음을 명심하도록 한다.

ⓒ 경력직을 경우 전 직장에 대해 험담하지 않는다. : 지원자가 전 직장에서 무슨 업무를 담당했고 어떤 성과를 올렸는지는 면접관이 관심을 둘 사항일 수 있지만, 이전 직장의 기업문화나 상사들이 어땠는지는 그다지 궁금해 하는 사항이 아니다. 전 직장에 대해 험담을 늘어놓는다든가, 동료와 상사에 대한 악담을 하게 된다면 오히려 지원자에 대한 부정적인 이미지만 심어줄 수 있다. 만약 전 직장에 대한 말을 해야 할 경우가 생긴다면 가능한 한 객관적으로 이야기하는 것이 좋다.

ⓔ 자기 자신이나 배경에 대해 자랑하지 않는다. : 자신의 성취나 부모 형제 등 집안사람들이 사회 · 경제적으로 어떠한 위치에 있는지에 대한 자랑은 면접관으로 하여금 지원자에 대해 오만한 사람이거나 배경에 의존하려는 나약한 사람이라는 이미지를 갖게 할 수 있다. 따라서 자기 자신이나 배경에 대해 자랑하지 않도록 하고, 자신이 한 일에 대해서 너무 자세하게 얘기하지 않도록 주의해야 한다.

3 면접 질문 및 답변 포인트

(1) 가족 및 대인관계에 관한 질문

① 당신의 가정은 어떤 가정입니까?

면접관들은 지원자의 가정환경과 성장과정을 통해 지원자의 성향을 알고 싶어 이와 같은 질문을 한다. 비록 가정 일과 사회의 일이 완전히 일치하는 것은 아니지만 '가화만사성'이라는 말이 있듯이 가정이 화목해야 사회에서도 화목하게 지낼 수 있기 때문이다. 그러므로 답변 시에는 가족사항을 정확하게 설명하고 집안의 분위기와 특징에 대해 이야기하는 것이 좋다.

② 아버지의 직업은 무엇입니까?

아주 기본적인 질문이지만 지원자는 아버지의 직업과 내가 무슨 관련성이 있을까 생각하기 쉬워 포괄적인 답변을 하는 경우가 많다. 그러나 이는 바람직하지 않은 것으로 단답형으로 답변하면 세부적인 직종 및 근무연한 등을 물을 수 있으므로 모든 걸 한 번에 대답하는 것이 좋다.

③ 친구 관계에 대해 말해 보십시오.

지원자의 인간성을 판단하는 질문으로 교우관계를 통해 답변자의 성격과 대인관계능력을 파악할 수 있다. 새로운 환경에 적응을 잘하여 새로운 친구들이 많은 것도 좋지만, 깊고 오래 지속되어온 인간관계를 말하는 것이 더욱 바람직하다.

(2) 성격 및 가치관에 관한 질문

① 당신의 PR포인트를 말해 주십시오.

PR포인트를 말할 때에는 지나치게 겸손한 태도는 좋지 않으며 적극적으로 자기를 주장하는 것이 좋다. 앞으로 입사 후 하게 될 업무와 관련된 자기의 특성을 구체적인 일화를 더하여 이야기하도록 한다.

② 당신의 장·단점을 말해 보십시오.

지원자의 구체적인 장·단점을 알고자 하기 보다는 지원자가 자기 자신에 대해 얼마나 알고 있으며 어느 정도의 객관적인 분석을 하고 있나, 그리고 개선의 노력 등을 시도하는지를 파악하고자 하는 것이다. 따라서 장점을 말할 때는 업무와 관련된 장점을 뒷받침할 수 있는 근거와 함께 제시하며, 단점을 이야기할 때에는 극복을 위한 노력을 반드시 포함해야 한다.

③ 가장 존경하는 사람은 누구입니까?

존경하는 사람을 말하기 위해서는 우선 그 인물에 대해 알아야 한다. 잘 모르는 인물에 대해 존경한다고 말하는 것은 면접관에게 바로 지적당할 수 있으므로, 추상적이라도 좋으니 평소에 존경스럽다고 생각했던 사람에 대해 그 사람의 어떤 점이 좋고 존경스러운지 대답하도록 한다. 또한 자신에게 어떤 영향을 미쳤는지도 언급하면 좋다.

(3) 학교생활에 관한 질문

① 지금까지의 학교생활 중 가장 기억에 남는 일은 무엇입니까?

가급적 직장생활에 도움이 되는 경험을 이야기하는 것이 좋다. 또한 경험만을 간단하게 말하지 말고 그 경험을 통해서 얻을 수 있었던 교훈 등을 예시와 함께 이야기하는 것이 좋으나 너무 상투적인 답변이 되지 않도록 주의해야 한다.

② 성적은 좋은 편이었습니까?

면접관은 이미 서류심사를 통해 지원자의 성적을 알고 있다. 그럼에도 불구하고 이 질문을 하는 것은 지원자가 성적에 대해서 어떻게 인식하느냐를 알고자 하는 것이다. 성적이 나빴던 이유에 대해서 변명하려 하지 말고 담백하게 받아드리고 그것에 대한 개선노력을 했음을 밝히는 것이 적절하다.

③ 학창시절에 시위나 집회 등에 참여한 경험이 있습니까?

기업에서는 노사분규를 기업의 사활이 걸린 중대한 문제로 인식하고 거시적인 차원에서 접근한다. 이러한 기업문화를 제대로 인식하지 못하여 학창시절의 시위나 집회 참여 경험을 자랑스럽게 답변할 경우 감점요인이 되거나 심지어는 탈락할 수 있다는 사실에 주의한다. 시위나 집회에 참가한 경험을 말할 때에는 타당성과 정도에 유의하여 답변해야 한다.

(4) 지원동기 및 직업의식에 관한 질문

① 왜 우리 회사를 지원했습니까?

이 질문은 어느 회사나 가장 먼저 물어보고 싶은 것으로 지원자들은 기업의 이념, 대표의 경영능력, 재무구조, 복리후생 등 외적인 부분을 설명하는 경우가 많다. 이러한 답변도 적절하지만 지원 회사의 주력 상품에 관한 소비자의 인지도, 경쟁사 제품과의 시장점유율을 비교하면서 입사동기를 설명한다면 상당히 주목 받을 수 있을 것이다.

② 만약 이번 채용에 불합격하면 어떻게 하겠습니까?

불합격할 것을 가정하고 회사에 응시하는 지원자는 거의 없을 것이다. 이는 지원자를 궁지로 몰아넣고 어떻게 대응하는지를 살펴보며 입사 의지를 알아보려고 하는 것이다. 이 질문은 너무 깊이 들어가지 말고 침착하게 답변하는 것이 좋다.

③ 당신이 생각하는 바람직한 사원상은 무엇입니까?

직장인으로서 또는 조직의 일원으로서의 자세를 묻는 질문으로 지원하는 회사에서 어떤 인재상을 요구하는 가를 알아두는 것이 좋으며, 평소에 자신의 생각을 미리 정리해 두어 당황하지 않도록 한다.

④ 직무상의 적성과 보수의 많음 중 어느 것을 택하겠습니까?

이런 질문에서 회사 측에서 원하는 답변은 당연히 직무상의 적성에 비중을 둔다는 것이다. 그러나 적성만을 너무 강조하다 보면 오히려 솔직하지 못하다는 인상을 줄 수 있으므로 어느 한 쪽을 너무 강조하거나 경시하는 태도는 바람직하지 못하다.

⑤ 상사와 의견이 다를 때 어떻게 하겠습니까?

과거와 다르게 최근에는 상사의 명령에 무조건 따르겠다는 수동적인 자세는 바람직하지 않다. 회사에서는 때에 따라 자신이 판단하고 행동할 수 있는 직원을 원하기 때문이다. 그러나 지나치게 자신의 의견만을 고집한다면 이는 팀원 간의 불화를 야기할 수 있으며 팀 체제에 악영향을 미칠 수 있으므로 선호하지 않는다는 것에 유념하여 답해야 한다.

⑥ 근무지가 지방인데 근무가 가능합니까?

근무지가 지방 중에서도 특정 지역은 되고 다른 지역은 안 된다는 답변은 바람직하지 않다. 직장에서는 순환 근무라는 것이 있으므로 처음에 지방에서 근무를 시작했다고 해서 계속 지방에만 있는 것은 아님을 유의하고 답변하도록 한다.

(5) 여가 활용에 관한 질문

① 취미가 무엇입니까?

기초적인 질문이지만 특별한 취미가 없는 지원자의 경우 대답이 애매할 수밖에 없다. 그래서 가장 많이 대답하게 되는 것이 독서, 영화감상, 혹은 음악감상 등과 같은 흔한 취미를 말하게 되는데 이런 취미는 면접관의 주의를 끌기 어려우며 설사 정말 위와 같은 취미를 가지고 있다하더라도 제대로 답변하기는 힘든 것이 사실이다. 가능하면 독특한 취미를 말하는 것이 좋으며 이제 막 시작한 것이라도 열의를 가지고 있음을 설명할 수 있으면 그것을 취미로 답변하는 것도 좋다.

② 술자리를 좋아합니까?

이 질문은 정말로 술자리를 좋아하는 정도를 묻는 것이 아니다. 우리나라에서는 대부분 술자리가 친교의 자리로 인식되기 때문에 그것에 얼마나 적극적으로 참여할 수 있는 가를 우회적으로 묻는 것이다. 술자리를 싫어한다고 대답하게 되면 원만한 대인관계에 문제가 있을 수 있다고 평가될 수 있으므로 술을 잘 마시지 못하더라도 술자리의 분위기는 즐긴다고 답변하는 것이 좋으며 주량에 대해서는 정확하게 말하는 것이 좋다.

(6) 여성 지원자들을 겨냥한 질문

① 결혼은 언제 할 생각입니까?

지원자가 결혼예정자일 경우 기업은 채용을 꺼리게 되는 경향이 있다. 업무를 어느 정도 인식하고 수행할 정도가 되면 퇴사하는 일이 흔하기 때문이다. 가능하면 향후 몇 년간은 결혼 계획이 없다고 답변하는 것이 현실적인 대처 요령이며, 덧붙여 결혼 후에도 일하고자 하는 의지를 강하게 내보인다면 더욱 도움이 된다.

② 만약 결혼 후 남편이나 시댁에서 직장생활을 그만두라고 강요한다면 어떻게 하겠습니까?

결혼적령기의 여성 지원자들에게 빈번하게 묻는 질문으로 의견 대립이 생겼을 때 상대방을 설득하고 타협하는 능력을 알아보고자 하는 것이다. 따라서 남편이나 시댁과 충분한 대화를 통해 설득하고 계속 근무하겠다는 의지를 밝히는 것이 좋다.

③ 여성의 취업을 어떻게 생각합니까?

여성 지원자들의 일에 대한 열의와 포부를 알고자 하는 질문이다. 많은 기업들이 여성들의 섬세하고 꼼꼼한 업무능력과 감각을 높이 평가하고 있으며, 사회 전반적인 분위기 역시 맞벌이를 이해하고 있으므로 자신의 의지를 당당하고 자신감 있게 밝히는 것이 좋다.

④ 커피나 복사 같은 잔심부름이 주어진다면 어떻게 하겠습니까?

여성 지원자들에게 가장 난감하고 자존심상하는 질문일 수 있다. 이 질문은 여성 지원자에게 잔심부름을 시키겠다는 요구가 아니라 직장생활 중에서의 협동심이나 봉사정신, 직업관을 알아보고자 하는 것이다. 또한 이 과정에서 압박기법을 사용해 비꼬는 투로 말하는 수 있는데 이는 자존심이 상하거나 불쾌해질 때의 행동을 알아보려는 것이다. 이럴 경우 흥분하여 과격하게 답변하면 탈락하게 되며, 무조건 열심히 하겠다는 대답도 신뢰성이 없는 답변이다. 직장생활을 위해 필요한 일이면 할 수 있다는 정도의 긍정적인 답변을 하되, 한 사람의 사원으로서 당당함을 유지하는 것이 좋다.

(7) 지원자를 당황하게 하는 질문

① 성적이 좋지 않은데 이 정도의 성적으로 우리 회사에 입사할 수 있다고 생각합니까?

비록 자신의 성적이 좋지 않더라도 이미 서류심사에 통과하여 면접에 참여하였다면 기업에서는 지원자의 성적보다 성적 이외의 요소, 즉 성격·열정 등을 높이 평가했다는 것이라고 할 수 있다. 그러나 이런 질문을 받게 되면 지원자는 당황할 수 있으나 주눅 들지 말고 침착하게 대처하는 면모를 보인다면 더 좋은 인상을 남길 수 있다.

② 우리 회사 회장님 함자를 알고 있습니까?

회장이나 사장의 이름을 조사하는 것은 면접일을 통고받았을 때 이미 사전 조사되었어야 하는 사항이다. 단답형으로 이름만 말하기보다는 그 기업에 입사를 희망하는 지원자의 입장에서 답변하는 것이 좋다.

③ 당신은 이 회사에 적합하지 않은 것 같군요.

이 질문은 지원자의 입장에서 상당히 곤혹스러울 수밖에 없다. 질문을 듣는 순간 그렇다면 면접은 왜 참가시킨 것인가 하는 생각이 들 수도 있다. 하지만 당황하거나 흥분하지 말고 침착하게 자신의 어떤 면이 회사에 적당하지 않는지 겸손하게 물어보고 지적당한 부분에 대해서 고치겠다는 의지를 보인다면 오히려 자신의 능력을 어필할 수 있는 기회로 사용할 수도 있다.

④ 다시 공부할 계획이 있습니까?

이 질문은 지원자가 합격하여 직장을 다니다가 공부를 더 하기 위해 회사를 그만 두거나 학습에 더 관심을 두어 일에 대한 능률이 저하될 것을 우려하여 묻는 것이다. 이때에는 당연히 학습보다는 일을 강조해야 하며, 업무 수행에 필요한 학습이라면 업무에 지장이 없는 범위에서 야간학교를 다니거나 회사에서 제공하는 연수 프로그램 등을 활용하겠다고 답변하는 것이 적당하다.

⑤ 지원한 분야가 전공한 분야와 다른데 여기 일을 할 수 있겠습니까?

수험생의 입장에서 본다면 지원한 분야와 전공이 다르지만 서류전형과 필기전형에 합격하여 면접을 보게 된 경우라고 할 수 있다. 이는 결국 해당 회사의 채용 방침상 전공에 크게 영향을 받지 않는다는 것이므로 무엇보다 자신이 전공하지는 않았지만 어떤 업무도 적극적으로 임할 수 있다는 자신감과 능동적인 자세를 보여주도록 노력하는 것이 좋다.

02 영어면접

1 최근 영어면접 경향

(1) 왜 영어면접을 하는가?

우선 가장 먼저 영어면접을 왜 해야 하는가에 대한 근본취지에 대한 이해가 필요하고 이에 따라 준비 방향을 잡는 것이 중요하다. 많은 사람들이 실제 영어를 사용할 일이 그다지 많지 않은데 왜 영어 면접까지 해야 하는 지 의문을 가지고 있다. 그럼 영어 인터뷰를 하는 이유를 살펴보도록 하자.

① 실용적인 이유

경영학에서 MOT(Moment Of Truth), 즉 진실의 순간이라는 것이 있다. 이는 고객과의 접점 순간을 나타내는 말인데 스페인의 투우사가 소의 심장을 찌르는 순간에서 유래된 말이다. 우리나라와 같이 수출에 많이 의존하는 나라는 이 MOT라는 것이 영어라는 언어를 통해 해외 고객들과 이루어진다.

기업마다 그리고 직무마다 해외교류의 필요성 정도가 틀리지만 우리나라 사람들의 영어교육이 암기식 필기 위주로 교육이 되다보니 실제 현장에서는 말 한마디 못하는 경우가 비일비재하다. 말을 하더라도 발음이나 문법이 지나치게 어색해서 의사소통이 제대로 안 되는 경우도 많다. 최근 중국시장이 커지고 있다고 하나 정작 중국 사람들은 어순이 비슷한 영어로 외국인과 의사소통하는 것을 어중간한 중국어로 의사소통하는 것보다 편하게 생각하는 경우가 많다. 이는 영어가 국제무역에서 표준 언어로 자리 잡고 있기 때문에 통상을 위해서는 불가피하게 갖추어야 할 언어 소통 능력이다.

② 변별력 측정의 수단

기업 채용에서는 여러 대학 출신들이 경쟁하기 때문에 표준화된 변별력 측정 수단을 채용하는 입장에서는 찾을 수밖에 없다. 학점의 경우 대학들마다 기준이 틀리기 때문에 표준화된 변별력 측정 수단이 되기에는 부족하다. 즉, A에 재학하는 대학생이 B대학에서는 더 높은 학점을 받을 수도 있고 반대의 경우도 가능하기 때문이다. 학점은 변별력 측정 수단이라기보다는 성실성을 측정하는 수단으로 보는 경우가 많고 어느 정도 수준만 넘으면 서류전형 통과기준으로 활용된다. 토익 또한 영어라는 객관적인 변별력 측정수단이 되기는 하지만 필기시험 위주다 보니 수험생들이 계속 치다보면 요령을 터득 하게 되어 토익점수 인플레 현상이 나타나고 있는 상황이다.

그러다보니 학점과 마찬가지로 일정 수준을 넘으면 서류전형 합격기준으로 활용되고 있는 상황이다. 이러한 이유들 때문에 서류전형에서 측정되는 항목들로는 진정으로 자신들이 원하는 인재를 선별하기에는 한계점이 있다고 느끼게 되어 점차 면접이 강화되는 추세이다. 일단 서류전형을 통과하면 서류전형에서 검토되었던 기준들은 면접을 위한 참고자료 정도로만 활용된다. 이러한 추세에 맞춰 취업준비생들은 면접을 준비하는데 상당한 노력을 기울이고 있는 상황이다. 이러한 상황에서 면접 대상자들 대부분은 상당한 준비가 되어 있을테고 이에 따른 변별력 측정 수단이 필요하게 된다. 영어면접의 경우 일반면접에 비해 단시일 내에 준비하기 어렵기 때문에 보다 더 정확한 변별력 측정 수단으로 활용될 수 있기 때문이다.

③ 면접자를 더 파악하기 위한 수단

위에서 언급했듯이 대다수의 취업 준비생들은 면접 준비에 상당한 노력을 기울인다. 그러다보니 계산된 답변들이 나오게 되고 면접관 입장에서는 면접자의 진정한 모습을 찾기가 그만큼 어려워진다. 따라서 면접관들은 압박면접이나 영어면접을 통하여 면접자들을 흔들어 당황하게 만들고 머릿속을 공백 상태로 만들기를 좋아하는 경우가 많다. 그러한 상태가 되면 면접자가 어떠한 사람인지를 더 정확하게 파악할 수 있게 되어 인성, 태도, 스트레스에 대한 내성, 논리성 등 다양한 면을 더 정확하게 볼 수 있게 된다.

④ 창의력 측정의 수단

우리나라 영어교육은 주로 암기식 위주로 되었기 때문에 실제 현장에서 영어를 구사할 때 상황에 맞지 않게 천편일률적으로 대응하는 경우가 많다. 예전에 유행했던 유머 중 이런 내용이 있다. 한국 사람이 미국에 가서 관광도중 큰 교통사고를 당했다. 그러자 근처에 있던 경찰이 급하게 뛰어와 "Are you OK?"라고 물으니 그 관광객은 "Fine thank you and you?"라고 답했다 한다. 영어면접은 그 면접자의 응용력 측정 수단으로서도 활용되기 때문에 흔히 얘기하듯이 교과서식 답변은 그다지 좋은 인상을 주지 못한다. 인터뷰 질문에 대한 답변 중 사실 정답은 없다. 다만 면접자의 답변하는 방식이 어떠한가를 보고 기업에 맞는 인재인가를 판단하는 것이다.

(2) 영어면접의 질문 유형

영어면접의 질문 유형을 미리 파악해 사전에 준비하면 문장을 어떻게 구성해야 하는지 즉시 떠올릴 수 있기 때문에 큰 도움이 된다. 영어면접의 유형은 크게 아래와 같이 4개 유형으로 나누어진다.

① **과거경험형** … 과거 자신의 경험에 대한 질문으로서 자신의 역사를 소개할 수 있는 기회로 삼을 수 있다. 평범한 답변 보다는 자기성찰을 담은 경험담을 흥미롭게 전달할 수 있어야 한다. 이와 같은 질문은 평상시에 자기 자신에 대해서 생각하지 않으면 제3자에게 자신을 알리기 어렵기 때문에 우선 스스로에 대해서 질문을 던져보는 것이 좋다.

Q What was your most impressive experience during college days?

당신의 대학생활 중 가장 인상 깊었던 경험은 무엇입니까?

> **A** My voluntary work at Cambodia was the most impressive experience. Because I felt that efficient home building method is needed in undeveloped area which led me to get interested in construction industry.
>
> 캄보디아에서 봉사 활동한 경험이 가장 인상 깊었습니다. 왜냐하면 저개발 지역에 효과적으로 집을 짓는 방법이 필요하다고 느꼈고 그로 인하여 건설 산업에 흥미를 가지게 되었습니다.

위 면접자는 가장 인상 깊었던 일을 흔히 접하기 어려운 흥미로운 주제로 삼았고 봉사활동이 인상이 깊었던 이유를 설명함으로서 논리적이라는 인상을 준다. 또한 만약 위 면접자가 건설 산업에 종사하는 기업에 면접을 한 경우라면 자연스럽게 관심을 가지게 된 이유와 지원 동기를 설명하는 기회가 된다. 많은 면접자들이 문법공부를 많이 했음에도 불구하고 실제 영어로 얘기할 때 틀리는 부분이 시제와 관련된 부분인데 시제가 틀리면 의미전달 자체가 제대로 되지 않는 경우가 많다. 틀리는 방법도 대부분 유사한데 현재형으로 문장을 만들어 얘기하는 경향이 있다. 이렇게 되면 과거에 경험을 했다는 것인지 지금 현재 그렇다는 것인지 의미가 헷갈리게 된다.

Q When did you go to US for study?

미국에 공부하러 간 게 언제인가요?

> **A** I went to US in 2009 to study ~. (○)
> I go to US in 2009 to studying ~. (×)

Q Could you tell me why you selected your major?

당신의 전공을 선택한 이유는 무엇이죠?

> **A** I selected my major because I was interested in ~, and thought that majoring in ~ would fit my interest as well as my future career. (○)
>
> I selected my major because I am interested in ~, and think ~ (×)

② **상황제시형** … 어떠한 가정의 상황을 제시하고 이러한 경우 어떻게 대응할 것인가를 질문하는 것이다. 이러한 질문의 경우 가정문으로 문장을 만들어 답변하면 된다.

If you were a CEO of our company what would you do first of all?

당신이 우리 회사의 CEO라면 가장 먼저 무엇을 하겠습니까?

A If I were a CEO of our company, I would first of all ~.

제가 우리 회사의 CEO라면 가장 먼저 ~을 하겠습니다.

What would you do if customers kept complaining on your work?

고객들이 당신의 업무에 대해 계속 불평을 하면 어떻게 하겠는가?

A If I were at that situation, I would ~

제가 그러한 상황이라면 먼저 ~ 하겠습니다.

위와 같이 ~ 상황이라면 어떻게 하겠느냐의 질문 유형 외에도 ~ 한 상황이었던 예를 들어보게 하는 질문 유형이 있다.

Give an example of an occasion when you used logic to solve a problem.

당신이 문제를 해결하기 위하여 논리적인 사고를 한 경우를 제시하십시오.

Describe a decision you made that was unpopular and how you handled implementing it.

당신이 결정한 것 중 주변으로부터 인기가 없었던 경우를 설명하고 당신이 결정한 사항을 실행하기 위하여 어떻게 상황을 다루었는지 설명해 보십시오.

이와 같이 예를 들어보게 하는 질문 유형은 아래와 같은 흐름으로 답변에 담으면 된다.

• 구체적인 상황
  ⇩
• 해야 했던 일 또는 해결해야했던 사항
  ⇩
• 어떠한 행동을 하였는가
  ⇩
• 그래서 어떠한 결과가 나타났는가

③ **돌발질문** … 인터뷰를 진행하다가 상황에 따라서 면접관이 돌발적으로 하는 질문 유형이다. 압박질문도 이러한 유형에 속하는데 돌발질문과 관련하여 다음의 사항들을 주의해야 한다.

ⓐ 기본적으로 자기소개 정도는 영어로 할 수 있도록 반드시 준비하라

- 가족이나 출신 등의 기본적인 사항보다는 사회인에 맞게 자신의 특징을 잘 나타낼 수 있는 자기소개를 하도록 하라.
- 면접관들의 관심을 끌 수 있도록 흥미 있도록 포장해서 소개하라.
- 자기성찰과 자신의 생각 등을 표현하여 성숙된 느낌을 주어라.
- 당황하지 않고 자신의 인생을 특징적으로 압축하여 명확하게 표현하라.

ⓑ 많은 질문은 그만큼 당신에게 관심 있다는 뜻이니 절대 당황하지 마라

ⓒ 자신의 답변에 대해서는 책임을 져라

- 질문에 대해 모르겠는데요. 기사에 나왔는데요 등 무책임한 발언은 하지마라. 정말 모르면 정중한 표현을 사용하여 사실대로 말하라.
- 잘 생각이 안 나도 성의 있게 당황하지 말고 또박또박 말하라.

ⓓ 면접관들이 질문할 때 중간에 말을 끊지 마라

- 질문이 끝날 때까지 기다리고 어떻게 이야기할지 잠시 생각하고 말하라.

ⓔ 지원한곳과 관련된 최근 동향을 기사 검색을 통해서 알아두라

ⓕ 지나치게 비판적이거나 오만한 태도로 압박면접의 대상이 되지 마라

- 자신감과 오만함은 틀리 다는 것을 명심하라.

④ **대화형 질문** … 이 유형은 주로 외국계 회사나 경력자들을 채용할 때 하는 질문 유형으로 비교적 편안한 분위기에서 대화식으로 질문과 답변을 주고받는 것이다. 이러한 경우 면접자와 함께 일할 수 있는가를 보기 때문에 주로 전문지식과 경력위주의 질문이 이루어지고 지원한 곳에 면접자가 채용되면 적응을 잘할 수 있는가 등의 적합도를 주로 평가한다. 다음의 예시와 같이 장래 회사에 어떻게 기여할 수 있는지 설명하는 것이 중요하다. 또한 지원하는 특정 Job position에 자신이 적합하다는 것을 설득해야 한다.

Ｑ Please tell us how you can contribute to our company?

우리 회사에 당신이 어떻게 기여할 수 있는지 말씀해주시겠습니까?

 A I have in-depth knowledge in software development as well as sales experience which I believe will contribute to the company's sales growth.

나는 소프트웨어 개발에 대한 깊은 지식이 있고 세일즈 경험도 있어 회사의 매출 증대에 기여할 수 있다고 믿습니다.

면접관이 위와 같은 설명이 부족하다 싶으면 대화식으로 더 구체적인 사항을 물어본다.

Q Could you tell me more specifically about your knowledge in software development
and sales background?
당신의 소프트웨어 지식과 세일즈 경험에 대해서 더 구체적으로 설명해주시겠습니까?

> A I have knowledge in developing software in Java and Oracle language which is approved
> by certification. And I have tender software sales experience for 3 years.
>
> 저는 자바와 오라클 언어로 소프트웨어를 개발하는 지식을 가지고 있으며 이를 증명하는 자격증을 가지고 있습니다.
> 그리고 저는 3년의 소프트웨어 입찰 세일즈 경험을 가지고 있습니다.

아래 예문에서와 같이 연봉은 얼마를 받기를 원하는지 조건을 물어보는 질문을 자주한다.
이럴 때 얼버무리지 말고 합리적인 조건을 의사 표시해야 한다.

Q How much compensation do you expect when you are employed?
당신이 고용되면 어느 정도의 보상을 원하십니까?

> A I would like to get paid annually ~.
>
> 나는 연봉~을 지급받기를 원합니다.

(3) 평범한 답변으로는 부족하다

영어면접은 단순한 영어회화 테스트가 아니라 면접자의 창의성과 논리성, 의사전달력을 평
가하여 직무를 수행할 수 있는 능력을 갖추었는지 보는 것이다. 따라서 아래와 같이 기본적인
원칙을 지켜야 한다.

① 자신의 의견을 뒷받침할 구체적인 예를 들어 의미를 확실히 전달할 것. 예를 들 때 자신의
창의력을 보여줄 것

> A City of Seoul should build more cultural infrastructure.
>
> 서울시는 문화적인 인프라를 더 지어야 한다.

㉠ 구체적인 예를 들어준다.

> A City of Seoul should build more cultural infrastructure such as museum, park, and
> theater.
>
> 서울시는 박물관, 파크, 극장과 같은 문화적인 인프라를 더 지어야 한다.

ⓛ 여기에서 더 나아가 창의력을 첨가한다.

> A City of Seoul should build more unique cultural infrastructure such as green theme park, IT museum.
>
> 서울시는 그린 테마 파크, IT 박물관과 같은 독특한 문화 인프라를 더 지어야 한다.

ⓒ 또는 For example로 시작하는 새로운 문장을 만들어 구체적인 예를 들어준다.

② 답변의 논리성을 지키고 인과관계에 주의할 것

> A Cultural asset of the city is becoming more important in enhancing quality of life and competitiveness of city.
>
> 도시의 문화적인 자산은 삶의 질 향상과 도시의 경쟁력에 점점 더 중요해지고 있다.

> A Therefore, City of Seoul should build more cultural infrastructure such as museum, park, and theater.
>
> 따라서, 서울시는 박물관, 공원, 극장과 같은 문화적인 인프라를 더 지어야 한다.

> A For example, City of Seoul should build unique cultural infrastructure such as green theme park, IT museum, and traditional performance theater which can show characteristics of our city.
>
> 예를 들어, 서울시는 그린 테마 파크, IT 박물관, 전통 공연 극장 등 도시의 성격을 잘 나타낼 수 있는 독특한 문화적인 인프라를 지어야 한다.

논리적인 흐름을 지킨다. A(명제) ⇨ B(방안) ⇨ C(예를 통한 의사전달)

〈면접관의 생각 흐름〉

A : 문화적인 인프라가 중요해지는데 뭐 어쩌라고?

B : 박물관, 공원 그런 것 다 있지 않나?

C : 아. 그런 것 하면 좋겠네.

③ 답변의 leveling에 주의할 것

자신의 의견을 답하면서 예를 여러 개 들 때 중구난방으로 답하는 것을 피하고 첫째와 둘째, 셋째의 예를 수준이 맞게 하고 중복을 피해야 한다. 예를 들어 방안들을 나열할 때 첫째는 문화 인프라를 더 구축해야 한다, 둘째는 서울시에 볼거리가 더 있어야 한다. 이런 식으로 하면 첫째방안에 비해 둘째는 너무 지엽적이어서 레벨이 맞지 않고 둘째 방안이 첫째 방안에 속하게 되어 중복 문제가 생긴다.

(4) 영어실력만 보는 것일까?

앞에서 언급했듯이 영어면접은 영어 실력뿐만 아니라 영어라는 도구를 활용하여 면접자에 대해서 더 알고자 하는 목적으로 활용된다. 면접관들이 여러 명으로 구성되어 있는데 영어로 물어보는 면접관만 영어면접을 평가한다고 생각해서는 안 된다. 영어면접을 할 때 면접자의 태도, 열정, 논리성 등은 함께 배석한 다른 면접자들도 동시에 관찰하고 평가한다. 많은 면접자들이 영어로 문장을 내느라 신경을 쓰다 보니 정작 태도는 신경을 못 쓴다. 영어문장을 만드는데 골몰하다보면 자연스레 눈동자가 올라가고 시선이 불안정해진다. 또한 아래와 같이 공식자리에서 사용되는 공손한 영어를 구사해야 한다.

> **A** Thank you for the interview opportunity. (×)
> It's a great honor to have my presentation opportunity. (○)
>
> 인터뷰 기회를 주셔서 감사합니다.

> **A** Nice to meet you. (×)
> It's a great pleasure to meet you, I'm very honored to meet you, 또는 I'm pleased to meet you. (○)
>
> 만나 뵙게 되어 반갑습니다.

> **A** I like to (×)
> I would like to ~ 등이 좋다. (○)
>
> 나는~하고 싶다.

영어구사능력을 보는 주된 이유 중 하나는 면접자의 자기계발에 대한 열정을 보고 발전가능성을 보는데 있다. 답변을 할 때 자신의 열정을 보여줄 수 있는 요소들을 포함시키면 좋다. 또한 면접자가 어떤 확실한 목표가 있는가를 보는 것도 열정을 평가하는 방법 중 하나이다. 목표를 얘기할 때 두리 뭉실하고 불명확한 것보다 구체적인 것이 좋고 지나치게 비현실적인 목표는 삼가야 한다.

Q What is your hobby?

당신의 취미는 무엇입니까?

> **A** My hobby is reading articles on recent trend in IT and I also participate in club as administrator which deals with the subject.
>
> 제 취미는 최신 IT 트렌드와 관련된 기사를 읽는 것이고 그 주제와 관련하여 운영자로서 클럽에도 참가하고 있습니다.

사전에 알아두어야 할 지식

(1) 영어 면접 시 주의사항

영어면접을 치르기 전에 알아두어야 할 주의사항들은 아래와 같다.

① 질문의도를 정확히 파악하라

면접자 자신의 가정으로 질문 의도를 어림짐작하지 말고 제대로 질문을 알아듣지 못하였으면 Pardon, please 등 양해를 구하고 다시 질문을 들어야한다.

② 곧바로 대답하지 말고 생각할 시간을 갖고 답하라

즉흥적으로 대답하기 보다는 생각을 가다듬고 문장을 어느 정도 구성한 다음 답변해야 말을 더듬지 않고 실수를 하지 않는다.

③ 의미전달을 명확히 하라

답변을 너무 장황하게 하여 스스로 무덤을 파지 말고 핵심을 전달하고 문장을 끝마쳐야 한다.

④ 간단한 단답형 답변이 아니라 문장을 만들어서 답하라

질문이 간단하더라도 달랑 Yes, No로 답하지 말고 짧더라도 문장을 만들어서 답하라.

⑤ 자기소개를 할 때 군더더기가 많아 지나치게 시간을 허비하지 마라

흔히들 자기소개하면 몇 년도에 태어나 가족은 어떻게 되는 등 호구조사용 답변을 많이 하지만 이러한 것들은 될 수 있으면 삼가야 한다. 그보다는 자신의 뜻 깊은 경험이나 관심과 생각 등 자기성찰적인 내용을 넣어야 한다.

⑥ 사례나 더 구체적인 사항을 얘기할 때 비교적 최신사례나 외국사례를 들어 면접관도 모르는 좋은 사례를 얘기하도록 하라

면접자의 답변에서 새로운 정보를 얻으면 그만큼 좋은 인상을 받는다.

⑦ 지나치게 어려운 단어나 생소한 단어는 피하라

면접관이 면접자와 전공이 다를 수도 있는데 자신이 아는 단어라고해서 모두 다 안다고 생각해서는 안 된다. 발음이 좋지 않은 상황에서 생소한 단어를 사용하는 것은 더욱 안 좋다. 따라서 의미전달을 명확히 하기 위해서는 지나치게 생소한 단어가 들어간 답변은 피하는 것이 좋다.

⑧ 최근 이슈가 되는 키워드를 답변에 적절히 배치시켜라

최신 토픽들이 어떠한 것들이 있는지 파악하고 중심 키워드를 답변에 배치하여 내용의 질을 올리면 좋은 인상을 받을 수 있다.

⑨ 주장을 할 때는 이유를 들어라

주장을 할 때는 문장에 because 등을 넣어 논리적인 근거를 제시해야 한다. 또한 according to 등을 활용하여 근거자료를 제시하면 좋다.

⑩ I think 등 불확실한 답변은 피해라

자신의 생각이더라도 확실한 주관을 가지고 얘기하도록 하고 I think와 같이 자신감이 결여된 표현은 피하도록 해야 한다.

⑪ 인상을 밝게 하라

밝은 인상은 그만큼 자신감이 있다는 것을 외부에 보이는 것이기 때문에 중요하다. 많은 면접자들이 영어면접에 들어가면 인상이 어두워지는데 내적인 자신감 부족이 외부에 드러나기 때문이다.

⑫ 종교, 인종, 성을 구분한 답변은 피하라

기업들의 인사정책상 종교, 인종, 성차별은 금기 사항임을 명심해야 한다.

⑬ 영어를 구사할 때는 발음만큼이나 억양이 중요하며 무미건조하지 않게 리듬을 타면서 중요한 부분은 강조하라

많은 면접자들을 대하다보면 면접관들도 집중력이 흐트러지기 마련인데 집중을 시키기 위해서라도 억양은 중요하다.

⑭ 성량, 속도, 발음은 사전에 연습을 통하여 강화시켜라

억양과 함께 적절한 성향, 속도, 발음은 능숙하게 영어를 구사할 수 있다는 인상을 준다.

⑮ 한국말로 질문하는 것을 영어로 답변할 수 있도록 준비하라

영어면접을 경계선을 그어 구분 짓지 않고 한국말로 진행하다가 갑자기 영어로 답해보라고 하는 경우도 많기 때문에 불시에 영어로 답해야하는 경우를 대비해야 한다.

⑯ 인터뷰를 끝마치면 Thank you for listening 등 인사를 하라

긴장한 나머지 시작과 끝이 말끔하지 못하면 덤벙된다는 인상을 줄 수 있다.

(2) 지원한 곳에 대한 사전조사

면접자는 자신이 지원한곳이 어떠한 곳인지를 사전에 파악하고 적극적으로 회사에 대한 정보를 구해야 한다. 회사에서 개최하는 채용 오리엔테이션에 참가하고 필요하다면 인사담당자에게 직접 연락하여 정보를 얻는 등 적극적인 사전 조사 방법도 괜찮다. 이러한 적극적인 자세는 그만큼 해당 기업에 대한 관심을 나타내기 때문에 영어 면접 시 답변에서도 사전지식을 갖추어야 한다.

사전조사가 중요한 이유는 채용 방식의 변화 때문인데 과거 그룹사별로 공채하던 관행에서 벗어나 계열사별로 채용을 하면서 면접관들이 실무진 위주로 구성되기 때문이다. 실무진 위주로 면접관들이 구성되다보니 현장에 더 가까운 실용적인 질문들이 나오는 경향이 있다. 채용자 입장에서는 새로운 피를 수혈해서 당장 부닥친 문제를 푸는 데 도움을 줄 수 있는 인재를 뽑고자 하는 경우가 많기 때문에 사전지식 없이는 영어를 잘해도 답조차 못하는 질문이 나올 수 있다. 따라서 지원한 기업의 현재 사업전략과 당면문제 등을 미리 파악해 두어야 질문에 제대로 대응할 수 있다.

다음의 질문들은 해당 기업의 사업전략과 기업문화를 미리 파악하지 않고서는 답하기 어려운 질문 유형들이다.

Q How can we gain competitiveness of our newly launched product against our competitor?

우리의 신제품을 경쟁사에 대응하여 어떻게 하면 경쟁력을 확보할 수 있겠습니까?

A Our company has strong IT infrastructure such as ERP and SCM. These infrastructures support supply chain ability that can adapt in market environment with great flexibility. In addition, we have great distribution partners that enables us to move promptly to the market behavior. With these capabilities, we should be able to launch our new product fast with low cost due to big market volume as well as low inventory. Strategy motto for the newly launched product should be "fast, big, and light".

우리 회사는 ERP와 SCM 같은 강한 IT 인프라를 갖추고 있습니다. 이러한 인프라들은 시장 환경에 탄력적으로 대응할 수 있도록 하는 공급망 능력을 지원해줍니다. 더 나아가, 우리는 훌륭한 유통 파트너들을 가지고 있으며 우리로 하여금 시장 반응에 신속하게 대응할 수 있도록 해줍니다. 이러한 능력들로 우리는 새로운 제품을 큰 시장 볼륨과 낮은 재고 때문에 시장에 재빨리 적은 비용으로 출시할 수 있습니다. 새로운 제품을 위한 전략 모토는 "빠르게, 크게, 그리고 가볍게"가 되어야 합니다.

Point ≫ 전략을 자신이 조사한 회사에 대한 지식을 바탕으로 최대한 구체적으로 제시해야 한다. 회사에 대한 깊이 있는 지식으로 함께 일하고자 하는 열정을 가지고 있다는 것을 보여주어야 한다.

- ERP(Enterprise Resource planning) : 전사적 자원관리
- SCM(Supply Chain Management) : 공급망 관리
- Flexibility : 탄력성
- In addition : 더 나아가
- Promptly : 신속히

- Big market volume : 큰 시장 물량 → Economy of scale : 규모의 경제
- Inventory : 재고

Could you tell us about our product line?

우리 제품라인에 대해서 설명해 주시겠습니까?

> **A** We have two categories which are consumer electronics and Electronic components. Consumer electronics category consist of refrigerator, vacuum cleaner, and MP3 player. Electronic components category consist of microchip and battery.
>
> 우리는 소비자 가전과 전자부품 등 두 개의 부문이 있습니다. 소비자 가전 부문은 냉장고, 진공청소기, 그리고 MP3 플레이어로 구성되어 있습니다. 전자부품 부문은 반도체와 배터리로 구성되어 있습니다.

Point » 제품들을 생각나는 대로 죽 나열하지 말고 위 예문에서와 같이 계층화하여 설명하도록 한다. 이는 조직을 파악하면 쉽게 파악할 수 있는데 제품들이 어떻게 구성되어 있는지 가능하면 체계적으로 설명하도록 한다. 이러한 답변을 통하여 조직과 제품, 그리고 사업영역에 대한 이해를 하고 있다는 점을 표현하도록 한다.

- Category : 범주, 카테고리, 부문
- Consist of ～ : ～으로 구성되다

Could you tell us who we are? and what do you think about our corporate culture?

우리가 누구인지 설명해 주시겠습니까? 그리고 우리기업 문화에 대해서 어떻게 생각하십니까?

> **A** This company is a world leader in business service and IT solution field. Corporate culture is very creative and flexible which enables growth with innovation. In addition, company's corporate culture emphasize greatly on human resources. I recently read an article which was dedicated to the company's 20th anniversary and the contents about corporate culture impressed me so much that I decided to join the company.
>
> 이 회사는 비즈니스 서비스와 IT 솔루션 분야의 세계적인 선두주자입니다. 기업 문화는 매우 창의적이고 탄력적이어서 혁신을 통한 성장을 가능하게 합니다. 더 나아가 이 회사의 기업 문화는 인적자원을 매우 중요시합니다. 저는 최근에 이 회사의 창업 20주년을 기념한 기사를 읽었는데 기업문화에 대한 내용이 너무 인상적이어서 회사에 입사하기로 마음먹었습니다.

Point » 회사에 대해서 어떻게 생각하는지를 표현하는데 중요한 것은 그렇게 생각하게 된 동기를 개인의 과거 경험 등을 들어 이야기한다.

- Creative : 창의적인
- Flexible : 탄력적인
- Emphasize on ～ : ～을 강조하다
- Human resource : 인적자원
- Dedicate to ～ : ～에 전념하다, ～에 헌납하다
- Impress someone : 누군가를 감동시키다

(3) 최근 이슈가 되는 시사 상식

시사상식은 신문기사와 사설을 매일 읽어 업데이트하는 것이 좋다. 시사와 관련된 문제는 시대흐름에 따라 바뀌는데 큰 흐름을 카테고리 화하여 예상 질문과 답변을 준비할 필요가 있다. 상식을 아는지 물어보는 게 아니라 대부분 의견을 물어보기 때문에 자신의 생각을 일목요연하게 정리하여 둘 필요가 있다.

최근에는 다음의 이슈들이 질문이나 답변에 직간접적으로 연관이 되는 경우가 많은데 이들은 경제위기, 녹색성장, 사회적 책임, 노동시장, 중국시장, 신종플루와 관련된 테마이다. 이들 테마와 관련된 자신의 의견이 어떠한지 미리 생각해두어야 한다.

Q How does low interest rate influence to our economy?

우리경제에 저금리는 어떠한 영향을 미치는가?

> **A** Low interest rate increase money supply in the market. This provides better accessibility to the money for the people and give less burden to the people who already have debt. With this environment, people can spend more money and foster economic growth. However, excessive money supply can cause inflation which makes commodity price increase and giving burden to the people.
>
> 낮은 금리는 시장에 돈의 공급을 증가시킵니다. 이것은 사람들에게 돈에 대한 접근성을 높이고 이미 부채를 지고 있는 사람들에게는 부담을 경감시켜줍니다. 이러한 환경에서 사람들은 돈을 더 지출하고 경제성장을 촉진시킵니다. 그러나 과도한 돈의 공급은 인플레이션을 유발하여 물가를 상승시키고 사람들에게 부담이 될 수 있습니다.

Point ≫ 이러한 질문은 최근 경제위기에 따른 경기짐작과 관련된 질문이고 주로 금융권에서 질문된다.

- Accessibility : 접근성
- Debt : 부채
- Foster : 촉진하다
- Economic growth : 경제성장
- Commodity price : 상품 가격
- Burden : 짐, 부담

Q Why do you think large corporations have negative image?

대기업들이 왜 부정적인 이미지를 가지고 있다고 생각하십니까?

> **A** Not only large companies but Korea society as a whole had little interest in donation and social contribution. We emphasized mainly on economic growth and achieved developed country status from the ashes. Because of this historical background, people perceive large corporations as representative of our modernization and great success. However, people also perceive as rich entity which has few interest in social contribution. I believe that as large corporations increase their interest in social contribution as time goes by, people will change their perception.
>
> 대기업들뿐만 아니라 한국 사회 전체적으로 기부와 사회 기여에 대해서 관심이 적었다. 우리는 경제 성장에 주로 집중하였고 재로부터 선진국이라는 지위를 달성하였다. 이러한 역사적 배경 때문에 사람들은 대기업들을 현대화와 큰 성공의 대표 인식을 하고 있다. 그러나 사람들은 또한 사회적 기여에 관심이 적은 부를 가진 주체로도 인식하고 있다. 대기업들이 점차 사회적 기여에 대해서 관심을 높이면서 사람들의 인식도 바뀔 것이라고 생각합니다)

Point 》 이러한 질문은 대기업들의 사회적 책임(Corporate Social Responsibility)을 통한 이미지 개선과 관련된 질문이고 대표적인 재벌 이미지를 가진 그룹의 계열사들에서 자주 질문된다. 자신이 생각하는 바를 얘기 하되 지나치게 비판적인 표현은 삼가도록 한다.

- Not only A but B : A 뿐만 아니라 B 또한
- As a whole : 전체적으로
- Donation : 기부
- Social contribution : 사회 기여
- Representative : 대표
- Entity : 주체, 존재
- As time goes by : 시간이 지남에 따라
- Perception : 인식

Q What do you think about job sharing?

잡 세어링에 대해서 어떻게 생각하십니까?

> **A** If the policy is implemented in a right way, it should be beneficial to both the company and employee. For example, If the market demand is volatile and currently there are less demand but expected to rebound soon, company can keep skilled manufacturing workers for future resource when the business is at peak. Also, employees will feel more secure at their job and company loyalty as well as team work will improve.
>
> 정책이 적절히 잘 도입된다면 회사와 고용인들 둘 다 이익이 될 것입니다. 예를 들어, 만약 시장 수요가 불안정하고 현재는 적은 수요가 있지만 곧 회복될 것으로 예상된다면, 회사는 미래에 사업이 최고조일 때를 위한 미래 자원으로 서 숙련된 생산 노동자들을 유지할 수 있습니다. 또한, 고용자들은 일자리에 대해서 안정감을 갖고 회사 충성도와 팀 웍이 개선될 것입니다.

Point 》 이러한 질문은 노동시장과 관련된 질문으로 노조에 대한 의견을 물어보기도 한다. 이러한 유형의 질문은 균형 감각을 가지고 답변을 하는 게 좋고 회사 입장에서도 어떠한 이익이 있을지를 자신의 생각과 함께 표현한다. 자신의 주장을 뒷받침하는 사례 등을 들도록 한다.

- Implement : 도입하다
- Beneficial to ～ : ～에 유익하다
- For example : 예를 들어
- Expect : 기대, 예상
- Rebound : 다시 일어서다
- Peak : 최고 정점, 절정
- Feel secure : 안전하게 느끼다
- Loyalty : 충성

Q What strategy do you suggest for us to succeed in China market?

우리가 중국 시장에서 성공하려면 어떠한 전략을 제시하겠습니까?

A China economy is still growing fast and there are huge population of potential customers with great purchasing power. We shouldn't focus on cheap products anymore but rather good quality products which target new population that benefited from rapid economic growth. Also, we should pay attention to localization and figure out what kind of demands there are in the market.

중국 경제는 아직 빠르게 성장하고 있으며 큰 구매력을 가진 잠재고객들이 많이 있다. 우리는 더 이상 저가 상품에 초점을 맞춰서는 안 되고 오히려 품질 좋은 상품으로 경제성장의 혜택을 받은 새로운 인구를 겨냥해야 한다. 또한, 우리는 현지화에 신경을 써서 시장에서 어떠한 요구들이 있는지를 파악해야 한다.

Point 》 중국 내수시장의 성장과 관련된 질문으로 주로 제조업에 종사하는 기업들에서 자주 질문된다.

- Population : 인구
- Customer : 고객
- Purchasing power : 구매력(물건을 살 수 있는 능력)
- Focus on ~ : ~에 초점을 맞추다
- Benefit : 혜택
- Pay attention to ~ : ~에 신경을 쓰다
- Localization : 현지화
- Figure out ~ : ~을 파악하다
- Demand : 요구

03 이랜드 면접기출

• 최근 가장 인상깊게 본 신문기사와 그 기사를 보고난 후 본인의 생각은 무엇입니까?

• 후원하고 있는 단체가 있습니까?

• 직장생활에서 가장 중요하다고 생각하는 것은 무엇입니까?

• 이랜드의 기업문화 중 가장 바람직한 것은 무엇이라 생각하는가?

• 자신의 잘못을 인정하면 자신의 신용과 회사이익에 상당한 손해를 끼치게 되는 상황에 처했다. 어떻게 하겠습니까?

• 다문화 가정이 늘고 있는데 이에 대해서 어떻게 생각하고 있습니까?

• 주량이 어느 정도 되고, 술자리에서 제일 꼴불견이라 생각하는 사람의 유형에 대해 쓰시오.

• 상사가 부정한 일로 자신의 이득을 취하고 있다. 이를 인지하게 되었을 때 자신이라면 어떻게 행동할 것입니까?

• 객관적으로 평가하여 자신의 가치는 얼마라고 생각하는가?

• 70년대의 존경하는 대통령과 현재 지지하는 정치가는 누구입니까?

• 담당했던 프로젝트 경험이나, 그 프로젝트에서 자신의 역할은 무엇이었습니까?

• 다른 사람과 구별되는 능력은 무엇입니까?

• 최근 관심 있는 정치 이슈는 무엇입니까?

• 지원동기는 무엇입니까?

• 어떤 경험이 가장 힘들었고 어떻게 극복했는지 쓰시오.

• 성격의 장·단점을 서술하시오.

• 후배에게 추천해줄만한 도서의 목록을 적어보십시오.

- 살면서 가장 힘들었던 시기는 언제였습니까?

- 가장 즐겨 찾는 인터넷 사이트는 무엇입니까?

- 현재 자신이 후원중인 봉사단체 또는 후원하고 싶은 단체는?

- 5년 후 자신의 모습을 설명해보시오.

- 최근 신문기사 중 기억에 남는 것은 무엇입니까?

- 자신이 가장 존경하는 사람은 누구입니까?

- 흡연한다면 흡연량을 적어보십시오.

- 외국인 고객을 응대하는 요령이 있는가?

- 자신을 표현하는 5가지 단어를 중요하다고 생각하는 순서대로 나열하시오.

- 자신에게 중요한 영향을 끼친 인물과 그 이유에 대해 쓰시오.

- 실패한 경험과 그것으로부터 배운 것을 소개해 보십시오.

- 가치관에 가장 많은 영향을 준 책은 무엇입니까?

- 동아리 활동에서 배운 것은 무엇입니까?

- 주량은 얼마입니까?

- 수능 점수는 몇 점입니까?

- 현재 채용 진행 중인 기업이 있다면 적어보십시오.

- 직무를 수행하는 데 있어 자신만의 강점은 무엇입니까?

- 입사 후 포부는 무엇입니까?

- 자신의 종교를 쓰시오.

- 주변 사람들이 생각하는 나의 강점 5가지를 쓰시오.

- 추천하고 싶은 책과 그 이유를 쓰시오.

- 리더로서 활동했던 단체와 경험에 대해 쓰시오.

- 자신이 이랜드에서 일해야만 하는 이유 3가지를 쓰시오.

- 이랜드 재단에서 실시하는 캠페인 중 좋은 캠페인과 나쁜 캠페인에 대해 말해보시오.

- 최근 유튜브에서 인상 깊게 본 영상과 인상 깊었던 이유에 대해 말해보시오.

- 자기소개를 1분간 해보시오.

- 자신의 단점에 대해 말해보시오.

- 이랜드 패션 및 유통매장에 대한 개선점과 개선방향이 있다면 말해보시오.

- 이랜드 비전에 대한 자신의 강점을 말해보시오.

- 책임을 맡아 일을 진행하다가 실패로 끝난 경험이 있다면 말해보시오.

- 지원동기 및 앞으로의 포부에 대해 말해보시오.

- 인큐베이팅 사업에 대해 설명해 보시오.

- 다른 사람들에게 자랑할 만한 본인이 가진 좋은 습관이 있다면 말해보시오.

- 본인이 현재 바로 사용할 수 있는 기술이나 컴퓨터 프로그램이 있다면 말해보시오.

- 이랜드에 입사해서 가장 해보고 싶은 것은 무엇입니까?

- 담배 가격인상에 대해 어떻게 생각합니까?

- 장래에 자녀를 낳는다면 주말 계획은 자녀와 자신 중 어느 쪽에 맞춰서 할 것입니까?

- 외국인 노동자와 비정규직에 대한 자신의 의견을 말해보시오.

- 직군의 특성상 휴일에도 나와야 할 때가 많은데 괜찮습니까?

- 타인과 차별화 될 수 있는 자신만의 장점 및 역량은 무엇입니까?

- 2001아울렛 매장을 가보았습니까? 만약 가보았다면 다른 아울렛 매장과 다른 점은 무엇입니까?

- 신문을 읽는지, 처음부터 끝까지 정독을 하는지, 일부만 읽는지, 최근에 가장 인상 깊게 본 시사 뉴스에 대해서 말해보시오.

- 이랜드는 어떤 기업으로 알고 있습니까?

- 근현대사에서 가장 중요한 사건은 무엇이라 생각하십니까?

- 기업의 존재 이유는 무엇이라고 생각합니까?

- 어떤 매장을 방문하였으며 느낀 점과 보완해야 할 점을 설명해보십시오.

- 1차 면접 시 면접관님들이 몇 분정도 합격, 불합격으로 체크하셨을 것 같습니까?
  또 그렇게 생각하는 이유는 무엇입니까?

- 간단하게 일본어, 중국어, 불어로 말해보시오. (관련학과 지원자들)

- 본인이 면접관이라면 지금 어떤 질문을 할 것입니까?

- 직장 생활 중 적성에 맞지 않는다고 느낀다면 다른 일을 찾을 것인지, 아니면 참고 견뎌내
  겠습니까?

- 이랜드에서 귀하를 뽑아야 하는 이유가 무엇인지 저를 설득해보시오.

- 우리 회사 말고 지원한 기업은 어디인가?

- 금연하게 된 계기가 무엇인가?

- 자신의 의상 컨셉은 무엇인가?

- 대학 반값 등록금에 대해 어떻게 생각하는가?

- 자신이 진행하고 싶은 마케팅에 대해 말해보시오.

- 자신이 입고 있는 옷 중에 하나를 골라서 판매하시오.

MEMO

MEMO

여러분을
응원합니다

수험서 전문출판사 **서원각**

목표를 위해 나아가는 수험생 여러분을 성심껏 돕기 위해서 서원각에서는 최고의
수험서 개발에 심혈을 기울이고 있습 니다. 희망찬 미래를 위해서 노력하는 모든
수험생 여러분을 응원합니다.

공무원 대비서   취업 대비서   군 관련 시리즈   자격증 시리즈   동영상 강의

서원각 동영상강의와
도전하라!

🎥 **www.sojungmedia.com**
홈페이지에 들어오신 후 서원각 알짜 강의, 샘플 강의를 들어보세요!

자 격 증	군 관 련 (부사관/장교)	공 무 원
건강운동관리사	육군부사관	소방공무원 소방학개론
사회복지사 1급	공군장교	소방공무원 생활영어
사회조사분석사 2급	공군 한국사	9급 기출해설(국어/영어/한국사)
임상심리사 2급	육군·해군 근현대사	9급 파워특강(행정학개론/교육학개론)
관광통역안내사		기술직 공무원(물리·화학·생물)
청소년상담사 3급		

BIG EVENT

시험 보느라 고생한 수험생 여러분들께 서원각이 쏜다! 쏜다!
네이버 카페 기업과 공사공단에 시험 후기를 남겨주신 모든 분들께 비타 500 기프티콘을 드립니다!

선물 받는 방법

① 네이버 카페 검색창에서 [기업과 공사공단]을 검색해주세요.

② 기업과 공사공단 필기시험 후기 게시판에 들어가 주세요.

③ 기업체 또는 공사·공단 필기시험에 대한 후기 글을 적어주세요.

자격증 BEST SELLER

매경TEST 출제예상문제

TESAT 종합본

청소년상담사 3급

임상심리사 2급 필기

유통관리사 2급 종합기본서

직업상담사 1급 필기·실기

사회조사분석사 사회통계 2급

초보자 30일 완성 기업회계 3급

관광통역안내사 실전모의고사

국내여행안내사 기출문제

손해사정사 1차 시험

건축기사 기출문제 정복하기

건강운동관리사

2급 스포츠지도사

택시운전 자격시험 실전문제

수산물품질관리사